耳順의 약속

耳順의 악몽

박 준 웅 칼럼집

신아출판사

■ 책머리에

나무가 해를 거듭해 가면서 기록해나간 역정歷程이 바로 나이테입니다. 나무는 자신의 연륜年輪을 이 나이테로 적어가면서 자신의 지난날을 보여줍니다. 나의 나이테에는 어떤 사연들이 담겨 있을까요.

저는 해방둥입니다. 1945년생, 간지干支로 을유乙酉년 닭띠죠. '해방둥이'란 애칭 속에는 해방을 맞이하던 당시의 감격과 흥분, 희망과 기원이 고스란히 담겨 있는 듯합니다. 이처럼 주위의 별다른 기대와 관심 속에 태어난 해방둥이들이 이제는 예순을 훌쩍 넘겼습니다. 환갑 진갑이 지난 '해방 늙은이' 들이 된 것입니다. 돌이켜보면 회한悔恨과 아쉬움뿐입니다. 그 아름답고 빛나던 젊음을 낭비해 버린 죄 실로 엄청나다 하겠죠. 그저 삶의 관성에 따라 하루하루를 야금야금 갉아왔을 따름입니다. 건방지고 교만하고, 나태하고 이기적이고 탐욕스럽고, 온갖 악덕의 찌꺼기만 고스란히 남았습니다. 나이테에 비쳐진 저의 모습은 아집과 독선으로 똘똘 뭉쳐진, 추하고 볼품없는 구제불능救濟不能의 괴물일 뿐입니다.

이제야 철이 드는 걸까요. 뒤늦게 다짐하고 또 다짐해 봅니다. 낮추자, 끝없이 자신을 낮추자. 누구에게나 만만해지고 너그러워지자. 웃자, 바보처럼 웃자. 버리자. 허황한 꿈, 부질없는 욕심일랑 모두 접자. 항상 감사하고 기뻐하자.

살아온 발자취를 한 번 뒤돌아보자는 생각은 오래전부터 해왔습니다. 어찌 살았건 족적足跡은 남겨야겠다는 치기稚氣에서인지도 모릅니다. 게으른 탓에 미루고 미루다 이제야 큰 맘 먹고 흐트러진 원고들을 추려 모았습니다. 대부분 신문에 쓴 칼럼이나 잡지에 기고했던 글들입니다. 골라 놓고 보니 모두 다 알량하고 어쭙잖기 짝이 없습니다. 그런데도 부끄러움을 무릅쓰는 것은 이제부터라도 좀더 나은 삶을 살아보겠다는 다짐에서입니다.

망설이는 저에게 힘을 준 것은 집사람의 다그침과 황재천 사장을 비롯한 여러분들의 격려였습니다. 우정의 참된 의미를 새삼 되새깁니다. 나이 먹어가면서 집사람에 대한 고마움도 더욱 절실해집니다.

이순耳順의 연치年齒를 넘겼으니 모든 것을 순리대로 받아들이고 달관하면서 살아야겠습니다.

丁亥년 시월

■ 목차

도깨비 뜨물

전두환 때가 좋았어

한국에 태어나길 잘했다

왕따 아버지, 매맞는 남편

대통령 씹어대니 후련한가

드라마 없이는 못살아

잡동사니

계실 때 잘할걸

계실 때 잘 할 걸

어버이날이 옛적엔 어머니날이었다. 미국의 어느 시골에서 딸들이 어머니의 은덕恩德이 새삼 고마워 엄마의 가슴에 카네이션을 달아드린 게 유례가 되어 세계 곳곳에 어머니날이 생겨났다. 우리도 예외는 아니다. 어머니날 카네이션 달아드리지 않으면 불효다. 평소 부모 속 뒤집고 개망나니 짓 다하다 그날 하루 알량한 카네이션 두어 송이 달아 드리며 효도라 여긴다. 그래도 어머니는 기쁘다. 속만 썩이더니 오늘 하루라도 이처럼 챙기다니. 눈물 글썽이는 어머니 틈에 아버지들이 끼어들었다. 그래서 어버이날이 되었다. 나도 개인적으로 아버지이지만, 어머니날에 끼는 건 좀 '거시기'하다는 느낌이 든다. 누릴 것 다 누리고 큰소리치고 살면서 어머니날에까지 떡 한 개라도 얻어먹을까 기웃거리다니.

효도 못한 탓하며 가슴을 치는 것은 나이가 들어가기 때문일까. 선친先親은 환갑 잔칫상을 받지도 못한 채 세상을 뜨셨다. 어쩌다 좋은 음식을 대하거나 옛적 흥얼대시던 일본 노랫가락을 들으면 아버지가 새삼 그리워진다. 그때는 일본 노래가 얼마나 싫고 지겨웠던지… 그러나 요즘 나는 일본 '엔카'에 빠져있다. 지금쯤 아버지에게 미소라 히바리[1]의 엔카 CD를 선물해 드리면 얼마나 즐거워하실까.

아내는 쉰이 훨씬 넘었는데도 자기가 고아라고 말한다. 부모가 모두 세상을 떠났기 때문이다. 어쩌다 우울해질 때, 외롭거나 서글퍼질 때, 달려가 속사정 털어놓고 울먹일 대상이 있다면 얼마나 든든하고 힘이 되겠는가. 다독거리며 달래줄 엄마 아버지가 없으니 말 그대로 고아다. 오빠며 동생이며 누이도 피붙이지만 결국 남일 뿐이다.

세상 떠난 지 오래인 장모님의 모습을 잊을 수 없다. 해방 뒤 잠시 교편을 잡기도 했던 인텔리 신여성이었다. 넷째 며느리인데도 시어머니를 모시고 온갖 궂은 일을 도맡았다 한다. 집사람과 사귀던 시절 장모님을 처음 대한 것은 처남 대학교 졸업식장에서였다. 돌이키면 50초반이었던 것 같다. 키는 크셨는데도 이미 허리는 굽어 있었다. 오래된 코트를 걸치고 큰아들이 씌워주는 학사모에 환히 웃던 그 치열齒列이라니!

그날 저녁 처남의 졸업기념 가족 잔치에 초대받는 영광을 누렸다. 장인은 약주를 즐기셨다. 나도 젊은 터라 주시는 대로 꿀꺽꿀꺽 받아 마셨다. 장모님은 이것저것 안주를 대느라 바쁘셨다. 잔치가 대강 끝나고 앞치마에 손을 닦으며 수줍게(?) 웃는 모습을 보고 나는 결혼을 결심했다.

---

1) 미소라 히바리 ; 일본의 전설적인 여자 가수. 그네의 아버지는 '조센진'이었다.

장모님은 우리가 직장 일로 서울에 가게 됐을 때 시골에서 잠깐 애들을 돌봐 주셨다. 어쩌다 내려가면 사위를 그토록 어려워하셨다. 딸 잘 보살피고 한눈팔지 말라는 뜻이었을 것이다. 장모님은 일본 생활습관에 익숙한 분이셨다. 왜정 때 고녀高女를 다녀 일본식 교육을 받았기 때문이다. 살아 계시다면 '스시(생선초밥)' 한 '사라(접시)'라도 모실 텐데.

어느 날 처댁 식구들이랑 저녁을 먹었다. 가까운 곳에 처남이 장인 장모를 모시고 있어 무슨 특별한 날 아니더라도 가끔씩 식사를 함께 하곤 했었다. 그날도 식사를 마치고 먼저 돌아와 집에 있는데 집사람이 허겁지겁 달려왔다. 어머니가 이상하다는 것이었다. 119에 의해 병원으로 옮겨졌지만 이미 돌아가신 뒤였다.

사람은 어차피 흙으로 돌아가게 돼있다. 잠들 듯 아름답고 명예롭게 갈 수 있다면 얼마나 좋겠는가. 살아서 악행惡行을 일삼던 사람은 죽을 때에도 괴로워한다. 끝까지 살아보려 몸부림치며 여기저기 매달린다.

잘 죽는 것도 복이다. 주변에 폐 안 끼치고 죽는 사람은 정말 복 받은 사람이다. 생전에 좋은 일만 했기에, 항상 웃고 살았기에 하늘로부터 선물을 받는 것이다.

사탕이 살린 목숨

집사람은 사탕이 내 목숨을 살렸다고 굳게 믿고 있다. 늙으면 아이가 된다던가, 나이가 들면서 이상하게 단것이 입에 당기기 시작했다. 술 담배를 끊은 탓도 있지 않나 싶다. 외식을 하고 나서 식당에서 주는 사탕을 빨아 먹다가, 나중에는 백화점에서 파는 각종 캔디를 아예 저울로 달아서 사다두고 몇 개씩 주머니에 넣고 다니게 됐다. 길에서 만나는 꼬마들에게 나눠주기도 하고, 틈만 나면 하나씩 입에 넣고 굴리는 재미가 여간 아니다. 지난 4월 열흘 가량 해외여행 길에도 어김없이 한 보따리를 챙겨 넣고 나가 생각나면 한 알씩 꺼내 먹곤 했다. 그때마다 집사람은 당뇨병이라도 걸린 것 아닌지 모르겠다며 검사를 받아보자고 고시랑댔다. 나로서도 단것을 자주 먹는 것이 몸에 좋을 게 하나도 없을 뿐더러, 주변에 당뇨로 고생하는 친구가 늘어나면서 내심 걱정이 되던 터였다.

여행에서 돌아오자마자 연초年初에 배달돼 책장 위에 굴러다니던 건강진단서를 찾아냈다. 집사람은 2년마다 오는 건강진단서를 거들떠도 보지 않던 사람이 어쩌면 이번에는 그렇게도 순순히 따랐는지, 사탕을 통해 하느님이 돕지 않고서야 있을 수 없는 일이라며, 사탕을 쌓아 놓고 절이라도 올려야 한다고 입에 침이 마른다.

각설하고, 내시경검사 결과 식도食道에 악성 종양이 발견되었고, 7시간에 이르는 대수술을 받았다. 조기에 발견된 덕분에 종양 부위만 떼어내고, 항생제나 방사선치료를 받지 않아도 된다니 얼마나 다행인가. 더구나 식도는 신축성이 강해서 삼킬 때 통증이나 이상이 느껴질 정도면 이미 3-4기로 진행돼 손쓸 수가 없는 경우가 태반이라고 한다. 그러니 집사람의 사탕예찬(?)이 전혀 생뚱맞다고 탓할 일만도 아니다.

암 선고를 받고서 이런저런 많은 생각을 했다. 마음이 맑아지면서 여러 생각들이 말 그대로 샘솟듯 떠오르고 사라지곤 했다. 그런데도 이상하리 만큼 공포나 두려움은 느껴지지 않았다. 걱정이나 아쉬움도 없었다. 다만 D-day인 5월 16일 새벽의 기억은 또렷하다. 거사擧事를 담당(?)한 건장한 젊은이가 들어오더니 "보호자 분들은 모두 나가주세요." 하고는 면도를 시작했다. 그제야 '아, 드디어 올 것이 왔구나.' 하는, 어찌할 수 없는 체념과 포기의 느낌이 들기 시작했다. '이 세상에 오직 나 하나뿐'이라는 외로움과 '받아들일 수밖에…'라는 순종의 느낌도 함께 젖어 들어왔다. 겨드랑이에서 시작하여 목과 턱, 그리고 마침내 치모에 이르기까지… 그때 문득 돼지나 개를 잡을 때 쓰윽 쓱 털을 밀어내던 모습이 떠오른 것은 왜일까. 이어 푸줏간에 매달린 고깃덩어리들…맞다, 어차피 인간은 별 수 없는 고깃덩이 아니던가.

그런데도 서로 잘났다고, 서로 큰 걸 많이 차지하겠다고 아웅대고 미워하고 다투고 죽이고… 생각에 잠겨 있는 사이 한 떼의 의료진이 들이닥치더니 내 '고깃덩이'를 수술용 침대에 옮겨 싣고는 덜컹거리며 내달리는 것이었다. 마치 광산이나 공사판에서 석탄이나 돌덩어리를 수레에 가득 싣고 달리는 굉음과도 같았다. 이처럼 덜커덩거리며 서둘러 어디로 가는 것일까. 침대차가 잠시 멈추고 아이들의 얼굴이 눈에 들어왔다. 이제 수술실로 들어가야 한다. 갑자기 할 말이 생각났다.

"무슨 일이 생기더라도 절대 산소마스크를 씌운다든지 생명연장 조치는 하지 말고… 시신은 화장해서 나무 밑에 뿌리고… 참, 할아버지 산소 아래 나무 밑이 좋겠다…."

뒷날 아이들은 그때 월드컵의 상징인 '짝짝짝~짝짝, 대~한민국'을 패러디하여 '짝짝짝~짝짝 파이팅!!'을 외칠 계획이었는데, 아버지가 유언 아닌 유언을 하는 바람에 그만 기회를 빼앗겼다고 투덜(?)댔다.

수술이 끝나고 중환자실로 옮겨져 의식이 들자 맨 처음 접한 것이 바로 왼쪽 환자의 신음과 비명이 뒤섞인 울부짖음이었다. 60이 훨씬 넘은 듯한 그 환자는 밤새 "아파!! 나 죽어―" 하고 소리소리 질러댔다. 아비규환이 따로 없었다. 의사가 할 수 있는 말은 "젊어서 몸을 너무 학대하셨군요." 뿐인 듯 했다. 진통제를 투여하면 잠시 비명을 멈추었다가 다시 가래를 그르렁거리기를 반복하더니 마침내 숨이 멎은 듯 의료기의 경고음도 멈췄다.

그 환자가 죽어서 실려 나간 뒤 여러 생각이 꼬리를 이었다. '나는 누구인가'에서부터, 그 동안 어떻게 살아왔는지 그리고 덤이나 다름없는 앞으로의 인생을 어떻게 살아가야 할 것인지 등등… 그 동안 젊음을 너무 낭비해온 게 아닌가. 환갑을 맞이한 오늘까지 이룬 게 뭐가 있나. 그저 삶의 관성에 따라 아무 의식 없이 하루하루를 야금야금 갉아온 것 아닌가. 쥐뿔도 모르고 머리에 든 건 아무것도 없는 주제에, 잘난 척 뽐내거나 남을 깔보고 무시하며 살아오지 않았던가. 이제라도 나 자신을 낮추자. 끝없이 낮추자.

지금껏 얼마나 건방지고 교만했던가. 술과 게으름에 빠져 나날을 낭비하며, 이웃과 가족에게 껄끄럽고 부담스러운 존재는 아니었던가. 제멋대로 생각하고 행동하며 상대방과 남의 입장은 안중에도 없게 처신을 해온 옹고집, 또는 폭군이 아니었던가. 이제부터라도 남의 말에 귀 기울이며 그 사람의 처지로 돌아가자. 누구나 가까이 다가올 수 있도록 만만하고 너그러워지자. 강퍅하고 모난 심사 다 눅여내고 누구나 받아들일 수 있도록 마음을 열자. 누구에게나 웃을 수 있는 바보가 되자. 온유해지자.

지금 이 순간이 얼마나 흡족하고 과분한가. 누릴 거 다 누리는데 무얼 더 바랄까. 왜 남의 탓인가. 허황한 꿈, 부질없는 욕심일랑 모두 접고 안분자족安分自足하자. 항상 감사하고 기뻐하자.

마침 병원 화장실 벽에는 '막대 사탕'이라는 제목의 한컷 짜리 만화가 붙어져 있었다. '코흘리개 꼬마 시절 나는 막대 사탕 하나에도 행복해 했다. 다 커버린 지금도 막대 사탕에 함몰할 수 있었던 그 시절이 그립다. 어른이 된다는 건 어린 시절 철없음에 대한 벌일까.'

그렇다. 우리는 지금 너무나 많은 것을 잃고도 그것이 없어진 줄조차 모른 채 살아가고 있는지도 모른다. '덤'으로 받은 여생은 '낮추자' '온유하자' '기뻐하고 감사하자'의 세 가지 화두話頭를 마치 사탕 빨아먹듯 느리고, 더디게 음미하면서 살아가련다.

이순耳順의 악몽

썩 큰 못이 얼어붙어 있었다. 언뜻 호수인 듯도 싶었다. 빛깔이 푸르스름한 걸로 미루어 꽤 깊은 것 같았다. 그 얼음 벌판 위에 나 홀로 서 있었다. 바닥이 어찌나 미끈거리는지 자꾸 안쪽으로만 밀려 들어갔다. 설핏 언 살얼음일지도 몰랐다. 가끔씩 쩍쩍 갈라지는 소리가 들리는 듯했다. 깨질지도 모른다! 몸은 어느 사이 납작 엎드려져 있었다. 맞아, 무게의 중심을 분산시키려면 엎드리는 게 좋아. 잘 됐다는 판단과 함께 낮은 포복을 해서라도 밖으로 나가야 한다는 생각이 들자, 있는 힘을 다해 팔다리를 버둥거리기 시작했다. 어찌된 셈인지 그러면 그럴수록 뭍은 멀어져만 갔다. 이러다 죽고 마는가. 도대체 이 궁지를 어떻게 벗어나지? 절박하게 옥죄어 오는 두려움에 발버둥 치다 그만 잠이 깨었다.

아니, 아이도 아니고 환갑에 진갑까지 지난 터에 웬 악몽이란 말인가. 공자님이 말씀하신 '육십이 이순六十而耳順'대로라면 나이 육십이 훌쩍 지났으니 모든 것을 순리대로 받아들여야 마땅하거늘, 웬 연못에는 찾아가서, 얼음은 또 뭐며, 자꾸만 미끄러져 들어가다 빠져 죽을까봐 발버둥치다니… 생각에 생각이 꼬리를 문다. 서너 시쯤 되었을까. 더 이상 잠이 들기는 틀렸다. 도대체 똥끝이 타드는 듯 가위 눌려 애를 쓰다니, 무엇이 그리도 절박하고 두려웠을까. 정녕 죽음이 두려운가. 그나저나 자꾸만 이 따위 악몽에 시달리다 불면증에라도 걸리면 어쩌지? 이게 늙어가는 징조인가. 늙는다는 게 뭐야. 도대체 이 꿈을 어떻게 해석해야 된단 말인가. 어디 해몽 잘한다는 집이라도 찾아가 볼까. 마침내 모두 다 부질없는 주책이다 싶어 훌훌 털어버린다.

그러다가 문득 젊었을 적 읽었던 S. 프로이드의 ≪꿈의 해석≫이 떠오른다. 의식에서 억압되었던 것, 주목하지 않았던 것, 몰랐던 것들이 꿈에서는 종종 등장한다고 하지 않았던가. 그렇다면… 하고 여러 기억들을 더듬다가 맞다, 그거다! 싶게 무릎을 탁 치리만큼 번갯불 같은 생각 한 줄기가 떠올랐다. 악몽의 뿌리는 다름 아니라 생후 6개월째 돼가는 손자 녀석에게 있었던 것이다.

큰애가 장기 해외출장을 가 있어 요즘 며늘아기와 손자가 집에 와 있다. 지금 한창 엎어지기를 배우는 중이다. 뉘어놓으면 어느새 발딱 엎어져 고개를 바짝 치켜세우고는, 날 보라는 듯 자랑스레 활짝 웃는다. 뇌쇄되지 않고는 배길 수 없는 '살인 미소'다. 아직은 왼쪽으로밖에 엎어지지 못한다. 금세 엎어져서는 팔꿈치와 무릎에 힘을 모아 용을 쓴다. 기려는 동작이다. 그러나 아무리 발버둥을 쳐도 좀체 앞으로 나아가지를 않는다. 전진은커녕 후진後進만 되풀이된다. 집사람 표현대로 '왼쪽 엎어지기'와 '빠꾸'만 거듭하다보니 녀석은 마침내 방한구석 소파와 창 모서리에서 커튼 자락을 입에 물고 낑낑대기 일쑤다. '코너'에 몰린 녀석은 궁지를 벗어나보려고 문자 그대로 젖 먹던 힘까지 다해보지만 그 작은 몸뚱이의 공간은 더욱 좁혀질 뿐이다. 얼굴이 빨개져서 악을 바락바락 써대며 '질곡'에서 벗어나려 몸부림치는 어린 생명의 안간힘이라니… 그날도 아침을 먹다 이 광경이 연출되었다. 며늘아기가 애처로움을 보다 못해 수저를 놓고 일어서려는 것을 말렸다.

"저 녀석이 궁지에 빠졌구나. 놔둬라. 자업자득自業自得 아니냐. 제 힘으로 빠져나오게 두고 보자. 저러면서 오른 쪽으로 엎어지는 법을 배울지도 모르지."

아기의 독립심을 키워주느니 어쩌느니 말은 그럴 듯하지만 내심은 저 어린 것이 어찌하나 두고 보며 즐기려는 데 있었던 게 틀림없다. 마침내 녀석은 발버둥칠수록 옥죄어오는 가혹한 현실 앞에 굴복한 듯 울음을 터뜨리기 시작했다. 이를 보고 또 한 번 깔깔대며 웃어대는 할아비와 할미의 가학증加虐症을 무엇으로 설명해야 할 것인가. 말 못하는 어린 것의 원망스럽고 야속한 심사는 또 오죽했을까. 아니 억울하고 분하지는 않았을까. 바로 이 죄업罪業이 그날 밤 꿈이 되어 나타난 게 분명하다!

녀석은 할아비의 뉘우침을 아는지 모르는지 오늘도 벙싯벙싯 웃어대며 잘도 논다. 그러다가 잠시 눈을 파는 사이 또 다시 한 구석에 틀어박힌 채 낑낑대고 있다. 주어진 그대로 순응하며 거침새 없이 무럭무럭 자라는 아이 모습에서 공자님 말씀을 패러디해본다.

'공자 가라사대, 육삭이 이순六朔而耳順이라. 무릇 늙은이는 젖먹이에게서 배울지니라.'

'종년'에서 '임자'로

집사람이 하는 말 중 가장 듣기 싫은 두 가지를 고르라면 '가만히 좀 있어…'와 '실컷 말하니까…'이다. 뭔가를 제의하거나 부탁했을 때, 귀찮게 좀 그만 하라거나 다 알고 있는데 왜 그리 보채느냐는 투로 '가만히 좀 있어…'하는 짜증 섞인 면박을 접하면 무렴하고 당혹스럽기 그지없다. 마치 몰래 무슨 잘못을 저지르다 들킨 아이처럼 온몸이 경직된다. 둔기로 강타 당한 듯 가슴이 철렁하며 한순간 기가 탁 막혔다가 울음보 터지듯 울컥하는 무엇이 치밀어 오른다. 그리고 제어할 수 없는 분노로 이어진다. '그래 내가 뭘 잘못했다는 거야.' '그런 말도 마음대로 못한다면 나는 뭐야!!'

또 하나, '실컷 말하니까…'는 뭔가를 얘기해 두었는데 나중에 엉뚱한 소리를 하거나 이를 까마득히 잊고 있을 때 돌아오는 조롱 섞인 질책이다. 이 말투 속에는 '그처럼 입이 닳도록 말했는데도 도로아미타불이니, 정말이지 어찌해 볼 수 없다.', '구제불능이구나. 속 터진다, 이 등신아!' 라는 체념과 한탄이 섞여 있다. 삶에 지친 피로와 권태도 묻어 있다.

집사람을 '종년'이라 부르고 싶은 생각이 든 것은 집사람의 이 말뽄새가 더욱 잦아진다 싶고, 말투는 물론 행동거지 하나하나가 어쩐지 질기고 억세진다 싶어질 무렵이었다. 물론 마음속으로일 뿐 언감생심 대놓고 "종년아!"하고 부를 수야 있겠는가. 참을 수 없도록 심해져 갈 때 속으로 가만히 '에이 종년 같으니…'라고 되뇔 따름이었다. 집사람의 본디 이름은 종숙種淑이고 천주교 영세명은 안젤라이다. 입발림만이 아니라 사실 집사람도 알고 보면 이름 그대로 종자種子부터가 요조숙녀요, 천사 같은 사람이다.

아무튼 어느 날 친구들과의 부부모임 자리에서 취중임을 기화로 '종년' 호칭을 입에 담기에 이르렀다. 이처럼 '간 큰' 선언을 할 수 있었던 것은 여러 사람이 있는 자리이니 만큼 설마 크게 나무라시기야 할까 싶은, 이를테면 누울 자리 보아 발 뻗는 노회한 계산도 숨어 있었다. 예상했던 대로 집사람은 대로大怒하는 대신 '안젤라[天使]스러운 자애로움'으로 반격하는 것이었다. "내가 종년이면, 당신은 '준놈'이겠네." 내 이름 '준웅'을 빗댄 것이었다.

당시로서는 큰 힐책 없이 지나간 것만으로도 다행이다 싶었지만, 생각해보니 두고두고 잘된 거래였다. 비록 '놈'자가 붙긴 했으되 '준놈'이라는 호칭을 통해 나는 평생을 두고 베풀기만 한 '착해빠진 가장'이 되지 않았는가. 언젠가는 압박과 설움에서 벗어날 수 있는 구실과 권리도 확보됐다. 집사람이야말로 갈 데 없는 종년으로, 마음대로 부리고 깔아뭉갤 수 있는 뿌리와 바탕이 마련된 셈이다! 환호작약歡呼雀躍할 일이었다. 그러나 희희낙락喜喜樂樂도 잠깐, 집사람이 그 동안 손발이다 닳고 허리가 휘도록 '종살이'를 하며 착취만 당했다며 대가를 요구해오면 어쩐다?에 생각이 미쳤다. 이래저래 호칭을 두고 아옹다옹해봤자 골치 아픈 일만 생길 터이고, 피차 틈만 넓어져갈 따름이다. 쌍방雙方간에 그쯤해서 덮어두고 옛적 그대로 돌아가는 게 무던하겠다고 암묵리에 뜻이 모아졌다.

고백건대, 우리는 결혼 30년이 넘도록 '여보' '당신'이라는 호칭을 써본 적이 없다. 부를 때는 거의 '어이' 아니면 '이봐'이고, 지칭할 때면 '거기'이다. 집사람도 부를 때는 큰 아이 이름을 붙여 '병호 아빠'이고, 가리킬 때는 '당신'이라 쓰기도 한다. 요즘 부부들이 흔히 사용하는 '여보'는 같을 여如자와 보배 보寶자를 써 보배와 같이 소중하고 귀중한 사람이라는 뜻이요, 당신은 당할 당當자와 몸 신身자가 합해져 바로 내 몸과 같다는 의미라 한다. 제법 그럴 듯한 해석이다 싶지만, 숫기 없는 나로서는 억지로라도 한 번 써보려 해도 당최 닭살이 돋는 것 같아 아예 포기한 지 오래다.

무릇 사람과 사람 사이에는 어느 정도 서로에 대해 긴장하고 어려워하는 구석이 있어야 한다. 하지만 세상 살아가다 보면 처음의 긴장들이 차츰 풀어지고 막역莫逆하는 재미를 느끼게 된다. 그런 막역이란 무례無禮에 다름 아니요, 상대방의 포용의 품에 의지한 촐랑이 짓에 불과하다. 그런데도 그런 막역을 우정의 둘도 없는 징표라고 여기는 사람이 많으니 참으로 민망하고 얄궂다. 어느 글에서 읽었던가, 친압親狎이라는 말이 생각난다. 원숭이들끼리 서로 이유도 없이 툭툭 때리며 물고 장난치는 그런 친밀의 과시 말이다. 서로 좋아지고 편안해지다 보면 늘 이런 친압의 유혹을 느낀다. 하지만 곰곰 생각해보면, 사랑은 서로를 배려하는 마음의 긴장이 살아있고 어느 정도 '거리'를 유지해야 하는 것 같다. 친할수록 지켜야 할 예의와 법도가 더욱 소중하다는 뜻이다.

부부관계도 마찬가지 아닐까. 임의롭다는 핑계로 아무렇게나 말하고 멋대로 행동하며 상대에게 고통과 상처를 안겨주고 있지는 않는가. 허물없다는 구실로 함부로 간섭하고 강요하며 일방적인 희생과 헌신만을 요구하고 있지는 않는가. 그러고 보면 부부유별夫婦有別의 일정한 틀이랄까, 룰을 정해놓고 서로 간에 이를 지키도록 한 선현들의 지혜야말로 오늘의 부부들이 본받아야 할 가장 값지고 귀한 정신적 자산이 아닐 수 없다. 대화할 때 양존兩尊하는 법도만 하더라도 상대를 존중함으로써 자신도 대접받는 자유와 평등의 철학이 배어 있다고 하면 지나친 비약일까. 그렇다. 서로를 존중하고 공경하는 일이야말로 부부생활의 시작이자 끝이요, 그 자체이자 핵심이다.

환갑을 맞는 액땜(?)이라고나 할까, 밥줄食道을 잘라내는 대수술을 받았다. 그리고 완치라는 은총과 함께 새 생명을 덤으로 얻었다. 모두 다 '종년' 덕분이다. 이제 순종의 상징이자 비하의 대명사였던 그대에게 억압과 착취의 굴레를 벗기고 '임자'라는 자랑스럽고도 명예로운 칭호를 부여하노라.

국어사전에는 '임자'를 '물건을 차지하고 있는 사람. 주인主人. 친한 사람끼리 서로를 조금 높이어 부르는 말. 나이 지긋한 부부 사이에서 남편이 아내를 부르는 말'이라고 풀이하고 있다. 예시例示도 있다. '임자(를) 만나다'는 '제 주인을 만나 구실을 제대로 다할 수 있게 되다. 단수가 높거나 한결 뛰어난 상대 등을 만나 된 고생을 하게 되다' 등이다.

폐일언하고, 나는 '임자' 하나는 제대로 만났다. 임자의 말이라면 이제 물불에라도 기꺼이 뛰어들 것이요, 죽으라면 죽는 시늉이 무엇이냐, 아예 죽어 버리겠다.

아버지, 아버지

나는 아버지에게 두 차례 매를 맞은 기억이 있다. 한 번은 초등학교 1-2학년쯤 어렸을 적 일이라 가물가물하다. 다른 한 번은 중학교 1학년 때 일인데다 워낙 충격이 크고 엄청나서인지 50년 가까이 지난 지금까지 또렷한 기억으로 남아 있다. 바로 책가방 사건이다.

그 때는 책가방이 지금처럼 멜빵식이 아니고, 손잡이 두 개가 달린 것을 들고 다녔다. 책가방은 노란 양철로 된 中 자를 붙인 검정색 교모, 일본 군복식(쯔메에리) 교복과 함께 중학생이 된 상징이었다. 가방에는 교과서와 공책 외에 온갖 잡동사니가 다 들어있어 꼬마 중학생들에겐 꽤 무거웠다.

집에서 학교까지는 3킬로가 짱짱했으니 제법 먼 거리였다. 그 길을 동네의 또래 서넛이 재재거리며 웃다가 삐치다가, 해찰하다가 늦었다고 허둥대다가, 그러면서 학교를 다녔다. 그러던 어느 날 학교에 거의 다 왔을 무렵 한 녀석이 재미난 제의를 했다. 가위 바위 보를 해서 진 아이가 이긴 아이 책가방을 들어다 주자는 거였다. 모두가 좋다 해서 그러기로 했다. 다행이었던지 불행이었던지, 아니다, 이건 엄청난 불행의 씨앗이었다. 세 차례의 가위바위 보 끝에 마침내 내가 이겨서 책가방을 지금은 세상을 떠나고 없는 S군에게 넘겼다. 그런데 문제가 불거졌다. S군은 한 블록만 책가방을 들어다 주겠다고 버텼고, 나는 무슨 소리냐, 교문 앞까지 가져다주어야 한다고 우겼다. 둘은 서로 주장과 고집을 앞세우다가 마침내 "흥, 그럼 마음대로 해봐!" 하고는 씽씽 가던 걸음을 재촉해버렸겠다. 교실에 들어가 아무리 기다려도 친구가 나타나지 않자 나는 차츰 조바심이 생겼다. 그의 교실을 찾아가니 그는 코웃음을 치며 도중에 두고 왔으니 자기는 모른다는 것이었다. 아차, 큰일 났다 싶어 왔던 길을 되돌아 허겁지겁 몇 번이고 살폈지만 없어진 책가방이 하늘에서 떨어질 손가, 땅에서 솟을 건가. 아득하고 막막할 따름이었을 그 때 그 꼬마의 모습을 그려보면 상상만으로도 애처롭고 불쌍하다. 어린 것이 얼마나 애가 타고 눈앞이 캄캄했을고.

들통이 난 건 이틀쯤 뒤였던 것 같다. 수심이 가득한데다 빈손으로 학교를 다니는 수상쩍은 모습이 어머니 눈에 띈 것이다. 그날 저녁 아버지의 다그침에 이실직고를 하지 않을 수 없었고, 난생 처음 그처럼 맵고 독한 회초리 맛을 보아야 했다. 팔짝팔짝 뛸 정도로 매끝이 사납기도 했지만, 마음으로부터 우러나 진정으로 뉘우치고 엉엉 울며 싹싹 빈 것도 그때가 처음이자 마지막이었지 않나 싶다.

그때의 어리석음 탓에 1학년의 나머지 기간은 헌책으로 공부를 해야 했다. 책 얘기를 좀 더 하자. 50년대만 해도 전쟁 뒤끝이라 모든 물자가 모자라고 귀했다. 어지간한 집들도 당장 먹고 살기가 벅차고 힘겨워 교과서 말고 다른 책을 사 본다는 것은 사치나 마찬가지였다. 그 때에 초등학교 아이들은 '새벗', 중고생들은 '학원'이라는 월간 잡지를 읽는 것이 커다란 즐거움이자 자랑이었다. 아버지는 매달 이 잡지를 산다 하면 무척 기특해하며 선뜻 돈을 주시곤 했다. 그 때는 책에 대한 갈증이 어쩌면 그리도 심했던지 모른다. 책이라면 뭐든지 닥치는 대로 읽어대고도 모자라 공휴일이면 시내 서점에서 주인 눈치를 봐가며 책을 훔쳐 읽었다. 어렵던 시절이라고는 해도 전주에는 청석동 파출소에서 전주여중까지, 그리고 남문에서 오거리까지 서점이 꽤 여럿 있었다. 그 중 한 곳에 들어가 책을 읽다가 주인이 가라고 하면 다른 가게로 옮기곤 했다. 이렇게 읽어낸 책 중 ≪돈키호테≫며 ≪삼총사≫가 기억에 남는다. 책을 마음껏 읽고 싶은 욕구가 얼마나 컸으면 어릴 적 꿈이 책방 주인이 되는 것이었을까. 아버지가 그처럼 진노하신 것도 아마 그처럼 책을 좋아하던 녀석이 책을 귀하고 중하게 여기기는커녕, 책가방을 걸고 당치도 않은 오기나 고집을 부려 큰일을 저질렀기 때문이었을 것이다.

아버지가 크게 화를 내셨던 기억이 또 있다. 그때는 매를 맞았다기보다는 아버지의 술주정을 받았다는 편이 더 적절할지 모르겠다. 몇 살 때쯤이었는지는 아슴푸레하지만, 아무튼 꽤 늦은 시간에 아버지가 술이 취해 들어오셨고, 나는 곤히 자다 깨워져 볼이 부어 있었던 것 같다. 아버지는 밖에서 무슨 기분 나쁜 일이 있었던 듯 연신 푸푸거리며 "나쁜 놈들, 제깟 놈들이…"를 연발하다가 나를 끌어안고는 그 까칠한 턱수염으로 볼을 마구 쓸어대며 입을 맞추곤 했는데, 그게 그토록 소름끼치게 싫을 수가 없었다. 내가 자꾸만 몸을 빼는데도 아버지는 그럴수록 껴안은 손의 고삐를 더욱 조여댔다. 그리고는 단내를 풍겨대며 되뇌시는 것이었다.

"장관은 못하더라도 도지사는 해야지. 그렇지? 도지사는 해야지? 암, 해야지. 그렇지?"

결론은 나더러 도지사 정도의 벼슬은 해야 된다는 요지였는데, 어린 나로서는 도지사라는 게 아버지가 몇 번씩이나 강조해서 들먹일 정도로 대단한 감투 자리인지 알 턱도 없거니와, 당장 선잠이 깨어 잔뜩 못마땅해 있던 참이라 연신 도리질을 해대며 "싫어!"와 "아녀!"를 반복해댔다. 나중에는 아버지도 기운이 빠져가며 "그렇지? 도지사 될 거지?" 하고 타협 조에서 "응 하고 대답 한 번 해 봐. 할 거지?" 하고 애원 조(?)가 되었건만, 아아! 이 천하의 몹쓸 놈은 끝내 "싫어." 하고 아버지의 간절한 소망을 무참히도 짓밟고 말았다. 아버지는 "에이, 이런 나쁜 놈." 하고 내 등과 엉덩이를 두어 차례 때리더니 울음을 터뜨리는 내 몸을 팽개치듯 밀쳐내고는 자리에 누우셨다. 잠결에도 아버지는 오랫동안 뒤척이며 쉽게 잠들지 못하시는 것 같았다.

그 뒤로 아버지는 다시 나의 앞길에 대해 이래라 저래라 말씀을 하지 않으셨다. 다만 술을 자시거나 작은 아버지를 비롯해 집안 식구들이 모였을 때 어쩌다 "내가 중학교만 나왔어도…" 하고 아쉬움을 토로한 적은 있었다. 그랬다. 아버지는 당시로서는 밥술이나 뜨는 집안의 장남이었다. 시골집에는 뒤에 울창한 대 숲과 감 배 대추나무들이 무성했고, 뜰도 넓었다. 그러나 거기에서 그리 멀지 않은 작은 할머니 집은 더욱 크고 넓었다. 탱자 울타리 안에 자리한 일본식 주택 앞에는 멋진 정원이 꾸며져 있었고, 변기도 당시로서는 대처에서도 보기 힘든 하얀 도기 제품이었다. 그런데도 할아버지는 아버지를 소학교만 가르치고는 진학을 시키지 않았다. 학업 대신 아버지는 일본 사람들 회사의 사무원으로 일하다 해방을 맞았다.

아버지는 다재다능한 분이셨다. 때를 못 만나서 그렇지 여러 모로 재주가 참으로 아깝다 할 만했다. 글씨도 잘 쓰셨고 예능에도 뛰어나셨다. 문갑 안에는 지필묵 꾸러미가 정돈돼 있었고, 상가喪家에 가면 의례 만장輓章을 쓰시곤 했다. 대학 다닐 때 '향토장학금'이 든 등기봉투 속의 편지가 생각난다. 붉은 선이 그어진 양면괘지에 펜으로 쓰인 달필達筆의 편지는 대개 "其間 健康하고 學業에 熱中하얏겻지…"로 시작됐다. 마무리는 "同封한 手票는 推尋하야 節約케 쓰기 바란다. 悤悤"으로 매듭되거니와, 어떤 획은 영 알아볼 수가 없어 대강 그런 뜻이거니 어림잡아 둔 채 그날만은 돈가스에 영화 구경에 모처럼 호사를 부릴 수가 있었다. 그리고 그 때 그 글씨가 오늘날 서예전에 가서나 볼 수 있는 바로 그 글씨체였음을 뒤늦게 알아차리고 아차, 표구까지는 몰라도 보관이라도 잘해 두었을 걸 하고 후회막급이다.

젊었을 적 아버지는 취미도 다양하셨던 것 같다. 비자나무 바둑판이라든지 골동품급 바둑통에 진짜배기 돌로 다듬어진 바둑알, 썩 값나감직한 낚싯대와 다래끼 등 유품이 하나같이 명품들이다. 그러나 6·25가 아버지의 모든 것을 앗아가 버렸다. 전쟁은 상량식上樑式을 끝내고 막 집들이를 하려던 집과 아내를 빼앗아 갔고, 그의 꿈과 삶 자체를 송두리째 가져갔다. 아버지가 먼지 쌓인 바둑판을 꺼내는 것은 명절날을 비롯해 젊었을 적 직장친구들이 모였을 때 몇 차례뿐이었다. 아버지도 친구들과 어울리면 '물리자, 이놈아!, 안 된다. 저놈아!' 하며 다투기도 한다는 걸 그때 처음 알았었다. 그렇지만 나는 아버지가 낚싯대를 들고 한가롭게 물가에 나가는 모습은 단 한 번도 본 적이 없다. 아버지는 당신의 모든 도락道樂을 새끼들 먹이고 가르치는 것과 바꾼 것이다.

쪼들리는 생활 속에서도 아버지는 다정다감하셨다. 틈이 나면 책을 읽곤 하셨는데, 배를 깔고 엎드려서 큰소리로 낭독하여 읽는 점이 독특했다. 언젠가는 내가 빌려온 프랑스의 어린이 문고본인 ≪집 없는 아이≫를 소리내어 읽는 듯 했는데, 잠잠해서 돌아보니 울고 계셨다. 초등학교 적 아버지가 읽다가 책갈피를 표시해 덮어둔 책 중 내가 먼저 읽어버린 것으로는 이광수李光洙의 ≪단종애사端宗哀史≫와 김내성金來成의 ≪청춘극장靑春劇場≫이 기억에 남는다. 아버지는 일본 유행가도 잘 부르셨다. 그때로서는 흔치 않던 유성기에다 신곡 음반을 사 모으는 취미 덕이었던가, 내가 제법 커서까지 들을 수 있었던 〈번지 없는 주막〉은 마치 백년설이 부르는 것처럼 어쩌면 그리도 영락없었던지 지금 생각해도 기가 찰 지경이었다. 큰놈 돌 때는 사돈끼리 만나 아버지는 당시 유행했던 〈오동잎〉을 부르고, 장인어른은 〈고향설〉을 부르며 술잔을 기울이셨다. 그러고서 이듬해 둘째가 아직 젖먹이였을 때 세상을 뜨셨다. 환갑을 이태나 앞에 둔 원통하고도 분한 연치年齒였다.

그런데도 이 불초는 쓸데없이 나이만 훔쳐 올해로 회갑을 맞게 됐다. 실로 면목 없고 부끄러울 따름이다. 새삼 노계蘆溪 박인로朴仁老의 시조 〈조홍감〉이 생각난다. 즐기시던 생선 초밥도 사 드리고 싶고, 생각 같아서는 억지 재롱도 부리고 싶건만 반가워해야 할 아버지는 이미 이 세상에 아니 계시구나. 속절없이 '품어가 반길 이 없어 설워하'는 꼴이 되고 말았으니 어이 하랴. 차라리 낭창낭창 회초리 좋은 놈을 한 다발 끊어다 댓돌 위에 올려놓고 "종아리 피가 나게 때려 주세요, 제발!" 하고 졸라대며 엉엉 울어나 볼까.

팔불출 플러스알파

아기가 예뻐 보이면 늙어가는 징조라는 말이 있는데, 그건 전적으로 맞는 것 같습니다. 나 자신 얼마 전까지만 해도 손자를 안고 혀 짧은 소리나 코맹맹이 소리를 섞어가며 어르거나, 물고 빨며 법석을 떠는 '늙은이들'을 웬 호들갑이냐며 핀잔 섞인 눈으로 바라보곤 했습니다. 경망스럽고 촐랑대는 짓거리쯤으로 치부한 적도 많습니다. 그런데 그게 달라졌습니다. 주변의 친구들이 손자 녀석 보러 일찍 집에 들어가겠다느니, 서울 있는 손녀 얼굴이 눈에 선해 새벽잠을 설쳤다느니, 자랑 섞어 떨어대는 넉살에 이젠 고개를 주억거리게 되었습니다. 늙어갈수록 아이가 사랑스럽고 예뻐 보이는 현상이 생물학적으로 근거가 있다는 주장에도 공감을 하게 되었습니다. 늙게 되면 앞으로 살 날이 얼마 남지 않았으니까 종족보존의 본능이 더욱 강해질 수밖에 없고, 이러한 본능이 후손에 대한 애착으로 나타난다는 것입니다. 생각이 바뀐 것은 올해 초 예순이 썩 지났건만 아직도 마음만은 한참 천둥벌거숭인 주제에 객쩍게도 할아버지란 굴레를 쓰고부터입니다.

병원에서 손자라며 '핏덩이'를 건네줄 때는 얼결에 받아 안고 그저 그런가보다 어리벙벙한 마음이었는데, 이레가 다 지나 네 손발을 활개치며 꼼지락대는 '생명체'를 대하다 보니 신비감이랄까, 경외심이 절로 솟는 게 아니겠습니까. 가만히 들여다보고 있으면 쏠린다고 할까, 빨려든다고 할까, 말이나 글로는 뭐라 표현해낼 수 없는 맹목적인 경도傾倒, 맞습니다, 집사람의 말마따나 홀리는 경지, 혹은 넋이 나가는 무아無我의 경지라 해두지요. 바라보고 있으면 시간 가는 줄도 모르겠고 세상의 온갖 시름과 잡념이 다 사라진다니 말입니다. 고슴도치도 제 새끼는 함함하다며 칭찬한다지 않습니까. '함함하다'는 말은 '털 따위가 보드랍고 윤기가 있다.'는 뜻이라 합니다. 가시를 온몸에 달고 사는 고슴도치도 제 새끼는 귀엽고 사랑스러울 수밖에 없겠지요. 우리 부부가 딱 그 짝 났다 싶어 속으로 웃기도 여러 번입니다.

신기해 죽겠는 것은 녀석이 울 때는 왜 꼭 '응애, 응애' 하며 우느냐입니다. 누가 가르쳐준 것도 아닌데 저보다 앞서 살았던 선배(?) 아기들과 똑같이 두 팔은 휘젓고 두 다리는 힘껏 내지르면서 호령하듯 외치냐는 것입니다. 마치 울음소리로 자기의 존재를 확인시키려 드는 듯 말입니다. 행여 제때에 응분의 대답이 없을라치면 울음은 바야흐로 자지러지는 가락으로 넘어갑니다. 한여름날 왕매미가 천지를 향해 쏟아붓듯 애를 갈가리 찢어내는 그 절박하고도 순수한 '아우성'은 어느덧 절규가 되어, 마침내 어미를 하얗게 질리게 하고 할미 할아비의 간장을 녹이고 맙니다. 배불리 먹고 나서 언제 울었느냐는 듯 낙낙해하고 있는 녀석과 눈을 맞추다 '까꿍'하고 어를라치면 사지를 바동대며 '벙긋'

미소를 던져줍니다. 이야말로 만인을 뇌쇄惱殺로 몰고 가는, 제 애비 표현대로 '살인 미소'가 아니고 무엇이겠습니까. 두 번 세 번 앙코르에도 서슴없고도 아낌없이 선사하는 2탄, 3탄! 마음 약한 집사람은 탄성마저 잊은 채 넋을 놓아 깜빡 가고, 곁에 있던 나도 '전여옥'의 말뽄새처럼 '치매 맞은 것처럼 얼어서' 잠시 '머엉'해 있을 따름입니다.

이 아기와는 지난해 3월 무렵에 꾼 꿈과도 인연이 있습니다. 야트막한 산자락에 굵직한 죽순들이 지청구로 널렸는데, 그토록 탐스럽고 풍요로울 수가 없었습니다. 그 중 굵기가 한 아름은 될 법한 죽순 하나를 잡았더니 기다렸다는 듯 쑥 뽑아지며 덥석 안기는 게 아니겠습니까. 어찌나 오지고 벅차든지… 그러고서 까맣게 잊은 채 집사람이랑 새벽시장엘 갔는데 갑자기 꿈 생각이 나는 것이었습니다. 집사람에게 자초지종을 얘기하고서 아무래도 좋은 꿈 같으니 복권을 한 장 살까보다고 우스개 삼아 의견을 물었습니다. 이것저것 한참을 생각하더니 집사람이 손뼉을 치며 소리쳤습니다.

"맞아요. 맞아. 태몽이 틀림없어요!"

결혼 날짜며, 얼마 전 다녀간 며늘아기의 얼굴 모습과 밥 먹던 태도 등을 들며 손자 볼 꿈이 분명타고 우겨대는 것이었습니다. 여자들의 직관은 무시할 수 없는가 봅니다. 집사람의 주장대로 며늘아기는 그 때 이미 태기가 있었던 것입니다. 그러니 속 빠진 이 예비 할아비가 하마터면 천하의 대길태몽大吉胎夢을 복권 한 장과 바꿀 뻔했지 뭡니까. 그럴수록 제왕절개 분만이니 뭐니 쓰잘 데 없는 소리 입에 담지 않고도 순산을 하고, 요즘 것들 몸매 버린다며 모유 먹이길 꺼린다는데도 선뜻 가슴을 열고나선 며늘아기가 참으로 대견스럽습니다. 별스레 유난 떨지 않고 입덧을 견뎌내고, 신경 날카로워졌다는 핑계로 제 신랑 볶아먹거나 닦달하지 않은 것도 기특합니다.

내친김에 며늘아기 자랑 좀 더 하렵니다. 우리 애는 워낙 말이 없는 편입니다. 딸만 내리 다섯에 고명으로 막내가 아들인 딸 부잣집의 막내딸이니 웬만하면 수다나 어리광을 피울 만도 한데, 사려 깊고 음전하기가 조백 있는 집 맏딸 저리가라입니다. 이렇게 복덩이가 들어오다니 모두 다 큰놈 제 복이지요. 그렇다고 애교 없고 여성스럽지 않다는 건 전혀 아닙니다. 요즘 애들 말대로 얼마나 섹시한데요. 결혼식 때는 다들 신부 예쁘다고 여기저기서 탄성이 쏟아졌다는 것 아닙니까. 얼굴만 예쁜 게 아닙니다. 마음씨가 그야말로 비단결입니다. 우리는 사내 아이 둘만 둔데다, 큰놈이 호랑이띠에 작은 놈이 용띠인 탓인지 허구한 날 용호상박龍虎相搏이었습니다. 집구석이 건조하고 삭막하기 그지없던 터에 며늘아기의 등장이야말로 괴테가 '여성스러움이 이 세상을 구원할 것'이라고 설파한 것처럼 우리 집안의 '구원' 그 자체지 뭡니까.

결혼식은 우리가 다니는 상관의 성당에서 치렀습니다. 해방 전에 지었다니 사람으로 치면 환갑이 훨씬 지난 셈이라 마룻바닥이 삐걱거리고 창틀도 낡았지만 그래 뵈어도 벽돌로 지은 로마네스크 양식의 정통 성당입니다. 전주 전동 성당의 아주 작은 축소판으로 보면 됩니다. 넓은 뜰에는 잔디가 깔렸고, 화단에는 철따라 여러 야생화들이 자태를 뽐냅니다. 봄이면 벚꽃, 가을에는 은행나무 단풍이 아주 볼만합니다. 바로 이 고풍스럽고 시골스러운(?) 성당에서 큰 아이 박병호와 며늘아기 공명희는 신부님께서 "…일생 동안 사랑하고 존경하며 신의를 지키겠습니까?" 하고 묻자, 각각 우렁차고 씩씩하게, 그리고 가냘프지만 단호하게 "예" 하고 대답했던 것입니다. 혼배성사 집전은 '호남천주교회사'의 권위이신 김진소 신부님과 나춘성 본당 신부님 두 분께서 맡아 주셨습니다. 신랑 신부로서는 더 이상 은총과 영광이 어디 있겠습니까. 그날따라 성당 신축헌금 모금 때문에 성가대가 참석을 못하자 본당 신부님이 대신 축가를 부르신 일은 아마 두고두고 교회사敎會史에 남을 것입니다. 큰애나 며늘아기는 식이 끝난 후 노란 은행잎이 날리는 성당 앞뜰에 천막을 치고 하객이며 교우 분들이랑 둘러앉아 간소하나마 음식을 나눴던 일을 두고두고 못잊어 합니다. 호텔에서 요란하고 거창하게 '거행'하는 호화판 혼례식의 진수성찬보다 훨씬 값지다는 것입니다. 예물과 폐백을 생략해버린 것도 썩 잘했다 싶습니다.

'팔불출八不出'이란 말을 자주 듣습니다. 원래 뜻은 제 달을 다 채우지 못하고 여덟 달 만에 낳은 아이를 일컫는 팔삭동八朔童에서 비롯되었다는 것이 정설인 듯합니다. 아무튼 '좀 모자란', '덜 떨어진', '약간 덜된' 사람을 뜻하니, 아마도 저 같은 사람을 일컫는 것이겠지요. 팔불출이란 첫째가 제 잘났다고 뽐내는 놈, 두 번째가 마누라 자랑에, 셋째가 자식 자랑하는 놈이라고 합니다. 네 번째는 선조와 아비 자랑을 일삼는 놈이요, 다섯째는 형제 자랑이고, 여섯째는 어느 학교의 누구 후배라고 자랑하는 일이며, 일곱째는 제가 태어난 고장이 어디라고 우쭐해 하는 놈이라고 하던가요. 본디 뜻이 덜 떨어진 것을 비꼬아 만들어서 그런지 그 여덟 가지 중 하나는 마저 채우지를 않고 있습니다. 그래서 못난 용기를 내어 제가 한 가지를 채워 넣으려 합니다. 여덟째는 손자 자랑하는 놈. 그러고도 뭔가 허전하다면, '플러스알파'로 며느리 자랑하는 놈을 추가하면 어떻겠습니까. 대저 손자 자랑, 며느리 자랑에 침이 마르는 놈 치고 푼수 아닌 놈 없되, 단언코 악인惡人 또한 없도다. 이 말씀도 첨언하고 싶습니다.

환갑 맞은 해방둥이

1945년생, 간지干支로 을유乙酉년 닭띠를 '해방둥이'라 부른다. 이 애칭 속에는 일제의 폭압과 착취에서 벗어나 해방을 맞이하던 당시의 감격과 흥분, 희망과 기원이 고스란히 담겨 있다. 이처럼 해방둥이들은 태어나면서부터 주위의 별다른 기대와 관심을 한몸에 받았고, 성장과정 하나하나에 어떤 의미를 부여하려는 눈길의 대상이 되어 왔다. 광복절이 되면 신문, 잡지들은 예외 없이 해방둥이들의 활짝 웃는 사진을 대문짝만하게 게재했다. 다분히 연출된 것이었지만 이들의 모습을 통해 우리의 간절한 소망을 보여주려 했던 것이다.

그런 해방둥이들이 어느새 예순, 공자 말씀대로라면 이순耳順을 맞았다. 경륜이 쌓이고 사리와 판단이 성숙해져 인생을 달관하는 나이가 됐다는 뜻이다. 나무가 해를 거듭하면서 기록해나간 역정歷程이 바로 나이테, 연륜年輪이다. 나무는 이처럼 자신의 지난날을 나이테로 기록하면서, 때로는 강렬하고 밀도 있는 궤적을 그리고 심하게는 옹이로 드러내기도 한다. 우리의 나이테는 과연 성숙과 달관의 경지에 이르러 있는가.

돌이켜보면 해방은 그야말로 느닷없이 찾아왔다. 표현이 나쁘지만, 어쩌면 자다가 떡 얻어먹은 형국이 아니었을까. 당시의 증언들을 들어보면 8.15 당일 일본 천황의 항복방송이 나왔는데도 경성(서울) 거리는 한산할 정도로 조용했다가, 서대문형무소의 사상범들이 석방되자 비로소 만세를 불렀다고 한다. 대부분 사람들이 태극기를 그릴 줄 몰랐고 태극기란 것이 있는 줄조차 몰랐다니… 예견하거나 준비 끝에 쟁취한 독립이 아니라 외세에 의해 주어진 해방이었기에 자기 배반의 역사를 청산하고 민족의 주체성을 확립할 천재일우의 기회는 물거품이 되고 말았다. 비록 대다수 민중이 바람직한 역사의식에 눈떠 있었다 해도 점령국 미국이 원한 건 무조건적 순종을 바칠 꼭두각시였다. 결과적으로 자주독립국가의 소망은 좌절되었고, 분단과 골육상쟁, 군부독재가 이 땅을 유린했다. 길고도 암울했던 고통과 질곡의 역사는 지금껏 분열과 반목, 대립의 후유증으로 이어지고 있다.

결코 순탄하지만은 않았던 지난날 상처입고 좌절하고 절망하고, 그래서 총체적으로 불행했던 해방둥이들의 60년 세월이 나이테로 기록되었다면 어떤 형상일까. '해방둥이'를 훌쩍 뛰어넘어 이제는 '해방 늙은이'가 돼버린 그들의 자화상은 어떤 모습일까. 지난날 건설의 역군이라는 자부심도 옛말, 해방둥이들의 희망과 용기, 보람 등은 용도폐기 처분됐다. 그들 대부분은 진즉부터 삶의 일선에서 쫓겨나 있다. 주위에서 아무도 귀 기울여 들으려하지 않으니, 해방둥이들은 이제

'모든 것으로부터 진정 해방되었다.'는 역설이 성립된다고나 할까. 이들은 또 무위도식에 지긋지긋해하고 있다. 광복절이 삼복三伏중 공휴일의 하나로 전락되었듯 그들에겐 매일 매일이 광복절이자 공휴일인 셈이다.

북한의 해방둥이들은 어떤 모습으로 어떻게 살고 있을까. 유전자가 같으니 그들도 흰머리가 늘고 주름살도 많이 생겼겠지. 남북한 해방둥이들끼리 어쩌다 우연히 만나 '알고 보니 동갑'이라며 어깨 끌어안고 대폿잔을 기울일 날은 언제일까. 외갓집 찾아가듯 서로 마음 내키는 대로 오고갈 날은 언제일까.

해방조국의 자유민주주의 역사도 이제 회갑이다. 해방둥이들이 '독립동이', '통일동이'로 되살아나 "흙 다시 만져 보자."며 해방 당시의 환희와 열정에 목이 멜 그 때 그날은 지금 어디쯤 와 있는가.

전북은 호남의 서자인가

재벌 호랑이와 떡장수
도세도 꼴찌, 체육도 꼴찌
부안의 상처, 전북의 아픔
새만금, 이게 뭡니까
전라도가 무엇을 달래나
전북은 전라도의 서자인가

재벌 호랑이와 떡장수

늙은 떡장수 어머니가 고갯길에서 호랑이를 만난다. "떡 하나 주면 안 잡아먹지."의 비극이 시작된다. 떡을 받아먹고 나타나고를 반복하던 호랑이는 떡이 다 떨어졌다고 하자, 이번에는 떡장수의 팔과 다리마저 차례로 요구한다. 어린 시절 누구나 듣고 자랐을 '햇님 달님' 이야기다. 가슴 졸이며 귀 기울이다가, 팔다리를 모두 빼앗긴 채 굴러가던 어머니를 호랑이가 한 입에 꿀꺽 삼켜버렸다는 대목에 이르면 분하고 억울한 마음에 그만 울음보가 터지고 말았다.

"나쁜 놈의 호랑이, 안 잡아먹겠다더니…."

여기서 그치지 않는다. 이제 호랑이는 어머니의 옷과 머릿수건으로 변장을 하고 오누이가 있는 집으로 향한다.

전주시가 롯데 마트 송천점 진출에 행정적 제동을 걸었다. 일단 법적으로 별 문제가 없어 보이는 지구단위계획안을 반려한 것이다. 전주시의 이같은 조치는 도내에서는 처음일 뿐만 아니라 전국적으로도 드문 사례다. 초대형 재벌과의 전쟁이 어떻게 귀결될지 재계와 지역사회는 물론 온 나라의 관심이 쏠리는 것은 당연하다. 곳곳에서 "잘했다."는 소리가 나온다. 손 놓고 법 개정만 기다리다가는 지역 상권은 호랑이 밥이 될 수밖에 없다는 절박한 심정이 반영된 것이라 할 수 있다. 그러니 전주시가 기세 좋게 칼을 빼들었다가 중도에 흐지부지 꼬리를 내린다면 요란만 떨고서 결국엔 주민 눈속임을 했다는 비난을 받을 게 뻔하다.

막대한 자본력과 유통망을 장악한 호랑이의 아가리에 맨몸으로 노출된 영세 군소상인들의 삶은 하루하루가 "제발 안 잡아 먹혔으면…" 하는 일념뿐이다. 서울에 본사를 둔 대형마트들이 지역 소비자의 돈을 싹쓸이해가는, 이른바 빨대효과(Straw effect)가 커질수록 지역경제가 위축될 것은 뻔한 이치다. 할인점이 지방정부에 내는 세금이라야 미미하기 그지없다. 주요 세원인 법인세가 국세이기 때문이다. 지역 내 고용창출을 약속하지만, 일용직에 그치거나 그나마 텃세나 눈칫밥을 못 이겨 도중에 그만두기 일쑤다. 지역상품 판로 개척도 실속이 없거나 슬그머니 자취를 감추는 경우가 많았다.

대형 할인점들은 이름에도 '할인'이 들어가 있듯 할인을 입에 달고 산다. 그것도 '대형'으로 할인해준다며 집요하리 만큼 "싸다!"고, "사라!"고 꼬드기며 부추긴다. 시도 때도 없이 쏟아지는 광고지의 문구들을 보라. '초특가' '가격 파괴' '파격 할인' 등 정신을 빼놓는다. 과연 그럴까. 대답은 유감스럽게도 '아니올시다'다. 대형 할인점에만 납품되는 상품이 따로 있으며, 규격과 용량을 달리해 '싸게' 보이는 착시효과를 일으킨다는 사실도 알 만한 사람은 다 안다.

이처럼 호랑이의 위세가 등등하고 폐해가 막심한데도 그 동안 당국은 무엇을 하고 있었나. 겨우 목숨을 부지한 남매의 목숨까지 내놓으라고 으르렁댈 때까지 소리 한 번 지르지 않았단 말인가. 아니다. 법을 개정한다, 특단의 대책을 마련한다, 법석을 떨기 여러 차례였다. 번번이 무산되거나 실효가 없었을 따름이다. 그 잘난 국회의원들은 선거 때만 되면 어쩌고저쩌고 떠들다가도 막상 의정 단상에 진출해서는 언제 그랬느냐는 듯 딴 사람이 되곤 했다. 지금도 '유통산업발전법 개정안'이 상정돼 있기는 하다. 대형마트 개설 등록제를 허가제로 바꾸고, 허가권을 지역의 시장·군수·구청장이 갖도록 해서 인구 당 점포수와 면적을 규제하자는 것이 뼈대다. 그런데도 이 법안은 지금 상임위에서 '낮잠 중'이다.

왜 그럴까. 대답은 국회의원들에게 물어보라. 그대들은 누구 편이냐고. 분명한 것은 이처럼 법이 구경만 하고 있는 사이 중소 영세 상인들은 호랑이 밥이 되고 말 것이란 점이다. 애타게 빌고 또 비는 어린 남매에게 지금 무엇보다 절실한 것은 굵고 튼실한 동아줄이다.

도세도 꼴찌, 체육도 꼴찌

웬만큼 나이 든 사람들은 74년 제55회 전국체전에서 전북이 2위를 차지하던 때의 감격과 흥분을 잊지 못한다. 고향에서 살 길이 막막하여 상경해봤자 공돌이 공순이 아니면 구두닦이 식당 종업원이 고작이요, 장관은커녕 차관 한 사람도 없어 전북에서 태어난 것이 천형天刑처럼 여겨지던 시절, 가난과 소외와 천대의 대명사이던 전북이 체육으로 사실상 전국을 제패하다니! 실로 경천동지驚天動地라는 말로 표현할 수밖에 없는 이변(?)이었다. 도민들 스스로가 이 믿기지 않는 사실에 새삼 놀라면서 전북의 저력과 자긍심을 되새기고 단결과 화합을 다지는 소중한 계기가 되었었다.

당시 황인성黃寅性 지사가 외치던 구호가 '도민총화總和'였고, 그래서 그의 별명이 '황총화'였던 시절이다. 그때의 전설뿐 아니다. 전북은 여러 차례 경기와 서울에 이어 3, 4위를 달릴 정도로 '체육 강도强道'였다. 그러나 지금 옛날의 영광은 어디에서도 찾을 수 없다.

전국체전에서 전북이 14위를 차지했다. 어차피 참가에 의미를 두는 15위의 광주와 16위의 제주를 제외하면 변명의 여지없는 꼴찌다. 그나마 선수로는 환갑을 지난 거나 마찬가지인 30대의 여자 선수들이 금메달을 따주는 바람에 턱걸이로 15위를 면할 수 있었다니 기가 막히다 못해 차라리 눈물겹다. 그래도 할 말은 있는 모양이다. 한마디로 예산 타령이다. 실제로 소년체전이나 전국체전은 메달 집계에 따른 순위 경쟁 때문에 시·도 사이의 돈싸움이요, 총성없는 전쟁이란 비판이 들끓었다. 이런 판국에 독지가들의 후원도 적어 전북의 최하위 성적은 이미 예상된 터였다.

이 기회에 전북체육은 근본적인 문제 제기와 함께 개선책을 찾아야 한다. 지난날 메달 효자 종독은 엷은 선수층으로 인해 더 이상 경쟁력을 유지하기 힘들게 됐고, 팀이 없어 아예 출전조차 못한 종목도 수두룩하다고 들린다. 태권도며 복싱 레슬링 등 투기종목을 비롯해 우리의 장기長技 종목들이 빛을 잃어가고 있다 한다. 그러니 이제 저변확대 없이 몇몇 우수한 선수들에게 강도 높은 훈련을 시켜 메달을 따던 전략은 대대적 수정이 불가피하다. 불굴의 의지나 투혼에만 기대하던 방식도 시대착오적인 억지에 불과하다.

지금까지의 체육시책은 메달 지상주의에 빠져 생활체육, 특히 학교체육을 등한시하거나 외면해 온 게 사실이다. 학교체육의 주무대인 운동장은 시설면에서 거의 골동품급이다. 대다수의 초중고교에 체육관과 수영장이 없다. 고교 2, 3학년에서 선택교육과정이 된 후로 아예 체육 수업이 없는 학교도 있다. 학생들의 수학능력은 경제협력개발기구(OECD) 국가 중 세계 2위 수준이라지만 공부만 잘했지 체력은 턱걸이 한 개도 못할 만큼 '비실비실'하다. 이러한 현실 속에서 정확한 적성 검증과정도 없이 운동선수로 선발된 학생들은 학과공부는 뒷전인 채 일찌감치 '운동기계'가 될 것만을 강요받는다. 이런 엘리트스포츠 육성 패러다임은 운동선수에 대한 상습적 구타나 무리한 감량에 따른 사망, 특기자 부정입학 등 여러 문제의 원흉이 되고 있다.

풀뿌리 체육의 기반이 취약한 현실에서 전북선수들이 거둔 성적은 이러한 절름발이 체육교육과 엘리트 위주 시책의 결과이자 한계이기도 하다. 그러나 아무리 그렇다 하더라도 14위는 너무 하지 않는가. 예산이 전국 12위였으니 10위 안에는 들어야 체면치레라도 되는 것 아닌가. 전북의 체육은 지금 절체절명의 위기에 서 있다. 위기는 이를 제대로 인식하고 곧바로 대처하면 기회가 될 수 있다.

(2005. 10. 23)

부안의 상처, 전북의 아픔

2003년 그때 위도에 방사성폐기물처분장을 유치하느냐, 마느냐를 놓고 벌어진 공방을 언론에선 '부안사태'라고 불렀다. 1년 6개월이나 계속된 분쟁은 마침내 유혈사태로까지 치달았다. 7만여 군민이 내 편 네 편으로 나뉘었고, 싸움은 치열했으며 피해는 엄청났다.

그뿐인가. '내전'이라는 극한용어를 써도 좋을 만한 사건들이 여럿 있었다. 사태를 진압하기 위해 어마어마한 병력이 투입됐다. 이 전경대원 중 한 명이 머리띠를 두르고 데모에 나선 아버지와 마주 대하는 일이 벌어졌다. 이 '얄궂은 운명의 장난'은 언론에 대서특필되기도 했다. 또 있다. 방폐장 유치를 추진하다가 '매향노'로 낙인찍힌 부안군수는 성난 주민들에게 폭행을 당해 중상을 입기도 했다.

갈라진 것은 부안군민만이 아니었다. 전북도민들의 의견도 찬, 반으로 나뉘어 충돌을 빚었고, 마침내는 온 국민의 관심사가 되었다. 일이 이처럼 꼬인 것은 정부가 사전에 주민들의 의사를 충분히 수렴하지 않은 채 우격다짐 식으로 사업을 시작한 데 있었다. 정부가 스스로 한 약속을 번번이 뒤집으며 일관성 없는 태도를 보인 것도 큰 원인이 됐다. 이 과정에서 정부는 씻을 수 없는 과오들을 저질렀다.

주민들의 반대를 무마하기 위해 이간질을 획책한 것도 그 중 하나다. 당시 관계당국은 돈에 약할 수밖에 없는 위도 주민들에게 한 가구 3억~5억 원씩 준다며 유치에 찬성하도록 도장을 받아가거나, 선물 공세, 관광여행 등으로 영문도 모르는 주민들을 꼬드겼다. 오죽하면 "빚 갚기 위해 고향을 팔아먹는 심정으로 찬성했던 것"이라는 눈물겨운 고백이 나왔겠는가. 마침내 부안 주민들이 들고 일어서고, 환경단체와 종교인들도 나섰다. 당초 방폐장을 반대하던 주민과 정부 사이의 문제가 찬성주민과 반대주민 사이의 대립으로 바뀌고, 폭력사태로까지 이어진 배경이다.

방폐장 사태는 산업자원부 장관이 '전적으로 정부의 책임'을 인정하고 물러나면서 일단락됐다. 그러나 그것으로 끝은 아니었다. 주민들의 반목과 갈등은 이미 이웃사촌의 정마저 갈라놓았다. 형제 같던 이웃이 남처럼 멀어지고 품앗이 같은 미풍양속은 옛말이 됐다. 지금도 왠지 서먹서먹해하고 마주쳐도 외면을 하는 앙금이 이를 웅변으로 말해준다.

부안 곳곳에는 그 때의 상흔이 그대로 남아 있다. '핵 반대'를 외치던 때의 여러 시설물이며, 벽화 전시관 등이 그것이다. "당시 찬성했던 사람들은 마을 행사에 아예 나오지도 못할 정도"라거나 "시위 도중 다친 허리 때문에 돈벌이마저 포기했다."는 사연들은 아직 현재진행형이다. 그리고 "친밀하던 이웃과 등을 돌릴 수밖에 없었던 것이 지금도 가슴이 미어진다."는 고백은 앞으로도 우리 가슴을 칠 것이다. 서로 욕하고 삿대질, 심하게는 멱살잡이까지 했던 사람들이 하루아침에 웃고 얼싸안기가 어디 말처럼 쉬운 일인가.

등 돌린 이웃들이 화합하고 상생하기 위해서는 뭔가 계기가 필요하다. "내 생각이 좁았네. 따지고 보면 모두 다 내 고장 잘 살게 해보자는 뜻에서 그런 것 아닌가. 서로 마음을 풀세." 하며 마음의 벽을 허물고, 손을 내미는 지름길은 어디에 있을까. 그것은 방폐장 후속대책을 위한 특별지원사업을 하루라도 빨리, 그리고 보다 가시적으로 추진하는 길밖에 없다. 지금까지 부안 상처의 치유를 위해 정부에 요구한 사업들은 대부분 유보되거나 답보상태에 머물고 있다. 그나마 5·31지방선거가 끝난 마당에 정부로서는 아예 '아쉬울 것 없는' 사업쯤으로 치부되는 분위기마저 감지된다. 사정이 그렇다면 이 정부는 오만불손하다는 비판을 넘어 배은망덕하다는 비난을 받아 마땅하다.

정부는 광복절특사를 통해 방폐장 유치 반대 관련자 54명을 사면복권시켰다. 당연한 조치다. 어쩌면 너무 늦었는지도 모른다. 정치권도 환영일색이다. 이에 곁들여 부안 발전을 위해 국책사업 유치와 예산 배려를 촉구하고 있다. 맞는 말이다. 이번 조치를 "특별히 봐주는 것이니 앞으로는 시끄럽게 하지 말고 생업에 종사하라."는 '선심용'이나 으름장으로 삼아서는 결코 안 된다. 부안의 상처, 전북의 아픔을 치유하고 진정한 화해와 단합을 이끌기 위해서는 정부 차원의 관심과 배려만이 유일한 방도이자 최선의 길이다.

새만금, 이게 뭡니까

새만금사업은 태어나서는 안 될 애물단지, 다시 말해 사생아였다. 1987년 12월 10일 '보통 사람' 노태우에 의해 전주 어느 호텔에서 던져진 비장의 카드가 바로 '새만금'이었다. 당초에는 전주역 광장에 마련된 유세장에서 수십만의 인파가 환호하는 가운데 극적으로 탄생될 예정이었다. 그러나 전주역 주변이 최루탄과 돌멩이가 난무하는 아수라장으로 변해 진입 자체가 불가능했다. 하는 수 없이 노 후보는 민정당과 전라북도 관계자들만 지켜보는 가운데 "서해안 지도를 바꾸게 될 이 사업을 신명을 걸고 임기 내에 완성하여 전북 발전의 새 기원을 이룩하겠다."고 역설했다. 그러나 단군이래 최대의 역사役事이자 세계 최대의 농업간척사업인 새만금은 이미 관계당국에서 사업성을 검토하다 '사업추진불가'로 결론 난 것이었다. 불가不可판정 사업이

13대 대통령 선거를 불과 엿새 앞두고 전북 표를 노린 선심성 선거공약으로 둔갑한 것이다. 당시 이 일에 관여했던 실무자는 재원마련도 문제였지만 쌀이 남아도는 상황이어서 농업간척의 경제성이 적었고, 지역특성으로 보아 인근에 대불공단이나 군장산업기지 건설이 추진되고 있었기 때문에 굳이 공업지역으로 개발할 필요도 없어 포기한 사업이었다고 증언한 바 있다.

노태우 대통령 시절에도 착공이 미뤄지다가 결국 91년 7월 16일 당시 노태우 대통령과 김대중 신민당 총재와의 영수회담에서 김총재가 약속 이행을 촉구하고, 노 대통령이 이를 수락함으로써 어렵사리 착공이 이뤄지게 된다. 이처럼 정치적 사업이다 보니 초기부터 목표가 분명하지 않았고, 13년째 표류하면서 혼선을 빚을 수밖에 없었다. 대통령과 도지사가 바뀔 때마다 식량안보를 위한 농지확보에서 첨단산업단지로 오락가락하더니 급기야 540홀 세계최대 골프장이라는 깜짝쇼가 벌어지기도 했다. 그나마 골프장이 가장 구체적인 계획이었다니, 이 사업이 확고한 목표나 방향도 없이 얼마나 추상적이고 구름잡는 식으로 추진돼 왔는지 알 수 있다. 결국 새만금 사업은 '밑빠진 독'이 되어 국민의 혈세만 갯벌 속에 묻은 채 빼도 박도 못할 처지에 놓였다.

새만금 탄생의 원죄原罪는 숱한 상처를 남겼고, 앞으로 더 많은 희생을 부를 것이다. 중앙과 전북, 사법부와 행정부, 정부 각 부처, 도내의 시민과 사회단체들이 찬반 논쟁의 차원을 넘어 반목과 갈등으로 온 나라가 갈가리 찢겼다. 욕설과 증오, 불신과 질시가 넘쳐난다. 환경파괴에 앞서 국론파괴라는 '재앙'이 먼저 찾아온 셈이다. 어딜 가나 목소리 큰 강경론자들이 득세한다. 번번히 등장하는 메뉴인 30년 낙후와 전북 죽이기니 전북발전 말살정책이니 하는 극한적인 용어들과 함께

200만 도민과 300만 향우들도 빠지지 않고 동원된다. '무조건 추진' 아니면 '당장 중단'을 외치는 편협한 주장들만 무성하다 보니 온건론은 설 자리가 없고, 합리적인 발언이나 좀더 개선된 시각이 발붙일 여지가 없다. "이게 뭡니까, 법원 나빠요." "참여정부 나빠요." 등 이분법 논리만 횡행한다. '허탈과 충격'에 빠져 '경악과 분노'를 금치 못하다가 '좌시'할 수 없어 '결사 투쟁'에 나서는 전북의 낡고 해묵은 브랜드는 언제 내팽개칠 것인가.

이제라도 늦지 않았다. 새만금을 정치적으로 이용하려는 세력이 아닌 양심세력과 중립적 인사, 찬·반론자 중에서도 합리성을 유지한 사람들로 범도민 대책위를 출범시켜 용도를 확실히 한 뒤, 문제들을 차근차근 짚어내 후손에게 진정 부끄러움 없는 고장을 물려주어야 한다. 그 길이 무엇인지 '중지衆智를 모으는 지혜'를 발휘해 보자.

전라도가 무엇을 달래나

얼마 전 만취한 조선일보 기자가 벌인 난동은 놀랍다 못해 할 말을 잊게 한다. 20년간 국회를 출입했다는 그 기자는 자신을 '대통령 친구'라면서 택시 운전사며 호텔 직원에게 폭력과 폭언을 휘두르더니, 경찰서에 끌려가서까지 행패를 부렸다. 취하면 잠재해있던 본색이 드러나는 법이다. 방약무도와 안하무인의 극치라 할 그의 행태를 보면 그의 평소 사고방식과 신문기자로서 행동거지가 어떠했을지 어렵잖게 짐작할 수 있다. 피해자와 경찰들은 그가 "입만 열면 '전라도 새끼' 등의 욕설이고 아무에게나 발길질을 하면서 '전라도 출신 아니냐'고 윽박질렀다."고 전했다. 집사람은 TV를 보다가 신문사에 항의전화라도 하지 않고는 견딜 수가 없다며 분개해 마지않았다. "전라도 사람들이 늬들에게 밥을 달랬느냐, 돈을 달랬느냐. 왜 느닷없이 가만있는 전라도를 끌어들여 욕을 해대느냐!"

경상도 지역의 전라도 기피 내지 혐오는 '밥상머리 교육' 차원으로까지 발전되어 있을 만큼 뿌리 깊다. 꺼리거나 싫어하는 정도가 아니다. '전라도내기'라며 마치 벌레 대하듯 하는 사람들이 많다. 사실 전라도사람들의 경상도 사람들에 대한 감정은 호남차별에 대한 반작용일 뿐 경상도 사람들의 인성에 대한 편견은 없다. 다시 말해 전라도사람들은 경상도사람들에 대해 '방어적인 지역감정'을 갖고 있는 반면, 경상도사람들은 전라도사람들에 대해 '공격적인 지역감정'을 갖고 있다고 할 수 있다. 어떤 경상도사람은 외국인 사위를 맞으면서도 그 외국인이 전라도에서 태어났거나 잠시 살았다 해서 시비를 걸 정도라니 더 말해 무엇하랴. 이처럼 역사 속에 뿌리깊이 잠재된 편견이 엘리트 코스를 거친 중견기자의 취중 작태를 통해 여실히 표출된 것이다.

우리는 30년 넘게 호남차별이라는 세뇌교육을 받아왔다. 사실 국민의식을 세뇌시키는 언어조작은 '지역감정'이라는 말 속에서도 나타난다. 김대중 전 대통령은 '호남차별'이 '지역감정'이라는 말로 대체되면서 '가해자 대 피해자' 관계가 쌍방에 책임이 있는 '감정'의 문제로 변질됐다고 강도 높게 비판해왔다. 그의 주장은 이렇다.

"지역감정이란 말은 정확하지 않다. '지역감정'이란 양쪽이 동등한 입장에서 서로에게 나쁜 감정을 갖는 것이다. 미국에서도 '흑백차별'이라고 하고, 과거 일제가 한 것도 '민족차별'이라고 하지 '민족감정'이라고 하지 않는다. '지역감정'이라는 말은 지역차별주의를 호도하기 위한 마술적 언어라고 할 수밖에 없다. 현재 하고 있는 것은 분명 '호남차별'이다. 호남차별은 20세기를 사는 민족으로서 가장 수치스러운 일이고, 우리 민족의 큰 재앙이다."

흔히 말하는 경제적 차별은 호남차별의 일면일 뿐이다. 경제차별은 인사차별을 낳고 인사차별은 또 경제차별을 낳는 악순환을 부르고 있음에 주목해야 한다. 그러다보니 빈곤은 대물림된다. 우리는 빈곤문제를 말할 때 가난한 사람에게 문제가 있다는 전제를 깔고 들어간다. 그러나 왜 부자에게도 문제가 있을 수 있다는 생각을 하지 않는 것일까. 가령 아파트나 땅 투기로 떼돈을 버는 사람이 문제일까, 아니면 온 가족이 하루 종일 뼈 빠지게 일해도 달동네를 벗어날 수 없는 사람이 문제인가.

드라마에 등장하는 가정부 역할은 으레 호남출신이 맡아하던 시절이 있었다. 전라도사람들의 이미지에 대해 왜곡과 조작을 한 것이다. 그뿐 아니다. 전라도 사투리는 교활하고 기회주의적이고, 배신을 잘하는 모습으로 비쳐지기 일쑤였다. 반면에 경상도 사투리는 화끈하며 권위가 있어 보이고, 신뢰할 수 있으며 안정된 직업과 재산을 소유한 사람으로 묘사되었다. 여기에 무슨 음모가 있다고 말할 수는 없다. 그러나 시청자들 다수에게 뿌리깊이 각인돼 있는 호남차별을 확대재생산한 점은 부인할 수 없을 것이다. 경상도 사람들은 언어학적으로 사투리를 고치기 힘들다고 말한다. 하지만 그건 억지에 불과하다. 경상도 출신 방송인이나 연예인들 중 제대로 된 표준말을 잘도 구사하는 사람이 얼마든지 있다. 결국 경상도 사람들은 서울에 살더라도 경상도 사투리를 쓰는 것이 불편하기는 커녕 오히려 이익이 되기 때문에 당당하고 자랑스럽게 자신의 사투리를 구사하는 것이다. 오죽하면 경상도 사투리가 서울말에 필적하는 표준말로 대접받게 되었겠는가.

그러나 서울에서 전라도 사투리를 듣기는 힘들다. 전라도 사투리를 들으려면 빈민촌에나 가야할 판이다. 제대로 서울시민이 되려는 전라도 사람들은 전라도 말도 잊어야 했다. 아이들에게 '너 학교가면 부모 고향이 서울이라고 그래.'라고 가르쳤고, 그 아이들은 자라서 본적을 옮겼다. 그 부모와 아이들은 남한테 자신의 고향에 대해 함구한다. 경상도사람들의 자기 사투리에 대한 우월의식이랄까, 자부심은 김영삼 전 대통령의 거침없는 경상도 발음에서 유감없이 드러난다. 국가 최고 통치권자가 국어의 표준 발음도 제대로 못한다면 그것은 부끄러운 일이요, 어떤 면에선 국민에 대한 오만이다.

전라도사람에게 씌워진 까닭 없고 터무니도 없는 굴레는 헤아릴 수 없이 많다. 편향된 인식도 끝이 없다. 극악무도한 살인이나 가정폭력 등 범죄자는 으레 전라도 출신이다. 못 배워 무식하고 지적수준이 낮다보니 인물이 없다, 조폭과 사기꾼이 많다, 결혼하기 어렵고 뒤끝이 좋지 않다, 폭동을 잘 일으키고 빨갱이 성향이 짙다 등등 꼽기도 힘들 정도다.

물론 전라도 사람들 가운데엔 경멸하고 침을 뱉을 만한 악질적인 인간들도 있다. 그러나 그런 사람은 경상도에도 똑같이 많다. 충청도에도, 강원도, 경기도, 이북 사람 중에도 인구비례만큼 많다. 사람 나름인 것이다. 어째서 개인을 개인으로 보지 않고 특정지역에 사는 사람 전체로 보는가. 어느 지역의 어떤 나쁜 놈이 어떻게 그 지역에 사는 사람 전체의 대표성을 지닐 수 있단 말인가. 말은 때론 비수匕首가 된다. 당신은 전라도 출신이니까? 저 사람은 전라도 사람이니까?

어쩌란 말인가. 전라도에서 태어난 게 죄인가. 부모가 전라도 출신인 게 죄인가. 전라도 사람은 당신의 적이 아니다. 전라도 사람이 도대체 당신으로부터 무엇을 빼앗아 갔으며, 앞으로 무엇을 빼앗아 갈까봐 두려운가.

전북은 전라도의 서자인가

노무현 대통령은 작년 7월 9일 전북을 방문, "선물을 주러 온 게 아니다. 전북 스스로 혁신 역량을 키우라."고 말했다. 그로부터 20일 후인 7월 29일 전남 목포에서는 "관광 레저 스포츠 분야에서 천혜의 자원을 가진 전남에 크게 판을 벌이겠다, 전남을 직접 챙기겠다."고 했다. 이처럼 대비되는 노 대통령의 발언에 대해 전북의 언론과 사회단체들이 발끈한 것은 물론이다. 이들은 "대통령 발언은 같은 호남권에서도 전북 홀대를 극명히 보여주는 사례"라며 '호남 소외'가 아니라 '전북 소외'라고 분통을 터트렸다.

대통령이 호언했던 '큰 판'은 이른바 'S프로젝트'인 것으로 드러났다. 서남해안 개발과 관련해 정찬용 당시 인사수석에게 사업구상을 지시한 것이 '행담도개발사업 의혹'을 해명하는 과정에서 엉뚱하게 불거진 것이다. 대통령이 정치나 경제의 전문가도 아닌 전남 영암 출신의 정 전 수석에게 낙후된 호남개발 차원에서 사업 추진을 '챙긴' 것으로 알려지자 또다시 주요 국책사업이 전남지역에 편중되고 있다는 비난이 쏟아졌다.

전북의 희망이라 불리는 새만금 사업이 지지부진한 점도 도민들의 분통을 자극한다. '전북 역차별', '전북 무시' 등 성난 목소리가 끊이지 않는다. S프로젝트와 별도로 추진되던 J프로젝트 등도 새만금 사업을 사실상 무력화시키는 것이어서 민심은 상실감이나 배신감을 넘어 분노로 들끓고 있다. 게다가 국토연구원이 제4차 국토종합계획 수정계획에 새만금 사업이 소송 중에 있다는 이유를 내세워 새만금 신항을 배제한 것으로 알려져 충격을 준다. 전북 정치의 르네상스니 전북 정치인 전성시대니 호들갑을 떨던 그 잘난 도내 정치인들은 다 무엇을 하고 있었단 말인가. 유력 대통령후보, 국회의장과 집권당 원내대표, 예결위원장 등 거물급이 모두 전북 출신이면 뭐하나. 이래저래 '전북 공화국'으로 독립해야 하는 것 아니냐는 자조 섞인 반발까지 터져나올 만하다. 그렇지 않아도 "전북은 전라도의 서자냐."라는 불만의 목소리가 끊이지 않던 터다. 정부나 고위당국자는 입만 열면 호남을 내세우지만 큰 몫은 으레 전남에 돌아가고 전북은 들러리만 서거나 시늉에 그쳐야 했다. 군사독재 때엔 그렇다 치더라도 참여정부의 일등공신이라 할 전북이 아직도 찬밥 신세라니 해도 너무 하지 않은가.

전통적 농경사회였던 전주와 광주는 산업화를 거쳐 정보화사회로 진입하는 과정에서 현격한 차이를 드러냈다. 경제력을 가늠하는 지역내 총생산은 광주, 전남이 전북보다 7대3으로 앞서 있고 인구도 143만 명이나 많다. 그렇다면 광주·전남의 오늘은 거저 이루어졌을까. 입만 벌리고 가만히 앉아 있는데 전두환, 노태우가 온갖 지원을 퍼붓다시피 했을까. 말이야 바른대로 하자. 광주를 군홧발과 총칼로 짓밟고 정권을 잡은 정치군인들로서는 광주, 전남과 그곳 사람들이 눈엣가시요, 괘씸하기 짝이 없는 존재들 아니었겠는가. 그런데도 이 '미운 자식'들에게 '떡 하나'가 아니라 떡 몇 개씩이라도 퍼줄 수밖에 없었던 아이러니의 해답을 어디에서 찾을 수 있을까.

다시 생각해보자. 그들이 고립무원의 절망 속에서 '국군'의 총칼에 죽어가고, 핏발 선 눈으로 도움을 청할 때, 장성·담양까지 몰려와 함께 일어서자고 울부짖을 때 전북은 어디에서 무엇을 했던가. 5공화국이 들어서자 잽싸게 전국체전을 유치해 국민총화와 단합을 외치고, 덕유산에서 열린 민정당 떼거리들의 '평생동지 수련회'를 지극정성으로 뒷바라지한 게 누구인가.

전남·광주의 오늘은 결코 그냥 이루어진 것이 아니다. 누가 거저 던져 준 것도 아니다. 그런 점에서 우리는 오늘날 그들의 성취를 배아파해서는 안 된다. 오히려 그들에게서 배워야 한다. 전남 광주가 그들이 의욕적으로 추진하는 광섬유산업처럼 빛의 속도로 변화하고 있다면 전북은 새만금 사업에 매달려 한 발짝도 나가지 못하는 '농경사회적 우물' 안에 갇혀 있다고 해도 지나치지 않는다.

광주·전남은 이제 5·18 항쟁의 힘을 바탕으로 '투쟁의 도시에서 잘 사는 고장으로' 캐치프레이즈를 바꿔들고 호남의 교육·상업·금융·정보·행정·관광·공업의 중심도시로 성장했다. 전주가 대표적 전통문화도시라는 이미지 외에 뚜렷이 내세울 게 없는 것과는 대조적이다. 특히 80년 5월 광주항쟁은 광주를 민주화와 인권의 성지로 자리매김했고, 정통성이 취약한 군사정권이 대대적 투자를 하면서 광주는 산업도시로 거듭났다. 민주화 인사들이 '핏값'이라 부르는 역사의 부채가 역설적으로 광주를 발전시키는 원동력이 된 것이다. 이는 YS정권, DJ

정권에서도 나름의 타당성을 가지며 계속됐고, 지금의 참여정부 또한 마찬가지다.

그런데도 최근 광주·전남의 노대통령 및 참여정부에 대한 민심은 싸늘하다. 노풍盧風의 진원지인 데다 탄핵사태 때 전폭 지지를 보여줬고, 총선에서 몰표를 주다시피 했는데 그 후 1년이 지나도록 제대로 완결된 것이 없다고 투정이다. 이처럼 전남·광주는 당당하고 진취적이다. 할 소리 다 하고 받을 것 다 받아낸다. 제 몫은 놓치지 않고 챙겨 받아먹고 가능하다면 남의 몫까지도 가져가려는 의욕에 차 있다.

우리는 어떠한가. 걸핏하면 삭발하고 머리띠 두르고 몰려나와 허공에 주먹 내지르며 '결사반대!' '웬말이냐!' '물러나라!'식 구호나 외쳐대는 전근대적 전략에 매달리고 있지는 않은가. 이웃 전남·광주가 구체적이고 전략적이며 실현 가능성 있는 정책구상들을 쏟아내고 있는데 전북은 언제까지 막연하고 부정적이며 허망하고 의타적인 탁상공론에 빠져 허우적거릴 것인가. 넋두리나 푸념의 레퍼토리도 돌리고 돌려 잡음만 나는 유성기판과 다름없다.

전라도에서, 그것도 전라북도에서 태어나 살아가는 것이 정녕 고달프고 짐스러운가. 그렇다면 그대들의 '토깽이 같은 새끼'들과 '여시 같은 여편네'들을 다시 한 번 바라보라. 그도 없는 젊은이나 청소년들이라면 이 고장을 지키며 늙어온 부모들의 굽은 등과 주름진 얼굴을 응시해 보라.

그러면 해답은 자명해질 것이다.

사랑의 매

가방끈이 옥죄는 사회

수능시험 부정행위는 하루아침에 우연히 불거진 사건이 아니다. 우리 사회가 안고 있는 온갖 병리현상이 꽁꽁 숨어 있다가 한꺼번에 터져나온 것에 불과하다. 실제로 이번 선후배 간 커닝사건은 '대물림'으로 수년 간 이어져 온 것으로 드러났다. 조작적이고 체계적 부정행위였던 셈이다. 더욱 놀라운 것은 이들 학생들이 운이 나빠서 걸렸다고 동정하는 분위기마저 없지 않다는 사실이다.

하기야 교육부도 수능 부정행위자의 응시자격을 3년으로 늘리는 등 처벌을 강화하겠다느니, 전파차단기·금속감지기를 설치하고 감독관을 증원하겠다느니, 시험지의 유형을 다양화하는 방안을 적극 검토하겠다느니, 대증요법 위주의 사후약방문 내놓기에 급급하고 있는 판이다.

이런 마당에 어느 교사의 '참회의 글'은 도덕불감증 또는 양심마비에 걸려 있는 우리 모두의 가슴을 친다. "저는 입만 열면 경쟁을 외치고 손만 들면 점수 잘 받는 법을 칠판에 썼습니다. 원칙과 상식에 어긋나도 '괜찮아'를 반복하며 대학에 들어가기만 하면 된다는 주절거림으로 아이들을 몰아왔습니다. 양심을 가르치지 못하고 진실을 가르치지 못하고 잘못을 잘못이라 가르치지 못했던 이 형편없는 선생놈의 잘못입니다."

그러나 곰곰 생각해 보자. 과연 그 교사만의 잘못일까. 우리는 입만 열면 공교육이 무너졌다고 말한다. 학교에서 인성교육을 찾아볼 수가 없다고, 그래서 오늘날과 같은 사태가 왔다고 개탄한다. 그러나 학교 현장의 일선교사들은 사회가 요구하는 대로 교육해왔을 뿐이라고 주장할지 모른다. 사회가 학벌위주의 교육, 수능위주의 교육을 원하지 않았느냐고 항변할지 모른다.

그렇다. 우리는 구조적인 문제는 외면한 채 부수적이고 지엽적인 문제에 매달리고 있다. 왜 이런 일이 일어났는지 따져 대책을 마련하기보다 이런 일이 앞으로도 당연히 일어날 수 있다는 전제 아래 문제를 풀려고 하고 있는 것이다.

수험생의 학부모를 시험감독 보조요원으로 활용하자, 그러면 자기 자녀들이 손해보지 않도록 부정행위를 철저히 감독할 것 아니냐, 경찰관과 군인을 총동원해 철통 같은 경비를 하자, 시험실에 몰래카메라를 설치해 부정행위자를 현장에서 적발하자는 등 그야말로 묘안백출이다. 우리 자식들을 범법 예비자로 보고 눈을 부릅뜨고 관찰하다가 여차하면 가차없이 색출하자는 식이다. 마치 옛적 '이웃집 오신 손님 간첩인가 다시 보자.'는 구호를 연상케 한다. 세상이 어쩌다 이렇게 되었는가.

문제는 누구나 인문계에 진학을 하고 대학을 마친 뒤 넥타이를 메고 펜대를 굴리는 자리를 선호하는 구조적 모순 때문이다. 모두가 일류대학에만 진학하려다 보니 그 과정에서 많은 시간과 비용만 증폭될 뿐 이 모순은 사라지지 않는다. 이처럼 기를 쓰고 수능에 매달리는 까닭은 무엇인가. 뭐니뭐니 해도 학력과 학벌 때문이다. 학벌은 '같은 학교에 다닌 자들이 그 학교를 인연으로 해서 이익추구를 위해 형성한 배타적인 집단'이라 정의할 수 있겠다. 이 학벌의 문제점은 바로 학연을 근거로 해서 배타적으로 이익을 추구하는 데 있다. 학력과 학벌이 뒷받침해 주어야 취직이 잘 되고 직장 내의 인맥으로 좋은 자리는 물론 임금 격차와 사회적 위신까지 누릴 수 있으니 목숨을 걸 만하지 않은가.

결국 '교육의 세습'을 신앙으로 여기는 풍토, 줄넘기 달리기 등 체육과외에 이르기까지 시험에 관계되는 모든 것을 과외로 해결하여 내 자식을 남의 자식보다 앞서게 하려는 부모들의 욕심이 사라지지 않는 한 학벌사회는 없어지지 않을 것이고, 입시를 둘러싼 여러 문제는 우리가 숙명처럼 안고 가야할지 모른다.

개천에선 용이 나지 못한다

오래 전 부자의 대명사는 단연 이병철 삼성그룹 회장이었다. 당시 이 회장이 그처럼 엄청난 돈을 가지고도 이루지 못한 것 세 가지가 우스개 겸 화젯거리였다. 그 중 한 가지가 그의 자녀 중 아무도 서울대에 입학을 못 시켰다는 것이었다. 실제로 십여 년 전만 해도 입시철만 되면 사장님은 코가 쑥 빠졌는데, 그 아래 수위守衛는 아들 잘 둔 덕에 축하인사 받느라 바쁜 '희비쌍곡선'을 심심찮게 볼 수 있었다. 생선장수 홀어머니 아들이 사법고시 합격했다는 등 가슴 훈훈한 화젯거리들도 많았다. 주위에선 이를 두고 개천에서 용 났다고 부러워들 했다. 그리고 없는 집 자식들도 "가난은 불편할 뿐 죄가 아니다."라며 기죽지 않고 당당하게 입신양명立身揚名의 꿈을 키울 수 있었다.

이제 가난한 집 아이가 공부 잘한다는 말은 전설이 된 지 오래다.

최소한 학원에 다닐 형편은 돼야 원하는 대학에 갈 수 있다. “학교수업만 열심히 들었다.”거나 “교과서 위주로 공부했다.”는 수석입학자들의 인터뷰는 이제 들을 수 없다. 그냥 해보는 소리란 걸 너도나도 다 안다. 아닌 게 아니라 요즘 고3은 초등학교 때부터 사교육에 완전히 길들여져 있다. 공부 1등은 지구력 또는 집중력이 강한 아이의 차지라는 통설도 옛말이다. 아무리 의지가 철석같아도 과외의 도움이 없으면 성적을 낼 수 없다. 입시 고3 담당교사들은 명문대 합격자는 ‘만들어진다.’고 털어놓는다. 부모의 경제적 배경이 명문대 진학의 필수조건이라는 얘기다. 맞다. 요즘 공부 잘하는 아이들은 집도 부자다.

2008학년도 대입부터는 논술시험을 보는 대학이 대폭 늘어난다. 반영 비율도 훨씬 높아졌다. 예상했던 것처럼 논술 사교육 광풍이 불어닥쳤다. 유아논술반이 생기고, 초등학생들에게 니체를 읽힌다고 법석들이다. 그러나 정작 일선고교는 논술을 지도할 여건을 아직 갖추지 못하고 있는 것이 현실이다. 당장 논술을 전문적으로 가르칠 교사가 거의 없다. 한 설문조사에 따르면 현직 교사 10명 중 7명은 학교에서 논술 대비가 불가능한 것으로 나타났다. 그러니 논술은 학교에서는 엄두를 못 내고 학원에서나 배워야 할 형편이 됐다. 학원의 논술지도가 천편일률식 ‘판박이’이고, 실제 입시에서 도움이 되지 않도록 하겠다는 다짐 겸 엄포도 들린다. 하지만 1대1 첨삭지도 등 믿을 수 있는 곳은 학원뿐이라는 학부모들의 실토도 무시할 수 없다. 심지어는 수능시험이 끝난 뒤 많은 학교들이 학원 강사를 초빙(?)해다 논술지도를 맡긴다지 않는가.

그러다 보니 갈피를 못잡고 휘둘리는 것은 죄 없는 학생들이요, 허리가 휘고 죽어나는 건 학부모들이다. 그나마 경제적 여력이 있는 계층은 견딜 만하다. 학원에 보낼 능력이 없어 경쟁에서 뒤처지는 줄

빤히 알면서도 가슴만 태워야 하는 서민층의 한은 어찌해야 하나. 그뿐 아니다. 서울에서 태어나지 않았다는 이유만으로 강남의 학원가 문턱 한 번 밟아보지 못하고 기회를 놓쳐야 하는 지방 학생들의 불이익은 무엇으로 메운단 말인가.

우리의 국력이 이만큼 신장되고 민주화를 이룬 바탕에는 교육의 힘이 자리하고 있다. 각자의 노력에 따라 신분의 수평 또는 수직 이동을 가능케 한다는 점에서도 교육은 큰 몫을 차지한다. 우리 국민의 극성스럽다고까지 할 교육열도 바로 이 교육의 보람과 성취욕에 기인한다고 해도 전혀 틀리지 않다. 선진국이 각종 지원제도를 통해 대학과정까지 직·간접으로 관장하며 교육의 기회균등을 꾀하고 있는 것도 이와 무관하지 않다. 그러나 오늘날 우리나라에서 교육의 기능은 어떠한가. 오히려 신분 이동을 가로막고, 사회적 지위를 대물림하는 수단이 되어버린 것은 아닌가.

"개천에서는 절대 용이 나올 수 없다."는 개탄의 의미를 곰곰 되씹게 된다.

'먹고 대학생' 양산하는 대학

청년실업대란이라는 비명은 '이태백'을 둔 부모나 가족들의 엄살만이 아니다. 미화원 채용에 대학원생까지 몰린다거나, 대학 졸업장을 따고도 취직이 잘 되는 학과를 찾아 전문학교 문을 두드린다는 사례가 이제 새삼스럽지도 않다. 그런데도 기업들은 "사람은 넘치는데 정작 데려다 쓸 사람은 없다."고 말한다. 전경련이 223개 기업의 인사담당자들을 대상으로 대학교육에 대한 만족도를 조사했더니 100점 만점에 26점에 불과하더란다.

문제는 곳곳에 대학이요, 그나마 정원도 채우지 못하는 대학이 널려 있다는 점이다. 그러다 보니 대학마다 학생 모시기에 혈안이고, 학생은 상전이다. 2003년에는 정원을 절반도 채우지 못한 곳이 4년제 대학의 경우 7%인 13개대, 전문대는 10%인 16개대였다. 지방대는 더 심각하다. 전북 소재 대학의 경우 미충원율이 29%로 전국에서 가장 높은 것으로 알려졌고, 올해도 대학마다 쉬쉬하고 있어서 그렇지 상황은 더욱 나빠졌을 게 분명하다.

고3까지 밤잠을 줄여가며 '죽어라' 공부하던 학생들이 대학에만 들어가면 그날부터 '먹고 대학생'이 된다. 이는 50~60년대 논 밭 팔고 소까지 팔아 '우골탑牛骨塔'을 보내놨더니, 다방에 죽치고 앉아 허구헌날 차만 마시며 빈둥대는 붕어족 룸펜을 일컫는 호칭이었다. 동아리 활동에다 MT, 아르바이트, 데이트, 걸핏하면 휴강, 여기에 6개월 가까운 방학… 요즘 대학생들이 딱 그 꼴이라 하면 아마 모두 다 그렇지는 않다고 화를 내겠지.

교수들은 어떠한가. 역시 극히 일부이겠지만 연구나 교육보다는 총학장 선거에 휩쓸려 보직 한 자리 얻으려 기웃거리거나, 연구비에나 눈독을 들이는 교수가 적지 않다고 들린다. 그런 교수들일수록 주변에 가짜 표절논문 시비가 일고, 재임용과정의 개운찮은 뒷얘기들이 나돈다. 교수는 학생들이 졸업 후 일자리 없이 거리를 방황하고 있는데 대해 당연히 부끄러워해야 한다.

모든 대학이 다 그렇지만 특히 국립지방대가 사는 길은 구조조정밖에 없다. 정원을 대폭 감축하고 경쟁력이 없거나 중복되는 학과는 과감하게 통·폐합해야 한다. 그런 점에서 최근 도내 4개 국립대 기획처장들이 구조개혁추진 논의를 본격화할 움직임을 보이고 있다니 늦었지만 기대가 크다. 그 동안 통폐합을 포함한 구조조정의 필요성에는 모든 대학이 공감하면서도 논의만 무성했을 뿐 목표에는 한 발짝도 나아가지 못했다. 학생과 학부모, 교수를 비롯한 교직원, 졸업생, 지역사회 등 이해당사자들의 견해와 주장이 제각각 엇갈렸기 때문이다. 그 중에서도 교직원들의 타성과 이기심이 가장 큰 걸림돌이 되어

온 게 사실이다. 사립대만 하더라도 생존경쟁에서 살아남으려면 교직원이 어떻게든 협조하고 희생을 감수할 수밖에 없다. 그러나 국립대 교직원들은 일단은 신분보장이 되니까 기득권 수호에 매달려 변화를 거부한다. 외압과 대세에 밀려 논의에 나섰다가도 정작 본론에 이르면 주도권을 놓고 입씨름만 일삼다 다시 원점으로 돌아간다.

국립대란 무엇인가? 우수한 인재를 양성하기 위해 국민의 세금으로 운영하는 대학이다. 성적이 바닥권인 학생들이 들어가고 정원에 미달까지 되는 대학, 국가나 지역사회는 물론 학부모나 학생 자신에까지 도움이 되지 않는 대학을 왜 국가가 운영해야 하는가?

대학 당국자나 이해당사자들은 한가하게 이해득실을 따지거나 잇속만을 챙기려 들 때가 아니다. 지금도 너무 늦었다.

사랑의 매

중학교 1학년 적 어느 '체육선생'의 모습은 나이든 지금까지도 분노와 원망의 대상으로 떠오른다. 그때는 왜 그랬을까. 체육시간은 공을 차거나 던지고 노는 시간이 아니었다. 체조를 하거나 달리며 몸을 푸는 공간도 아니었다. 열을 지어 우右로 돌아! 좌左로 돌아! 식의 행진을 하거나 구령을 지르면 오른쪽으로 뛰어 달린 뒤 '차려' 자세를 취하는 식의 훈련을 받았다. 빡빡 깎은 머리통에다 목을 조이는 일본군인 모습의 교복을 입어야 했다. 등교할 때마다 교문 앞에서 규율부 선배들로부터 복장 점검을 당해야 했던 시절이었다.

그날도 반장이던 내가 학생들 앞에서 구령을 하게 되었다. '우로~, 나란히!, 라고 외치면 모두 다 뛰어서 오른손을 펼치며 간격을 잡은 뒤 차려 자세를 취해야 되는 판에 박은 동작의 연속이었다. '우로~'를 마치고 '나란히'를 외치려는 순간 한 녀석이 옆으로 뛰기 시작했다. 다른 아이들은 모두 차려 자세로 서 있는데 구령이 끝나기도 전에 뛰어나가려는 모습이 우습기 짝이 없었다.

웃음을 터트리고 있는 순간 뒤에 서 있던 체육선생의 회초리가 날라왔다. 그 선생은 언제나 대나무 뿌리로 만든 '매'를 들고 다녔다. 등이며 다리에 매가 쏟아졌다. 아이들 보는 앞에서 반장에게, 까르르 웃었다는 까닭만으로… 울며 떠는 열세 살짜리 아이에게 때릴 자리가 어디 있었단 말인가. 지금도 생각해 본다. 그 사람은 그날 왜 나를 그리도 심하게 때렸을까.

학교에서의 체벌로 논쟁이 일고 있다. 나는 원론적으로 체벌에 찬성한다. 집안에서도 귀엽다고 마냥 다독거려서는 안 된다. 안 되는 것은 단호하게 '아니다.'라고 알려주어야 한다. 칭찬에 인색해서도 안 되겠지만 잘못을 눈감고 넘겨서는 더욱 안 된다. 학교에서도 마찬가지이다. 하지만 분풀이를 하듯 잔혹하게 학생들을 대하는 가학적加虐的인 교사들는 곤란하다. 매를 맞고도 고마워 울 때가 있다. 잘못을 뉘우치고 다시는 되풀이 않겠다는 참회의 눈물이자 각성의 눈물이다. 사랑의 매이기 때문이다.

그러니 귀할수록 때려야 한다. 다만 가슴에 닿아야 한다. 신체적인 통증痛症이 아니라, 가슴에 와 닿는 '찡한' 느낌이어야 한다. 매를 때리며 우는 교사가 있는가하면 자신의 종아리를 때리는 아버지도 있다.

현실은 어떠한가. 매를 너무 아끼다 버릇없는 아이들로 키우고 있지 않는가. '매를 아끼면 아이를 버린다.'는 서양 속담도 있다.

스승의 그림자

사도師道가 무너졌다는 말을 자주 듣는다. 공교육의 위기라는 우려의 목소리도 높다. 최근 들어 이 같은 한탄과 우려가 더욱 생생하게 가슴에 와 닿는 일들이 잇달아 일어났다. 성적 관리를 부탁하는 학부모, 돈 받고 성적 조작을 지시하는 교장, 답안지를 바꿔치기 하는 교사, 자식에게 입시문제를 미리 가르쳐 주는 대학교수…. 이들의 일그러진 모습은 일부 학교나 몇몇 사람에 불과한 극히 일부분의 잘못이라 믿고 싶다. 그러나 아무리 그렇더라도 나라의 백년지계인 교육을 맡아 사회의 모범이 되어야 할 교직자들마저 돈과 권력의 포로가 되어버린 세태를 무슨 말로 설명할까. 오죽하면 유전우등有錢優等 무전열등無錢劣等이라는 비아냥까지 나오겠는가.

교육의 질은 교원의 질을 넘어설 수 없다고 한다. 그렇다면 우리나라 교사들의 자질과 능력은 어떠한가. 한마디로 교직자들에 대한 사회의 시선은 그리 곱지 않은 것이 사실이다. 한 번 발을 들여놓으면 전문성을 높이려고 노력하지 않아도 맘먹기에 따라 정년까지 끄떡없이 다닐 수 있는 '직장'이 교직이다. 이를 통제할 시스템도 미흡한 것이 현실이다. 솔직히 얘기해 보자. 교사들의 실력과 교육을 향한 열의나 책임감이 성에 차지 않으니까 학생이나 학부모들이 공교육을 신뢰하거나 인정하지 않고 사교육에 눈을 돌리는 것 아닌가. 교과에 대한 전문성은 그만두더라도 도덕적·정신적으로 문제가 있는 교사로부터 교육을 받아야 하는 학생의 입장을 생각해 보자. 학창시절 교사의 영향력이 평생을 좌우하거나, 스승 만나기에 따라 인생의 진로가 달라질 수 있다는 교훈을 동서고금의 여러 사례가 증명해주고 있지 않은가.

우리는 스승의 그림자도 밟지 않는다는 말을 자주 한다. 이 말 속에는 존경을 강조하는 물리적인 의미와 함께 나쁜 것을 배우지 말라는 경계의 의미가 들어 있다고 본다. 스승의 길은 어쩌면 고행과 고뇌의 길일 수 있다. 배우는 사람에게 삶의 등불이 되어야 하는 인격자 중의 인격자가 되어야 하기 때문이다. 이런 스승의 모습이 제자들에게 나타날 때 그 제자는 존경과 사랑으로 스승을 모시게 될 것이고, 자연히 그림자도 밟지 않게 될 것이다. 스승은 제자에게 그림자를 내보여서도 안 될 것이다. 그림자를 내보이지 않는 삶을 사는 스승과, 그림자를 밟지 않으려는 제자가 어우러질 때 우리 교육은 제자리를 찾을 것이다.

전교조와 '참교육'의 초심

결혼 대상 0순위라는 세간의 평가에서 보듯 교직은 젊은이들에게 선망의 대상이다. 어느 직업 부럽지 않을 정도로 좋아진 경제 여건이나 근무환경 때문이다. 그렇다면 그들은 이에 걸맞게끔 교육에 대한 헌신과 봉사로 보답했는가. 유감스럽게도 적지 않은 사람들이 이에 대해 부정적이다. 특히 요즘 들어 '교원평가'를 놓고 찬반양론이 팽팽히 맞선 가운데 교직원노동조합(전교조)이 '전면투쟁'을 선언하고 나오자 학부모는 물론 일부 교사들조차 싸늘한 시선을 보내는 듯하다.

어느 집단에나 무능하고 나태한 부류는 있게 마련이다. 교직도 예외는 아니다. 교직이라는 특수성 때문에 부각되지 않을 뿐 교직의 안정성을 악용하고 있는 사례는 많다. 교직에 발을 들여놓을 때 만든 수업용 자료를 몇십 년 동안 '업데이트'하지 않고서도 꼬박꼬박 월급을 타가는 교사가 상당수에 이르는 것 또한 부인할 수 없다. 그러니 공교육에 대한 불신이 커질 수밖에 없다. 그렇다면 교육현장에 엄존하는 무능 나태 교사를 어찌해야 할까. 그냥 같이 보듬어 안고 가야 할까. 아니면 교육계 스스로 메스를 들고 자체정화에 나서야 할까. 대답은 자명하다. 고름이 결코 살이 될 수 없듯이 살을 째고 뼈를 깎는 고통을 감내하지 않고는 교단의 정화나 교권의 확립은 요원한 얘기일 수밖에 없다. 요즈음 교권이 땅에 떨어졌다고들 말한다. 그럴만도 하다. 성적조작, 촌지, 성희롱, 근무태만 등 교원들의 자질을 의심케 하는 일들이 하루가 멀다 하고 터진다. 결국 형편없는 교사들 때문에 모든 교사들이 (도매금으로) 형편없는 교사로 취급받는다면 얼마나 부당하고 억울한 노릇인가.

전교조가 이미 교사는 노동자라고 선언한 이상 노동시장인 교육현장에서 그들을 고용한 학부모와 납세자로부터 그에 상응한 평가를 받는 건 당연하다. 국민들은 전교조가 불법단체로 낙인찍혀 고초를 당하면서도 오직 '참교육'을 신앙처럼 여기며 불굴의 집념과 의지로 '투쟁'해 나가던 시절을 기억하고 있다. 그러나 전교조는 이미 그때의 전교조가 아니다. 초심은 어디로 가고 제어하기 힘들 정도로 크고 힘센 전형적 이익단체로만 남았다. 전교조가 조합의 구성원인 교사들의 이익을 위해 봉사하고 때로는 투쟁에 나서는 것도 불가피하다. 하지만 그 구성원인 교사들이 누구를 위해 존재하고 누구를 위해 봉사해야 하는가를 따져 살핀다면 전교조의 존재이유와 역할도 분명해진다. 그리고 그들에게 맡겨진 아이들을 제대로 잘 가르치는 일 외에 어느 것도 우선할 수 없다는 대전제도 확실해진다. 그 과정에서 '투쟁'이 필요악의 하나가 될 수도 있겠지만, 그 투쟁의 주제는 어디까지나 학생이며 '참교육'이어야 한다. 그런 점에서 집단연가투쟁은 학생들과 학부모의 목에 칼을 들이대고 벌이는 인질극이다. 교육을 말하면서 교육을 인질삼아 집단의 이익을 채우려는 가장 비교육적이고 반교육적 행위이다. 교육부의 정책실패와 교원평가는 별개 문제이다. 꼬투리를 잡고 발목을 걸자면 끝도 없다. 평가의 공정성이나 악용가능성에 대한 개연성이 나타난다면 그때 가서 투쟁해도 늦지 않다. 시행착오나 부작용이 두려워 평가를 미루다가 입게 될 폐해를 따진다면 그야말로 구더기 무서워 장 못 담그는 어리석음과 다를 게 없다.

국민들은 직접 간접으로 40만 교원들과 연관을 갖고 있다. 국민대다수가 학부모이고 친척이나 친구이자 이웃이다. 이들이 우리 모두로부터 진정 존경과 신뢰를 받는 '스승'으로 우리 곁에 있어주기를 바라는 염원에는 너와 내가 있을 수 없다. 무엇보다 '선생님'들이 머리를 박박 깎고 붉은 머리띠를 두른 채 허공을 향해 주먹질을 해대며 고래고래 구호를 외쳐대는 모습은 아무래도 아이들의 초롱초롱한 눈망울에 비춰주기에는 너무 민망하고 면괴스럽지 않은가.

졸업식 풍속도

옛적 초등학교 졸업식장은 눈물바다가 되기 일쑤였다. 재학생 대표는 송사를 읽다가 으레 목이 메었다. 졸업생 대표의 답사도 울먹이느라 몇 차례씩 중단되곤 했다. 식이 끝나갈 무렵 졸업식 노래 때는 마침내 훌쩍이는 소리가 곳곳에서 들려왔다.

"빛나는 졸업장을 타신 언니께 꽃다발을 한 아름 선사합니다…." 하고 재학생이 1절을 부르면, "잘 있거라 아우들아 정든 교실아, 선생님 저희들은 물러갑니다…." 하고 졸업생이 2절을 받았다. 3절을 부를 즈음에는 학생이고 학부형이고 내빈이고 따로 없었다. 모두가 한 목소리가 되어 따라 불렀다. 여기저기 눈자위가 벌겋게 된 어른들도 눈에 띄었다.

그 때는 초등학교일망정 졸업장 따기가 그리도 어렵고 힘들었다.

못 먹고 헐벗었던 시절, 이삼십릿길을 예사로 걸어다녔고, 점심 도시락은커녕 월사금을 못내 집으로 쫓겨가곤 했다. 겨우겨우 졸업장을 '타고' 나서, 진학을 하면 부모 덕을 타고난 축복받은 아이였다. 그냥 집안일을 돕거나 사환 또는 남의집살이를 떠났다.

학교 다니기가 그토록 힘들었기 때문이었을까. 그 때는 졸업식장에서 받는 상 중 가장 쳐주는 게 6년 개근상이었다. 말이 쉽지. 6년 동안을 하루같이, 그야말로 '눈이 오나 비가 오나' 단 하루도 빠지지 않고 출석한다는 게 아무나 하는 예사로운 일인가! 실로 눈물겨운 억척과 모진 끈기가 아니고는 이뤄내지 못할 일이다. 그래서 우등상이며 장려상들보다 더 귀하고 값지게 여겼다. 3일 이내 결석이나 지각 조퇴를 했을 때 주는 정근상도 이에 못지않게 칭찬을 들었다.

이처럼 흐뭇하고 훈훈하던 졸업식 모습이 점차 사라져 간다. 초등학교는 졸업생이 없어 아예 졸업식을 열지 않는 학교까지 있다는 보도다. 그나마 열리는 학교들도 이렇다 할 의미나 감흥 없이 그저 연례행사로 지나쳐버리고 만다. 고등학교에 이르면 더욱 가관이다. 교복에 밀가루 범벅을 하고 계란이며 토마토케첩까지 던져댄다. 교복을 갈기갈기 찢어대며 소란을 피우기도 한다. '구속과 억압의 상징'이었던 교복을 훼손함으로써 해방감을 맛본다고는 하지만, 아무래도 이건 너무한다 싶다. 성실과 근면의 다른 표현인 '개근상'의 의미가 퇴색하고 있는 풍조도 못마땅하다.

각 급 학교의 졸업식이 한창이다. 세태의 변화와 함께 졸업식장의 풍속도도 바뀌어간다. 문제는 엉뚱하고 비뚤어진 쪽으로 역행 내지는 퇴화하고 있는 데 있다.

헬리콥터 부모들에게

우리나라 부모들의 자식 사랑은 유별나다. 떠받드는 수준을 벗어나 모시고 섬기는 차원이다. 자식은 상전이요 부모는 노예나 진배없다. 요즘에는 헬리콥터 부모라는 유행어까지 들린다. 헬리콥터처럼 자녀 주변을 맴돌며 사사건건 간섭을 하는 극성 부모를 이른다. 헬리콥터 부모의 자녀들이 '마마보이'나 '파파걸'로 자라는 것은 어쩌면 당연하다. 하나에서 열까지 일일이 도와줘야 하니 엄마 없이는 아무 것도 못하는 사내자식, 아빠만 졸졸 따르는 딸내미가 생겨나는 것이다. 이런 아이가 장성하면 이제는 '캥거루족'이 된다. 직장을 가질 나이가 됐어도 빈둥빈둥 놀거나, 취업을 해 경제적 능력이 있더라도 독립해 살기보다는 부모에게 얹혀살며 손을 벌린다.

이들의 자식에 대한 지극정성은 갓난애 때부터 시작된다. 백일잔치

돌잔치를 우리처럼 요란뻑적지근하게 치르는 나라도 드물 것이다. 수십 명씩 하객을 '동원'해 뷔페 음식을 대접하고 답례품을 안겨준다. 어지간한 이벤트 뺨친다. 그나마 몇 개월 전부터 예약을 하지 않으면 차지가 오지 않는단다. 말도 할 줄 모르는 아이에게 전집류를 안겨주는가 하면, 학교에 다니면서부터는 살인적인 사교육비를 마다하지 않는다. 그것도 성이 안 차면 외국으로 보낸다. 부부끼리 생이별을 하고 사는 '기러기 아빠'들이 흔하다. 그것으로 끝이 아니다. 직장을 알아봐줘야 하고, 결혼까지 책임져주어야 한다. 빚을 내서라도 남에게 '꿀리지 않게끔' 혼수를 장만해서 호화 결혼식을 치러준다. 전세나마 거처를 마련해주는 건 기본이다. 어디 그뿐인가. 맞벌이하는 자식을 위해 손자·손녀들 육아까지 떠맡아야한다. 결혼한 뒤까지 애프터서비스를 해줘야 하니, 말 그대로 뼈가 휘고 등골이 빠진다.

매년 5월 셋째 월요일은 성년의 날이다. 만 20세가 된 젊은이들에게 국가와 민족의 장래를 짊어질 성인으로서의 자부심과 책임의식을 부여하자는 뜻에서 기념일로 정해졌다. 이날을 맞아 곳곳에서 성년식이 열리고 선물을 주고받기도 한다. 하지만 형식이나 선물이 중요한 게 아니다. 성인으로서의 긍지를 갖게 하고, 사회에 대한 책임을 느끼게 하며, 어엿한 사회인으로서 참여의식을 키우는 자리가 되어야 한다. 다시 말해 하나의 인격체로서 '철이 들었음'을 자각하고 '어른이 되었음'을 확인받는 계기여야 한다.

그러나 최근의 풍속도는 아직도 우리 사회가 진정한 의미의 '성년'이 되기에는 한참 멀었다는 느낌을 더해준다. 생리적으로 성년이 되고도 어른답지 못한 젊은이들도 흔하거니와, 제대로 어버이 구실을 못하는 부모들도 쌔고 쌨다. 실로 부모 노릇하기 힘든 세상이다. 조폭들을 동원하여 보복 폭행을 한 재벌총수의 빗나간 자식사랑을 보

자. 술 마시다 깡패들과 시비 끝에 눈두덩이 찢어져 돌아온 둘째 놈을 보고 열이 치받지 않을 부모가 어디 있겠는가. 그렇다고 '눈에는 눈' 식으로 때린 놈들을 붙잡아다 꿇어앉혀 놓고, "너도 한 번 때려보라."고 시킨 것은 어떤 변명으로도 정당화되지 못한다.

헬리콥터 부모들이여. 자식들에게 부모봉양을 기대하는가? 자식들이 그대들의 노후를 책임져 주리라고 철석같이 믿고 있는가? 그래서 마치 '보험' 들 듯 자식을 위해 올인하는 삶을 살고 있는가? 그렇다면 일찌감치 찬물 먹고 속들 챙기시라. 미망迷妄에서는 하루 빨리 벗어나는 게 상책이다. 뼈 빠지게 애지중지 키워봤자 절로 자란 듯 부모의 은공을 잊고 마는 게 자식이다. 제 식구 돌보기에 바쁠 따름이다. 그게 내리사랑의 철칙이다. 왕자나 공주 떠받들 듯 과잉보호하다 오히려 자식을 망치고 만다. 옛말에도 있지 않은가. 미운 자식 떡 하나 더 주고, 귀한 자식 매 하나 더 주라고.

도깨비 뜨물

국민음식 짜장면
'막' 프로젝트
도깨비 뜨물
전주비빔밥

국민음식 짜장면

조용필이 국민가수라면 짜장면은 '국민음식'이라 부를 만하다. 방방곡곡 어디건 짜장면 집 없는 곳이 없고, 남녀노소 막론하고 짜장면 싫어하는 사람은 없을 것이다. 겨우 걸음마를 시작했을 꼬마가 입이며 코며, 온 얼굴이 짜장 빛깔인 채 젓가락을 움켜쥐고 짜장면 가락을 입에 넣느라 열중하는 모습을 보노라면 앙증스럽고 귀엽다 못해 본능의 신비 앞에 차라리 어떤 외경과 연민의 느낌마저 들 때가 있다. 아무리 음식 까탈이 심한 아이도 짜장면! 하면 떼쓰던 걸 금세 그치는 걸 흔히 본다.

낯선 고장에 가서 먹을 만한 음식이 마땅찮을 때는 가까운 짜장면 집을 찾으라고 하는데, 그 말은 전적으로 옳다. 대한민국 어디서나 짜장면만은 '기본' 이상이 보장되게끔 맛의 보편화와 규격화가 이뤄져 있을 뿐 아니라 금방 나오고 우선 값이 만만하다. 싸고 맛있고 푸짐하고, 이처럼 세 박자를 두루 갖춘 음식이 짜장면 말고 또 어디 있는가. 사실 어느 곳에 가서 음식에 실망하고 나면 괜히 그 고장 전체에 대한 인식이 나빠지는 수가 허다하다. 그러나 어느 곳에서건 짜장면을 먹고 나서는 후회하는 일도 드물거니와, 만에 하나 썩 입맛에 들지 않았다 해도 "짜장면인데, 뭘." 하고 마냥 너그러워지게 마련이다. 그러니 짜장면이야말로 편견이나 고정관념, 더 나아가서는 지역 간 배타심까지 용해시켜주는 화해와 융합의 음식이 아니고 뭔가.

옛적엔 졸업식이 초·중·고 별로 거의 같은 날에 열리곤 했다. '빛나는 졸업장을 타신 언니'와 부모님, 삼촌, 이모, 고모, 그리고 꼬마들까지 한데 어울려 우르르 몰려가는 곳은 으레 '쭝국집'이었다. 목젖이 떨어질 만큼 기다리다 얻어먹는 짜장면에다 탕수육까지 한 접시 곁들이면 잔치로는 더 바랄 게 없었다. 어디 졸업식뿐이던가. 각종 연회나 계모임, 결혼상견례에서 중요한 거래들이 이곳 청요리집의 별실이나 특실에서 이뤄졌다. 고기도 먹어본 놈이 잘 먹는다고, 그 가짓수도 많고 별난 청요리 (값도 엄청 비쌌다!)의 이름을 척척 대며 주문을 하는 것도 밥술이나 뜨고 행세깨나 하는 사람들 거드름의 하나였다. 짜장면이 그렇듯 우리는 중국을 '쭝국'으로, 중국 사람을 굳이 '때국놈' 또는 '짱꽤'라 부르는 데 익숙해 있다. 그들의 말에 유난히 된소리가 많은 특징을 희화화하기도 했겠지만, 그들에 대한 우월의식이랄까 은근한 우쭐거림도 한 자락 깔려 있는 듯하다. 그래서일까. 외래어표기법에 따라 착하게 '자장면'이라고 써놓은 중국집엘 가면 어쩐지 맛이 없을 것 같고, 잘못 들어온 것만 같아 기분이 개운치 않다.

짜장면의 유래는 구한말 인천 개항과 함께 형성된 차이나타운으로 거슬러 올라간다. 당시 항만 노동을 하던 쿠리[苦力](인부)들은 인천과 가까운 산둥[山東]성 출신이 대부분이었는데, 이들은 중국식 된장인 '춘장'을 볶아 국수에 얹어 먹곤 했다. 여기에 야채와 고기를 썰어 넣고 물과 전분을 섞어 우리 입맛에 딱 맞게끔 고소하고 덜 짜게 만든 것이 그 시초다. 1905년에는 공화춘共和春이라는 중국집에서 '장醬을 볶는다[炸]'는 뜻의 '炸醬麵(짜장미엔)'이라는 이름으로 팔기 시작했다 한다. 중국인 노동자들이 허기를 달래기 위해 먹던 새참의 놀라운 변신이다. 이를 기념하여 2005년에는 인천시 차이나타운에서 짜장면 100년 축제가 열리기도 했다. 이제 짜장면은 전국 2만5천여 곳에서 하루 720만 그릇씩 팔린다고 한다. 3년 전인가, 30여 가구 80여 명이 사는 최남단의 섬 마라도에서도 두 집이 서로 '원조'라며 짜장면을 팔고 있었다.

누구에게나 짜장면에 얽힌 추억이 있을 것이다. 나에게는 중학교 시절 1년에 두 차례씩 아버지와 나 사이를 은밀하고 돈독하게 묶어주던 끈이 바로 짜장면이었다. 학기가 끝나고 방학이 시작되는 날이면 나는 어김없이 아버지의 회사를 찾았다. 아버지는 조그만 회사의 경리주임이었다. 내가 내미는 상장이며 성적표를 훑어보시곤 전무 방으로 데려가신다. '통과의례'가 시작되는 것이다. 6십 몇 명 중의 1과, 4백 몇 명 중의 몇(10 이하인 적은 단 한 번도 없었다.)이라고 쓰인 석차를 보고 "박 주임은 든든허것네. 암, 승어부勝於父해야지." "뭘요, 두고 봐야지요." 대충 이런 식의 인사를 나눈 뒤, 나오는 길에 '이상'(경매를 부르던 李씨를 사람들은 그렇게 불렀다.)을 비롯해 다른 아저씨들에게도 꾸벅꾸벅 절을 하는 절차였다. 항상 술에 절어 코끝이 벌겋던 준태 아저씨랑은 그 때마다 얼마씩 용돈을 쥐어주곤 했다. 집에서 보여드려도 되련만 굳이 회사에까지 간 데에는 이 용돈의 매력도 적지 않게 작용했다. 그러나 지금 생각하면 무척 쑥스럽고 낯뜨거운 일인데도 이를 무릅썼던 것은 그만 또래에 흔히 있기 마련인 자랑하고 싶고 칭찬받고 싶은 심리 말고도 결코 뿌리칠 수 없을 만큼 강력한 유혹 때문이었음을 고백하지 않을 수 없다. 풍남문 근처에 있던 '태풍거'라는 중국집의 짜장면이 바로 그것이다. 매콤하면서도 달콤하고, 쫄깃하면서도 부드럽고, 담백하면서도 구수하고, 목구멍을 감치면서 미감의 온갖 군데를 고루고루 두루두루, 때로는 건드리고 때로는 두드리며… 아아! 한마디로 황홀하달밖에 없다. 쇠라도 삭일 나이, 무엇인들 맛이 없을까만, 그때 그 짜장면의 맛은 말 그대로 필설로는 형용할 수 없고, "그냥 정신없이, 씹는 둥 마는 둥 꿀꺽 꾸울꺽 삼켜댔다."고 할 수밖에 없다.

'박주임의 얼굴'을 봐서 곱빼기 못지않게 꽤 푸짐하게 담아온 양을 '게눈 감추듯'하는 모양을 흐뭇하게 지켜보시며 "한 그릇 더 시켜주랴?" 하셨지만 정작 아버지는 "나중에 먹겠다."며 아무것도 드시지 않았다. 아버지는 아마 인부들과 함께 회사 밥을 드셨을 것이다. 아버지야 드시건 말건 '둘이 먹다가 하나가 죽어도 모를' 정도였던 맛의 정체는 아마도 물짜장이 아니었나 생각된다. 지금 생각하면, 자신이 세상으로부터 훨씬 잘못 취급받고 있다고 느끼고 있었던 아버지로서는 자식의 성적표를 통해서나마 주위로부터 "박 주임도 때를 잘못 만나서 그렇지…" 하는 위로랄까, 인정을 받고 싶은 보상심리가 작용했던 것 같다. 당시 사장 아들은 내가 다니던 학교에 진학을 못해 서울로 갔고, 나보다 3년 위인 전무 아들도 보결로 입학했기에 더욱 그랬을지도 모른다. 요즘도 청소부 아줌마의 아들이 서울대에 입학했다 하면 다들 부러워하고 함부로 대하지 못하거나, 공부 못하는 임원 아들과 비교해 이러쿵저러쿵 입방아들을 찧어대곤 하지 않는가. 맞다. 자식은 마음대로 못하는 법이다. 불초不肖도 남의 졸업식 참석을 비롯해서 개인잡사를 빼고는 서울대 문턱을 밟은 적이 없으니 어즈버, 내 불효여!

또 하나 짜장면과의 인연은 대학 2학년 무렵이었다. 하숙을 계속할 형편이 못 되어 대학원 조교로 있던 선배와 함께 잠은 학교 연구실에서 자고, 밥은 학교 근처의 중국집에 부쳐 먹기로 해서 생긴 인연이다. 매일 아침과 저녁은 볶음밥 아니면 잡채밥, 점심은 짜장면 짬뽕 우동 중 하나를 골라먹게 돼 있으니, 중국 음식이 별식이던 터에 이야말로 팔자에 없는 입 호사였다. 아닌 게 아니라 한 달이 채 못가서 이마에 개기름이 끼고 아랫배가 무거워지며 '팔자가 늘어지는' 신호가 오기 시작했다. 물실호기勿失好機다 싶어 아랫배 왕王자 만들기에 들어갔다. 아령과 콘크리트 역기를 구해다 놓고 아침저녁으로 이두박근 삼두박근을 괴롭혀댔다. 그런데 이게 웬 일인가. 제법 불거지는 알통이 대견스러워지는 것과 비례해서 그토록 입에 감치던 잡채밥이며 짜장면들이 차츰 물리기 시작하는 것이었다. 결국 입주 가정교사 자리가 생기면서 중국집 매식은 3개월 만에 끝났지만 후유증이 따랐다. 짜장면만 먹으면 얹히고, 명절 때 전 부치는 냄새만 맡아도 속이 좋지 않은 '기름진 음식 거부증'이 생기고 만 것이다. 중국집은 되도록 피하되 어쩔 수 없이 먹게 되더라도 다 먹지 않고 남기거나 미리 소화제를 먹어두어야 안심이 되기도 했다.

나이 들면서 입맛도 변한다던가. 짜장면 기피증을 고치는 계기가 찾아왔다. TV에서 짜장면 집 사장들이 정기적으로 불우노인이나 장애우, 시설어린이들에게 짜장면과 탕수육을 손수 만들어 대접하는 미담을 접하면서였다. 끼니도 제대로 잇기 어려웠기에 어려서부터 배달통(철가방)과 친구가 될 수밖에 없었던 자수성가의 주인공들이 베푸는 사랑의 잔치였다. 말가웃은 족히 될 듯 커다란 통 속에서 하얀 김을 내며 끓고 있는 '정성'을 국자로 듬뿍 퍼서 소담하게 담긴 면발 위로 쏟아 붓자 자르르 윤기를 내며 되직하게 흘러 퍼지는 장관(?)이라니!

그것은 고단하고 남루했던 그들의 지난 나날이 마음속 깊숙한 곳에서 숨 쉬고 있다가 땀과 눈물 섞인 보시布施로 샘솟아 흐르는 용암이었다. 의지가지없는 노인들이 부실한 치아로 호물거리며 면발처럼 쫀득한 인생을 깨문다. 그 순간 TV 화면에서는 한 번 맡았다 하면 속수무책으로 군침부터 고이게 하고 마는 냄새, 그 '징헌 놈의' 냄새가 풍겨 전해져오는 게 아닌가.

그 이후로 짜장면만 먹고 나면 끌끌대던 몹쓸 병이 달아나 버렸다. 간짜장도 잘 먹거니와 젊었을 적처럼 곱빼기도 해치울 자신이 생겼다. 그 순간 엉뚱하게도 '눈물 젖은 빵을 먹어보지 않은 사람은 인생을 논하지 말라.'는 잠언이 생각났다. 그리고 불쑥 이를 '눈물 젖은 짜장면을 먹어보지 않은 놈은 인생을 말하지 말라.'로 패러디하면 어떨까 싶어졌다. 그렇다. 짜장면은 이제 한갓 귀화한 중국 음식쯤이 아니라 한국인의 몸 깊숙이 육화肉化한 한국 음식이자 인천에서 태어난 향토 음식이라 할 만하다. 짜장면 집 사장님들이 지난날 회한과 눈물로 짜장면을 비볐다면, 이제는 보람과 희망을 섞어 비벼야겠다.

'막' 프로젝트

전주 토박이가 외지에서 온 손님을 막걸리집으로 안내했다. 그저 그렇고 그런 허술한 대폿집이었다. 그런데도 손님은 왠지 푸근하고 편하다는 느낌을 받았다. 벽에 걸린 현액이며 산수화가 예사롭지 않아 보였다. 목로 안의 곱상한 아줌마도 어딘지 낯이 익고 곰살맞아 보였다.

막걸리를 시키자 안주가 나오는데, 마른안주와 나물에서 시작하여 구이·전·회·찌개에 이르기까지 술상이 가득했다. 손님은 전주가 맛의 고장이요 안주가 끝내준다더니, 과연 다르긴 다르구나 하고 속으로 감탄을 거듭했다. 어지간히 취기가 오르고 또 한 주전자를 시키자 손님은 은근히 뒤가 켕기기 시작했다. 안주 일체가 바뀌고도 계속해서 새로운 메뉴가 선을 보이는 것이었다. 마치 요릿집에라도 온 듯

착각이 들 정도였다. 참다못해 친구의 옆구리를 찌르며 물었다.

"안주 값이 썩 나갈 텐데, 너무 무리하는 거 아냐?"

"걱정 말고 마음껏 들어. 정 거시기허면 술값은 그대가 내. 안주 값은 내가 계산할 테니…."

친구의 호언장담(?)에 끌려 모처럼 기분 좋게 취한 객客은 계산을 하다가 두 번 놀랐다. 처음엔 술값이 너무 싸서 놀랐고, 두 번째는 안주 값을 따로 받지 않기 때문이었다. 아니, 그 맛깔스럽고 푸짐하던 산해진미 안주가 모두 공짜라니! 전주 사람들은 대개 이 같은 얘깃거리들을 가지고 있다. 전주는 그야말로 '술꾼들의 천국'인 것이다.

전주시가 막걸리를 맛의 고장 전주의 이미지와 연결시켜 관광자원화 하는 방안을 구상하고 있다고 한다. 이름하여 막(MAC) 프로젝트다. 전주 시내에 있는 막걸리 전문업소의 간판과 막걸리 잔, 그릇 등의 용기를 표준화하는 방안, 서민들의 애환이 서린 막걸리문화를 지역축제와 연계하는 방안, 우수업소에 인증서를 부여하는 방안 등을 다각적으로 논의한다는 것이다. 부시장이 나서고, 관계 전문가들이 참여한다니 별미別味 대책이 나오리라 믿는다. 벌써 군침이 삼켜진다.

도깨비 뜨물

막걸리는 서민을 위한 서민의 술이다. 배곯던 시절 해마다 이맘때면 어김없이 찾아오던 '보릿고개'와 떼어 놓을 수 없는 애환서린 술이기도 하다. 힘든 노동 끝에 논두렁에 앉아 풋고추를 안주삼아 '탁배기' 한 사발을 들이키면 온갖 시름과 피로와 허기가 씻은 듯 사라졌다. 막걸리에는 영양성분이 많은데다 알코올 도수가 낮아 농주農酒로서는 제격이었다. 요즘에는 성인병의 근원으로 지목받는 스트레스를 몰아내는 음료로 단연 막걸리가 꼽힌다. 암 예방뿐만 아니라 간 손상 및 갱년기 장애에도 효과가 있는 것으로 밝혀져 있다.

막걸리의 또 다른 말은 '도깨비뜨물'이다. 그 빛깔이 허연 쌀뜨물처럼 보이는 데서 유래했을 터이다. 요상도 하지, 이 '뜨물'은 무슨 '도깨비 조화'를 부리는지 과했다 하면 어김없이 사람의 정신을 오락가락하게 만든다. 그러니 이 해학적인 이름 속에는 술에 대한 은유적인 표현과 함께 과음을 경계하는 선인들의 풍류와 지혜가 함축되어 있다. 되새길수록 익살스럽고, 곱씹을수록 홍이 돋는다. 벌컥대며 한 잔 들이키면 젓가락 장단과 함께 얼씨구 어깨춤이 절로 나올 듯하지 않는가.

장수군의 인구 3천 명도 안 되는 작은 시골에서 생산되는 '번암 막걸리'가 전국의 애주가들로부터 각별한 사랑을 받고 있다는 보도다. 포천막걸리처럼 전국 규모의 유통망을 갖추지 않았는데도 담백하고 깔끔한 뒷맛이 입소문을 타고 전주와 익산은 물론, 대전 지역에서까지 주문이 밀리고, 개그맨 전유성, 탤런트 유준상 같은 단골도 생겼다 한다. 전주에는 '번암막걸리'만 판매하는 전문점도 문을 열었다. 전주가 어떤 곳인가. '맛' 하면 끝내주는 곳이요, 그야말로 '술꾼의 천국' 아닌가. 이처럼 까다로운 고장의 막걸리 판도를 '꽉' 장악했다면 일단 무언가가 다를 법하다. 그러나 비결은 이외로 간단하다. 좋은 재료를 쓰고, 깊은 맛을 지키기 위해 남다른 노력을 쏟는다는 것뿐이다. 그 동안 밀가루와 누룩 등 원료 값은 2배 이상 뛰었지만 일반 소매점에 납품하는 막걸리의 병당 가격은 750원으로 10년 전과 같다. 막걸리는 '서민주'라는 소신 때문이란다.

옛적 할머니로부터 듣던 도깨비 얘기만큼이나 재미나고 유쾌하다.

전주비빔밥

전주비빔밥은 이제 '전주의 비빔밥'이라는 고유명사가 아니다. 안성맞춤 자갈치아줌마 무등산수박처럼 한 덩어리가 된 보통명사다. 대한민국 국민치고 비빔밥 하면 전주를 떠올리지 않는 사람은 드물다. 비비기조차 아깝고, 떠먹기조차 망설여지는 그 빛깔과 냄새에 반하지 않는 사람도 찾기 힘들다. 마침내 그 맛을 보고서 감탄하지 않으면 미각에 이상이 있는 사람이다. 전주비빔밥은 이제 세계의 음식이다. 일본의 백화점에 진출했고 세계의 하늘을 누비는 기내식이 됐다. 마이클 잭슨이 맛보더니 엄지손가락을 치켜세웠다지 않는가.

비빔밥의 유래에 대해서는 여러 가지 설이 있다. 임금이 종친들과 함께 먹던 가벼운 식사라는 궁중 음식설, 임금이 피난 갔을 때 대강 비벼 수랏상에 올렸다는 몽진 음식설이 전한다. 그러나 이는 모두 "나로 말할 것 같으면 이래봬도…" 식으로 임금님과 결부시켜 비빔밥의 격을 한 단계 높여보려는 억지가 숨겨져 있는 것 같다. 이보다는 농번기 음식설이 훨씬 설득력이 있다. 하루에도 몇 번씩 음식을 차려야 하는 농번기에 매번 구색을 갖추기가 어려우니, 그릇 하나에 갖은 음식을 섞어 먹은 데서 유래했으리라는 것이다. 이밖에 제사를 마친 뒤 여러 가지 제물을 골고루 비벼서 먹었다는 제사 음복설, 섣달 그믐날 지난해의 남은 음식을 처리한 데서 유래했다는 묵은 음식 처리설과 동학군이 먹었다는 동학 혁명설이 전한다.

비빔밥은 예부터 전주 말고도 안동과 진주, 그리고 북한 해주의 것을 쳐주었다. 곳에 따라 재료나 조리법이 조금씩 다르지만, 양반 세력가들이 번성하고 식재료가 풍부한 지역에서 발달했다는 점은 똑같다. 그 중에서도 전주비빔밥은 평양냉면 개성탕반과 함께 조선 3대 별미로 꼽혔고 또 그중에서도 으뜸이었다.

오는 7월 17일 중국 랴오닝[遼寧]성 선양[瀋陽]시에서 열리는 '2006 심양 한국식품 산업전'에서 초대형 전주비빔밥 비비기 행사가 열린다는 소식이다. 중국인 2천 6명이 한꺼번에 먹을 수 있는 규모라니, 백발삼천장白髮三千丈식으로 모든 면에서 과장을 즐기는 중국 사람들도 입을 떡 벌릴 게 분명하다. 사상史上 초유初有라 할 이 비빔밥에 들어가는 쌀만 80kg들이 2.5가마요, 나물이며 양념까지 무게가 1천kg에 이른다니, 언뜻 믿기지 않다가도 비비는 데 건장한 청년과 주부 20~30명이 동원된다는 설명에야 겨우 실감이 난다.

전주비빔밥이 세계를 향해 나아가는 데는 난관도 많다. 우선 산업화·세계화의 출발점이라 할 수 있는 조리과정의 과학화와 표준화가 극히 미흡한 수준에 머물러 있다. 전주에 정작 "전주비빔밥은 아예 없다."는 목소리도 나온다. 음식점마다 재료와 조리법이 제각각이다

보니 맛과 값은 말할 것도 없고 별의별 유사한 비빔밥이 모두 다 전주비빔밥입네 이름을 내걸고 있기 때문이다. 물론 음식점별로 차별화된 맛도 중요하지만, 국가적인 브랜드로 육성하기 위해서는 비체계적이고 비전문적인 조리 과정을 과학화해야 한다.

그 동안 표준화 노력이 전혀 없었던 것은 아니다. 4억여 원이나 되는 적지 않은 예산을 들여 200여 페이지에 이르는 연구용역서를 만들고서도 제대로 활용하지 못한 채 서랍 속에 사장시키고 있는 실정이다. 표준화 작업을 실행에 옮긴 음식점은 단 한 군데도 없다. 이렇게 된 데는 제 역할을 찾지 못한 채 업소들에 끌려다닌 행정의 책임도 크다. 이제라도 모두가 나서야 한다. 명품의 맥을 이어온 장인들은 자신의 노하우는 물론 사소한 이기심이나 자존심까지도 한 그릇에 털어 넣고 비벼야 한다. 어떻게 하면 전통 전주비빔밥의 원류를 되찾고 이어받아 이를 표준화할지 머리를 맞대야 한다. 전주시도 대대적인 이벤트에 앞서 세계적인 브랜드를 비벼내는 데 팔을 걷어붙여야 한다.

전두환 때가 좋았어

'돈'에 무릎 꿇는 ≪시사저널≫의 '펜'
전두환 때가 좋았어
네티즌에 놀아난 보수 언론
도토리 키재기식 신문들
좋은 신문, 나쁜 신문

'돈'에 무릎 꿇는 ≪시사저널≫의 '펜'

1989년 ≪시사저널≫의 탄생은 주간지 저널리즘의 새로운 지평을 여는 하나의 사건이었다. 일찍이 이런 주간잡지는 없었다. 고작해야 선정적인 화젯거리나 연예가의 가십 따위를 다루는 타블로이드 판 '옐로페이퍼'였다. 이른바 '황색 주간지 문화'가 범람하던 때, ≪시사저널≫은 한국의 ≪타임≫ 또는 ≪뉴스위크≫를 자처했다. '사실과 진실의 등불'을 표방했다. 어떠한 권력과 성역도 인정치 않았다. 해마다 '한국을 움직이는 사람들'을 기획하여 본격적으로 여론조사를 도입했고, 촌지 안받기운동을 펼쳐 이를 언론계에 뿌리내리게 한 것도 ≪시사저널≫이었다.

그러던 ≪시사저널≫이 파업과 직장폐쇄로 치닫다가, 이제는 경영진과 제작진 사이에 물러설 수 없는 공방을 벌이며 만신창이가 되어

간다. 창간 당시 미력하나마 힘을 보탰던 사람으로서 TV 화면을 통해 바라보는 후배들의 모습은 참담과 비통 그 자체다. 누가 그토록 당당하고 패기만만하던 저들을 천막 속에서 기거하며 컵라면으로 끼니를 때우게 하는가. 저들은 왜 '펜'을 던지고 주먹을 부르쥐며 외쳐대는가.

사태는 지난해 6월 금창태 사장이 삼성그룹 인사와 관련된 기사를 일방적으로 삭제하며 비롯됐다. 금 사장과 기자들 간의 갈등은 이윤삼 편집국장의 사표제출과 수리, 이 사태에 반발하는 기자들에 대한 잇따른 징계로 이어졌다. 기자들이 빠진 채 급조된 편집위원 및 외부 필자들의 기고로 채워진 '짝퉁 ≪시사저널≫'이 지난 1월 9일 899호에 이어 계속 발행되고 있다.

사태의 발단이 된 기사삭제 당시의 정황을 두고 양측의 주장은 극명하게 엇갈린다. 그러다보니 논란의 초점은 '편집권을 둘러싼 인식차'라는 본질을 떠나, '거짓과 진실'의 싸움으로 번져 있다. 기자회견에서 나타난 금 사장의 언행에서는 석연치 않은 점이 묻어난다. 금 사장은 해당 기사를 처음 본 시점 등 노조측 반박에 대한 확인을 요청받자 "사태의 본질과는 전혀 관련 없는, 회사 내부의 사소한 문제"라며 답변을 거부했다는 보도(한국일보 2월 7일자)만 봐도 그렇다.

≪시사저널≫이 이처럼 외로운 투쟁을 계속하고 있는 동안 그토록 언론의 자유를 외치던 조중동을 비롯한 주요 언론은 꿀먹은 듯 아무 말도 없다. MBC만이 지난 6일 〈PD수첩〉을 통해 집중적으로 다뤘을 뿐이다. 언론들이 이처럼 '악의적인 침묵'으로 일관하는 까닭은 무엇일까? '웬만하면 다른 회사의 문제는 그냥 넘어가거나 침묵한다.'는 비겁한 관행 때문일까. 아니면 이 사태에 직간접으로 연루된 삼성그룹, 정치권력보다 훨씬 강력하고 무섭다는 재벌권력을 의식하기 때문인가. 아닌 게 아니라 이번 사태를 촉발시킨 삼성은 언론을 잘 관리하

기로 손꼽힌다. 쟁쟁한 언론인 출신들이 홍보실에서 활동하고 있고, 광고와 소송위협을 무기로 언론을 순치시키는 치밀한 대언론 로비는 오늘도 계속된다.

지금 시사저널 기자들은 과도하게 월급을 올려달라거나 후생복지와 관련된 파업을 하고 있는 것이 아니다. 삼성이라는 기업의 압력에 굴복한 경영진에 의해 편집권이 부당하게 유린당했으니 이를 바로잡자는 것이다. 그런데도 해결의 실마리는 보이지 않는다. 결국 짝퉁을 사보지 말라고 불매운동을 펼 수밖에 없게 됐다. 정기독자들에게도 구독을 중단하라고 호소해야 될 고약하고도 얄궂은 처지에 놓였다.

언론의 자유와 독립을 얘기할 때 으레 등장하는 고전적인 구호가 "펜은 칼보다 강하다."였다. 그러나 이 비유는 이제 "펜은 돈보다 강하다."로 바뀌어야 할 듯하다. 그나마 들릴 듯 말듯 애처롭고 가느다란 목소리로 말이다. ≪시사저널≫의 그 날카롭고 빛나던 '펜'도 '돈' 앞에 무릎을 꿇어야만 하는가.

전두환 때가 좋았어

독일의 세계적인 시사주간지 ≪슈피겔≫은 권력의 부정과 비리를 파헤치는 정론지로 정평이 나 있다. '슈피겔이 움직이면 관리들이 떤다.'는 말이 있을 정도다. 발행 부수만 112만 부가 넘는 슈피겔의 오늘은 루돌프 아우크슈타인이라는 세기의 저널리스트가 있었기에 가능했다. 그는 정치권의 수많은 부정부패를 파헤친 탐사보도로 '세계 언론자유의 영웅'이라는 칭호를 받기도 했다. 그 중에서도 1962년에 터진 '슈피겔 사건'은 '워터게이트 사건'과 함께 언론이 국가권력에 맞선 20세기 양대 사건으로 꼽힌다. 그가 남긴 다음과 같은 경구는 오늘날의 한국 언론인들에게 던지는 준열한 꾸짖음일 수 있다.

"저널리스트에게 최악의 적은 정치인과 호형호제하며 허물없이 지내는 것이다. 많은 정치인과 개인적으로 가깝게 지냈지만 저널리스트로서 그러지는 않았다. 저널리스트는 영원한 우정을 나눌 수 없다."

자칭 민족의 대변지인 동아일보의 편집국장 등 간부와 정치부 기자들이 한나라당의 박근혜 대표와 최고위원, 사무총장, 대변인 등 핵심 간부들과 가진 '상견례'는 굳이 아우크슈타인의 잣대를 들이대지 않더라도 그 자리에서 파생된 여기자 '성추행' 못지않게 부도덕하고 추악한 자리였다. 여성 도우미의 식사 시중을 포함해 1인당 십몇만 원짜리 식사나 폭탄주가 오가는 몇백만 원 대의 노래방 2차가 문제가 아니다. 언론인과 정치인 사이에 반드시 유지돼야할 '선'이라고 할까, 긴장이 무너진 게 화근이었다. 그게 풀어지니까 허물없어지고 임의로워지고, 마침내 제1야당의 사무총장이 거대 언론사 여기자의 젖가슴을 '거칠게' 만지는 사태로까지 번진 것이다. 더욱 놀라운 것은 '박근혜 대표의 요청에 의해 이뤄진 상견례'가 동아일보 이전에 조선일보, 중앙일보 등 세칭 '조중동'과 방송국 사람들과도 이뤄졌다는 사실이다. 문제가 커지자 동아일보는 사실을 '확인'하는 기사라도 냈지만 조선과 중앙은 기다 아니다 유구무언으로 꿀먹은 벙어리다. 성추행이 없었으니 떳떳하단 뜻인가?

서울시청 출입 일부 기자들이 이명박 시장의 미국 출장을 공짜 취재한 사실도 우리 언론의 치부를 그대로 드러내준다. 이 시장의 방미에는 예의 '조중동'을 비롯해 통신, 방송 기자 9명이 동행했다. 이들의 취재경비 1인당 400만 원씩은 공무원 여비규정(4~5급 대우)에 준해 지원했다니 한마디로 세금으로 다녀온 것이다. '이 시장과 그 일행'(서울시 출입기자)의 공짜 외유는 이번만이 아니었다니 더욱 기가 막힌다. 이처럼 구워삶아 놓았으니, 소금 먹은 놈이 물 켤 수밖에 없고, 이 시장과 거대 언론은 뜨겁게 뜨겁게 유착될 수밖에 없지 않았겠는가.

지방 언론사라고 예외는 아니다. 우선 좁은 바닥에 뭐 뜯어 먹을 게 있다고 신문사는 그리도 많은지… 신문사 간판만 내걸면 천하의 힘 세고 빽 좋은 '나리'들이 까빡 죽어 굽실대는 판이고, 기자들이야 신문사 못 들어와서 안달이니 종사자들 배고픔 따위야 '구걸'로 해결토록 하면 그만이라는 사고방식에 절어 있는 토호 사주들이야 그렇다 치자. 앞길이 구만리 같은 젊은 기자들을 앞세워 온갖 비리와 모사를 획책하는 몇몇 '원로' 언론인들, 부도덕한 사주들이 토해내는 배설물을 닦아내며 열심히 부적 노릇을 하는 '기생' 언론인들, 지역사회에서는 이들을 토호사주보다 더 악독한 '언론계 오적'이라 부른다던가. 이들의 짓거리가 얼마나 뇌꼴스럽고 진저리가 나면 언론학살을 자행했던 전두환 시절이 생각난다고 하겠는가.

4월 7일은 제49회 신문의 날이다. 이 날을 맞아 다분히 멜로드라마의 대사 같은 구절을 되새겨 본다. "사랑의 반대말은 미움이 아니라 무관심이다." 그렇지 않아도 '종이 신문'은 인터넷 신문이나 포털에 밀려 점점 설 자리를 잃어가고 있다. 여러 집 대문에 붙어 있는 쪽지들을 보라.

'XX신문 사절' '요금 절대 안줌'

네티즌에 놀아난 보수 언론

줄기세포 사건으로 비판받아야 할 대상은 물론 과학의 이름으로 국민과 세계를 속인 당사자들이다. 학계와 정계 관계를 비롯해 우리 사회 전체도 이처럼 엄청난 사기극의 배양 풍토를 제공한 공범이다. 어떠한 변명으로도 그 책임이나 비난으로부터 자유로울 수 없다. 그러나 무엇보다도 '황우석 신화'를 만들어 애국주의를 부추기고 그것에 편승해 여론몰이에 나섰던 대다수 언론의 해악과 죄과는 더욱 심대하고 막중하다. 한국 언론은 이번에 자존심과 존재이유까지를 포함해 모든 것을 잃어버렸다. 그렇더라도 이 기회에 챙길 것은 챙겨야 한다. 인터넷을 통한 네티즌들의 폭발적인 여론의 결집이 우리 사회를 변화시키는 엄청난 동력을 발휘할 수 있지만, 다른 한편으로는 '맹목적인 테러'가 될 수도 있다는 뼈저린 가르침이 바로 그것이다. 지금까지 언론자유를 위협하는 주요 요소로 꼽아오던 '권력'과 '자본'보다 더 강력하고 뿌리치기 힘든 것이 바로 오도된 '여론의 압력'이라는 엄연한 진리야말로 이번 사태의 교훈이 되어야 한다.

이번 파문에서 '네티즌 여론'의 역할은 '파쇼'적이었다고 해도 과언이 아니다. 진위논란을 떠나 의문을 제기하는 자체만으로도 '매국노'로 단정짓고 거의 폭력적 수준의 비난을 쏟아냈다. MBC에 광고를 내는 기업에 불매운동을 벌이자고 주장하는가 하면 광고를 중단한 기업을 '국민기업'인 양 치켜세우기도 했다. 치기를 떠나 실로 광기에 가까웠다 할 만하다. 그런데도 이른바 주류 언론들은 네티즌들의 이러한 비이성적 행태를 여과 없이 반영하며 동조를 아끼지 않았다. 한마디로 '넷심心'에 놀아난 것이다.

김대중 조선일보 고문이 그 대표적인 논객이다. 그가 12월 5일 조선일보의 인터넷매체인 ≪조선닷컴≫에 쓴 칼럼을 보자. 그는 「'보통사람들'에 대한 마녀사냥」이라는 제목의 글을 통해 우리 사회의 '이상한 현상'을 지적했다. 그가 이상해 한 것은 "우리나라의 대표적 좌파 매체와 좌파 성향의 인사들은 한결같이 PD수첩의 보도를 옹호하거나 더 나아가 '황우석 깎아내리기'에 동조했다."는 것이다. 그래서 "대다수 '보통사람들(네티즌)'은 당혹스러워"했고 "진짜 의도는 무엇이며 그들끼리의 어떤 의견 통일 같은 것은 없는 것이냐에 쏠려 있다."는 것이다. 그는 이어 "한국의 좌파 운동에는 '민족끼리'가 강하며 친북親北도 그 줄기를 타고 있다."며 이번 사안과는 상관없는 좌파 운동의 친북 성향을 거론한다. 걸핏하면 친북좌파로 몰아붙이는 고질병이 또 도진 것일까. 이러한 현상은 조선, 중앙, 동아일보 등 보수 신문들 모두 예외가 아니었다. 김대중 칼럼이 이런 논리를 가장 함축적이고 노골적으로 드러냈을 뿐이다.

인터넷 시대에 언론의 기능은 언론사나 프로 언론인만의 전유물이 아니다. 인터넷 공간에서 글을 올리고 주장을 펴는 네티즌 한 사람 한 사람 모두가 언론인이나 다름없다. 그렇다면 굳이 네티즌의 윤리 규정을 들먹이지 않더라도 언론활동에 따른 책임과 의무가 뒤따라야 함은 물론이다. 지금처럼 무책임한 비방과 저질 욕설, 뒤틀린 비아냥거림이나 독기서린 저주는 사이버공간에 매설된 폭탄과 지뢰에 다름 아니다. 이들 흉기는 불특정다수와 사회 전체를 파멸로 몰아갈 뿐 아니라 결국 부메랑이 되어 돌아와 자기 눈을 찌르고 판단과 의식을 마비시킨다. 한쪽으로 기울어진 네티즌들의 의견이 우리 사회를 대변할 수는 없다.

이제 이른바 보수 주력 언론들은 언론 본연의 사명과 역할에 충실했는지 자문自問하고 자답自答해 보아야 한다. 그리고 솔직히 인정할 것은 인정해야 한다. '넷심'에 기대어 군중심리에 영합하고 마녀사냥을 부추긴 보수언론이 바로 이번 사태의 원흉인 것이다.

도토리 키재기식 신문들

내가 가끔 가는 콩국수 집에서는 신문을 8부씩이나 본다. 지방지 4부, 중앙지 3부, 스포츠신문 등이다. 이 집을 굳이 찾는 이유는 콩국수가 맛이 워낙 좋기도 하거니와 이 신문들을 모두 훑어볼 수 있는 '덤'이 있기 때문이다. 대개 시간이 넉넉한 저녁 무렵에 가는데, 스포츠신문만 제외하고 거의 모든 신문들이 배달됐던 모습 그대로 단정하게 접혀 있는 경우가 많다. 아무도 읽어보지 않았다는 표시다. 이렇게 모여진 신문들이 한 구석에 쌓여있는 모습을 보노라면 이 집 주인이 얼마나 시달렸을지 대충 짐작이 간다. 소속 신문사 기자나 보급사원들로부터 단골·친분·안면 등을 이유로 몇 개월 공짜에 이런저런 경품 등 강제성 권유에 들볶였을 게 뻔하다.

건자재를 취급하는 어떤 친구는 지방지 4부를 보다가 최근에 구독을 권유했던 사람이 회사를 그만두자 겨우 그 신문을 끊었다며 앓던 이 뽑은 듯 후련해 했다. 중소기업을 운영하는 어떤 후배는 뿌리칠 수 없는 친구가 광고를 내달라고 찾아올 때가 가장 괴롭다고 털어놓는다. 광고 효과도 의심스럽거니와 한 번 내주면 다른 신문들이 너도나도 몰려올까봐 겁이 난다는 것이다. 하는 수 없이 광고 대신 리베이트에 해당하는 얼마를 쥐어주며 돌려보낸다고 한다.

중앙지도 모두 그게 그거지만 지방지들도 제호만 다를 뿐 알맹이는 한결같이 닮아 있다. 구색 맞추려 2개씩 있는 사설에 도지사와 시장 군수의 시시콜콜한 일거수일투족, 시·군 소식, 스포츠와 연예 기사에다 TV 프로 등 백화점 식 편집도 영락없는 붕어빵이다. 기자들을 비롯한 종업원들의 처우가 생활급에 턱없이 못 미친다는 점도 빼닮았다. 주요 수익원인 독자와 광고는 한정돼 있는데 그 작은 파이를 서로 뜯어먹겠다고 으르렁대니 장사가 될 리 없다. 궁여지책으로 출판물 장사를 하거나 아가씨 뽑기 대회, 아니면 구닥다리 연예인을 불러다 흥행을 한다. 당연히 기자들을 동원해 표를 팔게 한다. 그뿐인가. 기자들은 공연장 앞에서 표를 사 준 기관장이나 지역 유지들 및 사모님들 안내까지 맡아야 한다.

기가 막히는 해프닝도 있었다. 기자들에게 입장권을 팔게 해서 기자협회에서 성명을 내는 등 말썽을 일으켰던 ㅇㅇ일보가 공연을 강행한 자리였다고 한다. 무대에 나선 가수가 주최 신문사의 이름을 잘못 알고 "XX일보가 이처럼 훌륭한 자리를 마련한 것만 봐도 역시 문화와 예술을 아는 신문…" 어쩌고 너스레를 떨었다는 것이다. 앞자리에 앉아있던 사주社主며 사장 얼굴이 벌개질 수밖에… 혼비백산한 관계자가 서둘러 쪽지를 전하고, 그 가수는 아 뜨거라 싶어 "아까 말한 XX일보는 신문도 아니고 '찌라시(전단지의 일본말)' 만도 못한 신문…"이라는 둥 허겁지겁 불끄기에 나섰지만 이미 '뒤집어쓴 구정물'을 어찌하겠는가.

이런 웃지 못할 우스개도 있다. 어느 뜻있는 재산가가 신생 신문사를 인수하여 보수도 지방지로서는 '제법'이다 싶게 지급하고 취재지원에도 인색지 않아 전북에도 신문다운 신문이 하나 생기는가 싶었다. 그러나 얼마 못가 그 재산가도 '밑 빠진 독'을 끝내 감당하지 못하고 손을 들게 되었다. 그러자 쥐꼬리나마 지급하던 군소 신문사의 '쩐주錢主(신문사 사주를 흔히 그렇게 부른다)'가 종업원들에게 했다는 말씀이 걸작이다. "거봐라. 월급 많이 준다고 야단이더니 몇 조금이나 가냐. 적게 주는 대신 목 잘리지 않는 것만도 고마운 줄 알아라."며 큰 소리를 쳤다는 것이다.

도내 신문들의 급여 수준은 믿기지 않을 정도로 열악하다. 기자들더러 공갈치고 협잡해서 먹고 살든지, 아니면 그만두라는 심보가 아니고서야 어찌 쥐꼬리는커녕 쥐터럭만도 못한 푼돈을 주며 기자를 '부릴' 수 있단 말인가. 제 때 월급을 못주는 신문사도 있다고 들린다. 그래서일까. 차마 입에 올리기에도 민망할 정도로 주는 회사가 아예 안 주는 회사보다는 낫다고 으스댄다. 조금 더 나은 회사는 "그래도 우리는 수준급은 된다."고 뻐긴다. 한심한 생색내기요, 꼴 같지 않은 도토리 키재기식 허풍이다.

그래서 이렇게 제안한다. 신문사 사주들끼리 아무런 조건 없이 만나라. 그리고 문자 그대로 흉금을 털어놓고 허심탄회하게 의견을 나눠보라. 여러 의견이 있을 수 있겠지만 지금처럼 신문사가 난립해서는 모두가 죽을 뿐이라는 결론에는 쉽게 도달하리라고 믿는다. 거듭 권하거니와 도토리 모두가 우선 만나라. 어떤 핑계와 명분도 '전북의, 전북을 위한 신문'을 만들어야 한다는 대의大義를 거스를 수는 없다.

좋은 신문, 나쁜 신문

'조중동朝中東'은 이미 어지간한 지식인이면 누구나 어디서건 입에 올리는 숙어熟語가 돼 있다. 인터넷 국어사전에도 버젓하게 올라 있는 '보통명사'다. 우리나라를 대표하는 메이저 신문이니 만큼 그 영향력도 막강하다, 그래서일까. 이들 유력 보수신문들의 논조를 비꼬는 '다음날 조중동은…' 시리즈가 시중의 화제다. 인터넷 상에서도 엄청난 조횟수와 댓글을 기록하고 있다 한다.

노무현 대통령과 참여정부에 대한 일방적 공격이 주 메뉴인 이 시리즈를 대하면 웃음부터 터져나온다. 발상이 이처럼 기발할 수 있나 싶다. 우리의 언론 상황을 풍자와 해학으로 버무려 익살스럽게 전해준다. 하지만 대개 뒤끝은 쓴웃음으로 남는다. 피식 터져 나오는 실소失笑가 가시고 나면 씁쓰레하거나 찜찜해진다. 실컷 웃고난 뒤의 카타르시스와는 거리가 있다. 그런데도 많은 이들이 열광한다. 일부는 만화로 개작되어 네티즌들의 눈길을 끌고 있다. 다양한 형태의 UCC도 등장할 전망이라 한다.

제 1탄은 예수의 행적을 패러디한 것이다. 예수가 "원수를 사랑하라."고 말하자, 다음날 조중동은 "예수, 안일하고 위험한 안보의식 드러내, 국민들 불안에 떨어"라고 보도한다. 공자가 "아침에 도를 들으면 저녁에 죽어도 좋다."고 말하자, 다음날 조중동은 "공자, 자살 부추기는 무책임한 발언으로 일파만파"라고 왜곡한다. 석가도 예외는 아니다. "천상천하 유아독존"은 "석가, 오만과 독선의 극치, 국민이 끝장내야" 라고 비판받는다. 이순신 장군도 걸려든다. "내 죽음을 아무에게도 알리지 말라."고 했는데 다음날 조중동에는 "이순신, 부하에게 거짓말하도록 지시, 도덕성 논란"이라고 보도한다는 것이다.

이 시리즈의 인기 배경에는 '보수 기득권 언론'에 대한 불신과 반감이라는 공감대가 자리잡고 있는 듯하다. 실상을 거두절미去頭截尾한 채 특정부분만을 왜곡하거나 과장한 지난날 일부 언론의 보도관행이 "해도 해도 너무한다."는 동조同調를 부르는 것이다. 정론지正論紙 답지 않은 보도에 대한 실망과 불만이 몇 배나 위력이 강해진 부메랑으로 되돌아오고 있는 셈이다. 보수언론으로서는 이같은 현실이 무척 억울하고 싫을 것이다. 하지만 어쩔 수 없다. 자칭 '민족지'로서 혹은 '국민언론'으로서 쌓아올린 명성과 영예를 위해서라도 조롱섞인 야유성 이미지와 맞설 수밖에 없다. 자초自招한 측면이 무엇보다도 큰 만큼 자성自省과 사죄로 옛 성가聲價를 되찾아야 한다.

지난 4월 7일 제51회 신문의 날 표어가 '좋은 신문 좋은 나라'였다. 올해는 대통령선거뿐 아니라 정치 경제 사회적으로 매우 중요한 선택을 해야 하는 해이다. 그럴수록 신문의 기능과 역할은 물론, 책임과 사명 또한 더욱 커진다. 말 그대로 좋은 신문이 있어야 좋은 나라가 기약된다. 우리에게는 '좋은 신문'만 있는 게 아니다. '참 나쁜 신문'도 부지기수다. 이들 나쁜 신문의 횡포 또한 헤아릴 수 없을 만큼 심각하다. 이게 사라지고 뿌리뽑혀야 '좋은 나라'가 되리라는 건 두말할 나위도 없다. 거대 매체뿐 아니다. 언뜻 보잘 것 없어 보이는 군소 언론들의 작태도 그냥 봐 넘길 수 없다. 해악은 오히려 이들의 것이 더욱 심각하다. 그 아래 기생하는 기자들이며 지사장 총무들의 패악질은 지역사회의 기생충이자 암이다.

전북 지역 언론의 실상은 병폐라기보다는 죄악상, 더욱 심하게는 범죄 상황이라 할 만하다. 올해 신문의날 구호대로 평가하자면 '좋은 신문'은커녕 '형편없는 신문' '없어져야 할 신문'이 대부분이다. 한마디로 '나쁜 신문'들이 판을 치고 있다.

악화惡貨가 양화良貨를 내쫓는 상황, 이를 바로잡을 수 있는 주역은 독자들밖에 없다.

한국에 태어나길 잘했다

못 말리는 어글리 코리언

지난 봄 터키 여행길에 네덜란드 소속 비행기 KLM을 타면서 한국인이라는 사실이 새삼 가슴 뿌듯하고 자랑스러웠다. 우리말 안내방송은 물론 영화 자막과 비행 도중 지도와 함께 위치를 알려주는 설명에도 한글이 쓰였다. 비빔밥과 고추장에 젓가락이 나왔고, 한국인 스튜어디스가 라면을 서비스해 줬다. 이처럼 오늘날 한국의 위상은 높아졌다. 세계 어디를 가나 삼성 현대 LG의 광고탑이 하늘을 가리고 있고, 현지인들은 이들 제품을 입에 올리며 엄지손가락을 치켜세운다. '최고'라는 뜻이다.

그러나 과연 우리는 그런 찬사를 받을 만한가. 대답은 한마디로 '아니오.'다. 어글리 코리언은 의외로 많다. 동남아에 나가 미성년자를 대상으로 벌이는 성행위의 단골이 한국사람들이라고 들린다. 필리핀이나 태국 등지에 골프여행을 나간 졸부들의 작태도 손가락질과 질타의 대상이 된 지 오래다. 어글리 코리언들이 머물다 간 자리에는 창피하고 부끄러운 흔적들이 남아 있다. 한국인들이 식당에 몰려가거나 차에 타려 하면 현지인들은 싱글싱글 웃어가며 "코리안? 빨리빨리"하고 외쳐댄다. 여기에는 한국인의 경박하고 조급한 국민성을 경멸하고 조롱하는 비웃음이 숨겨져 있다. 한국인들은 에누리에 관한한 단연 세계 타이틀 소유권자라 할 만하다. 동남아에서 쇼핑을 나가면 으레 듣는 말이 "안 비싸요."다. 한국인이라면 깎을 줄 알고 지레 값을 올려 부른다. 그러니 '인정사정 볼 것 없이' 뚝 반으로 잘라놓고 나서 흥정을 시작하는 것이다.

이스탄불의 그랜드 바자르는 세계적으로 이름난 관광 쇼핑단지다. 길을 잘못 들었다가는 찾아나올 수가 없다 할 정도로 규모도 크고 관광객이라면 빠지지 않고 들르는 명소다. 이곳에 도착하면 가이드는 50% 이상 DC를 하면 그럭저럭 잘 산 것이고, 70%이상 DC를 한 손님도 봤다고 에누리를 부추긴다. 그리고 "비싸요." "깎아 주세요." 등의 용어를 현지어로 알려준다. 열심히 메모를 하고 나서 적진(?)에 뛰어드는 아줌마부대들은 이때부터 얼굴에 철판을 깔고 임전무퇴의 자세로 작전에 임하게 된다. 주인이 '해도 해도 너무 한다.'는 듯 얼굴을 붉히며 손을 내저으면 비장의 카드를 내민다. 안 사겠다는 듯 나가는 시늉을 하는 것이다. 그러면 주인이 황급히 팔목을 잡으며 만류한다. 이러기를 다시 두어 차례, 마침내 흥정이 이루어지고 주인은 몇십 년 장사를 하지만 세상에 이런 고수高手(?)는 처음이라는 듯 혀를 내두르게 마련이다. 그리고 '역전歷戰의 용사'는 고국에 계신 동포 여러분에게 전할 무용담을 떠올리며 마냥 흐뭇해한다.

그러나 곰곰 돌이켜 생각해 보자. 밑지고 판다는 장사꾼의 엄살이

3대 거짓말의 하나이듯 장사꾼이야 어느 구석에서건 이문이 남으니까 그 값에 팔 게 뻔하다. 터키 상인들이 누구인가. 고대로부터 실크로드를 무대로 동양과 서양을 잇는 교역으로 살아온 민족 아니던가. 실제로 그들은 가까운 유럽이나 미국 관광객들, 그리고 일본 사람들에게는 그다지 높은 값을 부르지 않는다고 한다. 그러니 한국인들은 결국 치를 값 다 주면서도 깍쟁이라는 낯뜨거운 이미지만 뒤집어쓰거나, 품질이 떨어지는 싸구려를 사들고 헤헤거리지는 않는지도 따져봐야 한다.

누구건 스스로를 아끼고 귀하게 여기지 않으면 남들도 깔보고 만만하게 다룬다. 이제 해외여행은 너나없이 그저 이웃집 다녀오듯 하는 세상이 되었다. 그럴수록 세계 어디를 가나 대접받고 존중받을 수 있도록 예절과 품위를 갖춘 '진짜 최고'가 되어야 한다.

천 원의 위력

중국에는 '사람이 태어나서 장가계에 가보지 않았다면, 100세가 되어도 어찌 늙었다고 할 수가 있겠는가.'라는 말이 있다고 한다. 중국 호남성 서북부에 위치하고 있는 이곳은 중국 정부가 '국가급중점풍경명승구'로 지정한데 이어 1992년에는 UN이 세계자연유산에 포함시켰다. 약 3억 8천만 년 전 이곳은 망망한 바다였으나 후에 지구의 지각운동으로 해저가 육지로 솟아올랐다. 억만년의 침수와 자연붕괴 등의 자연적 영향으로 오늘의 깊은 협곡과 기이한 봉우리, 물 맑은 계곡의 자연 절경이 이루어졌다. 보기 드물게 수려한 봉우리와 동굴 외에도 원시상태에 가까운 아열대 경치와 생물생태 환경을 지니고 있다.

그래서일까. 지난해만도 외국인을 포함해 모두 1천5백만 명의 관광객이 찾았다고 한다. 놀기 좋아하고 구경 좋아하는 한국인이 이런 명승지를 놓칠 리 없다. 외국관광객 중에서도 70% 이상이 한국인이라니 한국 관광객이 장가계를 먹여 살린다는 말이 결코 과장이 아니다. 오죽하면 한국사람 치고 장가계를 못 가보면 바보라는 우스개가 생겼을까. 아닌 게 아니라 호텔이나 식당은 물론 산이나 계곡 케이블카에서 만나는 사람 모두가 한국 사람들이다. 마치 설악산이나 내장산, 구천동 계곡 어디에 와 있는 느낌이다.

장가계의 인구는 170만 명, 20개의 소수민족이 어우러져 산다. 그 가운데 70%가 토가족土家族으로 온순한 성격에 김치와 된장 등 발효음식을 좋아하고 나름대로 고유의 문화를 지닌 산악山岳족이었다. 오늘날 이들의 '망가진' 모습은 자본주의의 상징인 '돈' 앞에 발가벗겨진 인간의 처녀성處女性인 것만 같아 자꾸만 민망하고 서러워진다.

관광지 입구마다 늘어서서 그들은 "아줌마!" "아저씨!"를 불러댄다. 중국말 특유의 높고도 앙칼진 느낌이 드는 억양으로 "천 원!" "천 원!" "싸다!" "싸다!"를 외쳐대는 그들의 목소리는 차라리 절규다. 앙상하고 땟물이 흐르는 그들 손에는 군밤이며 삶은 옥수수, 군고구마들이 한 무더기씩 들려 있다. 엄지손가락 마디만한 재래종 군밤이 한 바구니에 천 원이라니 믿기지가 않는다. 그걸 산비탈에서 일일이 주어다가 칼집을 내고 구웠을 것 아닌가. 그걸 건네받고도 모자라 어떤 관광객은 한 움큼을 덤으로 움켜 담는다. 우리들 새벽시장에서 시골 할머니가 싸들고 나온 푸성귀 몇 줌을 에누리하고도 모자라 악착스레 한 주먹씩 빼앗듯 주워 담고는 택시 타고 사라지는 자칭 '알뜰주부'들과 어쩌면 그리도 빼닮았는지. 못들은 척 지나칠라치면 외침은 더욱 거세고 다급해지면서 천 원에 세 개라던 옥수수와 군고구마가 네 개에서 다섯 개가 되고 오이도 열 개에다 덤이 몇 개씩 붙는다. 한국의 물가와 환율 등 여러 요인이 복합적으로 작용한 결과이겠지만 문득 '천 원'의 의미와 가치가 새삼스러워진다. 자신도 모르게 고개를 드는 터무니없는 우월감 내지는 돼먹지 못한 자만심, 그리고 이어지는 낭패감 또는 설명할 길 없는 자괴감….

사람이 돈맛을 알면 못할 게 없다. 체면이고 자존심이고, 인간으로서의 가치나 덕목이 거추장스러워질 수도 있다. 가이드의 주의사항이 떠오른다. "물건을 받고 나서 돈을 주세요. 돈 먼저 주면 물건이 달라지거나 반으로 줄어드는 수도 있어요. 거스름은 꼭 확인하세요. 기념품 신발을 사고 돈을 치렀는데 한 짝 값을 더 내라고 해서 꼼짝없이 당한 사람도 있어요. 기념품 잘못 건드렸다가 부서뜨리는 관광객도 많아요. 함정에 빠지는 거죠."

실제로 이들 원주민 거의가 영악하다싶을 만큼 약삭빨라보였다. 경치가 그럴듯하다싶은 곳에 서 있다싶으면 어느 틈에 사진을 찍고 전뇌電腦(컴퓨터)로 열쇠고리를 만들어 예의 '천 원'을 요구한다. 전통의상을 입은 소녀들이 사진 찍는 데 끼어들어 '모델료'를 내라고 떼를 쓰기도 한다.

이들 원주민에게 에누리는 보편화된 생활의 일부이다. 5천 원 부르던 목각 기념품을 3천 원으로 낮췄다가 안산다고 돌아서면 2천 원에 깎아준다. 어떤 사람은 안면몰수하고 실랑이를 거듭하다 1천 원에 성공하기도 한다. 돈 앞에 한없이 약해지는 게 사람이다. 체면이고 자존심이고, 인간으로서의 모든 가치나 덕목은 거추장스러울 뿐이다. 누가 저들을 이렇게 만들었을까. 살아남기 위해 스스로 터득한 삶의 방편일시 분명하다. 단돈 '천 원'이 저들에겐 생존과 직결되는 엄청난 가치인데 반해 한국의 배부른 관광객들에겐 그저 껌 값에 불과한 최저단위의 지폐일 뿐이다.

세계에는 3억 명 이상이 하루 1달러 미만으로 생계를 꾸려가고 있다고 한다. 북한의 식량 사정도 무척 어렵다고 들린다. 특히 어린이나 임산부 노약자 등 취약계층의 굶주림이 심각한 상황이라 한다. 이들을 단지 잘못 태어났거나 지도자 잘못 만난 탓이라고 외면해버려야만 할까. 인류, 또는 동포의 이름으로라도 긴급지원을 망설일 수는 없다. 그런데도 '천 원'에 생색내는 무리들은 동포에 대해서는 '퍼주기'라며 한 푼도 아깝다고 목소리를 높인다. 지원해봐야 군사용으로 전용되거나 체제 지지자들을 위한 보상용으로 쓰일 뿐이라고 주장한다. 이야말로 김정일과 그 일당들 무너질 때까지 죄 없는 북한 주민들이야 굶어죽건 말건 관여할 바 아니라는 말과 다를 바 없다. 북한 인권에 열을 올리는 인사들일수록 이처럼 빈대 잡자고 초가삼간 태우겠다는 식의 주장에 매달려 있으니 답답하다 못해 한심하다. 문득 알량한 푼돈으로 산악의 소수민족에게 화폐의 위력을 뽐내려드는 얼간이들이 떠오른다.

축복받은 땅, 뉴질랜드와 호주

뉴질랜드와 호주는 분명 축복받은 땅이었다. 광활한 땅덩이에다가 수려秀麗하다고만 해서는 모자랄 자연 경관, 온난하고 쾌적한 기후, 풍부한 천연자원… 많은 사람들이 이곳을 지상낙원(paradise)이라 부를 만도 하다.

관광과 함께 축산업이 이들을 GNP 2만 달러를 훨씬 넘는 선진국으로 이끌어 올렸다. 이곳에는 굴뚝이 필요한 2차 산업이 거의 없다. 원자력은 '뭐에 쓰는 물건인고?' 이다.

최근엔 이곳에 사슴 사육이 많이 늘었다고 한다. 물론 수요가 있기 때문이다. 한국 사람들이 보약 중 으뜸으로 꼽고 있는 녹용의 70% 가량이 뉴질랜드 산産이라고 한다. 사슴은 뿔이 자라기 시작하여 45~50일쯤 되는 때에 잘라야 가장 좋은 녹용이 된다. 이때를 놓치면

녹각鹿角이 되고 그 때마저 지나면 사슴 스스로 나무에 뿔을 부딪쳐 떼어버린다. 이처럼 떨어진 뿔을 낙각落角이라 하는데, 이를 주어다 한국에 보내 큰 부자가 된 사람이 있다고 한다. 몸에 좋다면 천만금 아깝다 않고 이것저것 먹어대는 우리들.

호텔에서 먹는 아침 뷔페를 빼고 점심 저녁은 대개 한식이다. 호텔에서도 김치를 제공하는 곳이 많다. 한국 식당의 주인은 물론 우리 교민이고 주요 메뉴는 김치찌개나 된장찌개이다. 뉴질랜드 어느 곳에서는 새벽 일찍 떠나는 일정 때문에 한참 달리다 곰탕을 맛보기도 했다. 그곳에서는 버리는 소 내장과 뼈를 우려낸 것이다. 김치는 말할 것도 없고 숙주나물이나 메밀묵을 비롯한 반찬도 한국 어디에서나 맛볼 수 있는 '음~그 맛이야'이다. 깍두기도 '추가'가 공짜다. (유럽에서 김치를 추가로 시켰을 때 값을 더 치러야 했던 경험이 있다.)

물론 소주도 있다. 2홉들이 한 병에 1만 원을 훨씬 웃도니 큰 맘 먹고 '객기'를 부려야 얼큰할 만큼 마실 수 있다. 한국 관광객이 교민 식당을 이용하는 것은 당연하다. 입맛에 맞기도 하거니와 현지에서 고생하는 동포를 돕는 일이기도 하다. 시드니 어느 식당에서 저녁을 먹는데 규모도 엄청나게 크거니와 자리가 없어 손님이 기다리고 있었다. 게 중에는 중국인 일본인은 물론 서양인들도 있었다. 혀가 얼얼할 정도로 제법 매운 요리들이 나왔다. 그들은 혀를 '후 후' 내두르고 연신 찬물을 마시면서도 맛있어 참을 수 없다는 표정이었다. 우리 고유 음식을 줄을 서서까지 기다리며 찾아주는 외국인을 천만리 이국땅에서 만날 수 있다니!

뉴질랜드의 학교에는 교과서가 없다고 한다. 두 학년의 아이들이 합반合班이 되어 25~30명씩 함께 공부를 한다. 공부라 하지만 우리가 언뜻 연상하는 주입식이나 암기식 공부가 아니다. 아이들끼리 더불어 노는 것이다. 아이들을 놀게 내버려두고 학습 준비는 교사들이 하는 나라. 더구나 교사 뒤에 보조교사가 있어 아이들을 돌보는 교육제도. 아이들을 열 군데도 넘게 학원에 보내야 직성이 풀리는 한국의 부모들, 부끄럽지 않은가. 고등학교까지 아이들을 마냥 놀게 하고 대학교도 선택해서 마음대로 입학하게 하고, 다만 졸업만은 까다롭게 하는 문교文敎정책. 본받을 만하지 않은가.

아이들은 어릴 적 마음껏 뛰고 놀게 해야 한다. 그래야 상상력과 창의력이 길러진다. 우리처럼 공부하라고 아이들을 달달 볶아대는 부모들은 아마 지구상에 흔치 않을 것이다. 돌아오는 비행기 안에서 초등학교 꼬마들을 만날 수 있었다. 3주가량의 영어 연수 코스를 다녀온다는 것이었다. 2~3년씩 적금을 부어 모처럼 여행을 하는 우리 처지에 부모 잘 만나 몇백만 원씩 들여 해외 어학연수를 하는 아이들, 과연 얼마나 효과가 있을지.

오세아니아 사람들의 환경정책은 유별나다. 특히 먹는 것에 대해서는 지나치리 만큼 엄격하다. 입국할 때 식품류는 빠짐없이 신고해야 하고 이를 어기고 들여가다 적발되면 벌금을 물어야 한다. 두부나 콩나물에 유해물질을 예사로 섞는 사람들이 있는 우리 현실이 생각났다. 아깝지만 먹거리로 마련해간 멸치와 장아찌를 버려야 했다. 그나마 최근에는 한국의 위상이 높아져 포장된 김치나 고추장은 허용된다고 한다. 다시 생각해봐도 그들은 축복받았다. 우리가 수질오염 때문에 고민하고 있는 축산 폐기물도 그들에게는 걱정이 없다, 땅이 넓으니 3~4년씩 다른 곳으로 옮겨가며 키우면 된다, 그 사이 분뇨들은 훌륭한 거름이 된다.

그곳에도 교민들이 많이 살고 있다. 이민을 온 사연도 가지가지일 것이다. 살기가 힘들거나 아예 싫어서 고향을 등졌을 수도 있겠다.

교민들 사회에서는 왜 왔느냐, 지금 무슨 일을 하고 있느냐고 묻는 것이 가장 큰 결례라고 한다. 그들은 씩씩하게 살고 있었다. 그들은 이렇게 말했다. "힘들지만 우리들, 열심히 살고 있어요. 고국이 잘 됐으면 좋겠어요."

맞다. 친정이 잘 살아야 시집간 딸내미도 대접받는다.

돈이 들어서 문제이지 해외여행을 다녀오면 무언가 얻어 오는 게 있다. 호주의 지폐에 왜 캥거루와 이뮤(타조 비슷한 조류)가 있느냐는 질문을 받고 한참 생각했다. 대답은 그 짐승들이 뒤로는 갈 수 없다는 설명이었다. 그놈들에게는 '전진'만이 있을 뿐이다.

캄보디아 비포장국도의 교훈

이처럼 지독한 비포장도로 위를 여행해본 것이 실로 얼마 만이었던가! 차체는 쉴 새 없이 요동치며 덜컹거리고, 차창 밖은 희뿌연 먼지로 앞을 가늠하기조차 힘들다. 한낮인데도 헤드라이트를 켜야 할 정도다. 세계 7대 불가사의의 하나인 앙코르와트를 보기 위한 육로 여행길은 이같은 고행苦行으로 시작됐다.

태국과 캄보디아의 국경도시 포이펫에서 앙코르와트가 있는 시엠립까지 1백40km는 6번 국도라는 이름이 부끄러울 만큼 대부분의 구간이 형편없는 비포장도로다. 경운기나 오토바이, 자전거를 타고 다니는 이곳 사람들은 모두가 수건 또는 두건으로 얼굴을 감싸고 다닌다. 우리 일행도 가이드가 준비해둔 마스크가 아니었다면 숨쉬기조차 힘들었을 것이다.

4시간 넘게 우리를 실어다 준 소형버스는 알고 보니 한국산이었다. 한국에서는 진즉 용도 폐기된 '고물'들이 이곳에선 간선도로를 누비는 현역(?)으로 뛰고 있는 것이다. 국경을 넘자 가장 먼저 만나는 것은 판자를 짜맞춰 만든 손수레다. 우리 미화원들이 끌고다니는 청소차를 연상하면 된다. 이 원시적인 운반수단이 사람들을 태우는 교통수단도 된다. 50m는 넘게 줄지어 서서 일감을 기다리는 손수레와 그 옆의 지치고 무표정한 얼굴들의 행렬에서 GDP 3백 달러 남짓인 세계의 최빈국 캄보디아의 오늘이 읽혀진다. 맨발에 남루의 아이들이 손을 내민다. '원 달러'나 캔디를 원하는 구걸의 손길들이다. 2박3일의 캄보디아 체류기간 중 얼마나 숱하게 겪어야 했던 시달림이자 곤혹스러움이었던가.

동양 최대의 호수라는 톤레삽을 끼고 살아가는 사람들에게도 구걸은 가장 큰 생계 수단이 되어 있다. 그들에게도 쪼들렸지만 부끄럽지는 않았던 시절이 분명 있었건만, 이제 이들은 염치며 체면을 잃었다. 조상의 영광이며 자부심을 버렸다. 아낙의 때묻고 가냘픈 팔목에는 선량하고 해맑은 눈을 가진 젖먹이가 안겨 있다. 측은과 연민을 부르는 소품小品이다. "원 달라"를 보채는 아이들의 손바닥엔 궁기 앉은 비굴이 묻어 있다. 한창 뛰놀고 재롱부릴 나이인 아이들에게까지 생계의 책임이 안겨진 탓이다. 부엌도 화장실도 따로 없고, 난간에 기대 소변을 보고 그 옆에서 버젓이 세수하고 양치를 한다. 치부恥部를 서슴없이 보여주는 '예사스러움'이 여행객에겐 민망하다 못해 차라리 서글프다.

캄보디아에서 가장 구경하기 힘든 것이 바로 학교와 병원이라고 한다. 지독한 가난은 60%에 육박하는 문맹률과 평균수명 50세 남짓이라는 수치가 한마디로 설명해준다. 학교에 가야할 나이의 아이들은 생업전선에 내쫓겨 있다. 전통적인 농업국이고 지금도 경제의 대부분을 농업에 의존하고 있으면서도 식량은 자급에도 못 미친다. 발전이 지지부진한 이유는 여러 가지다. 우선 저수지나 수로 등 관개시설이 복구되지 않은 채 버려져 있다. 영농기술은 물론 유통구조도 전근대적이다. 그나마 주요 경작지에는 아직도 지뢰가 묻혀 있어 접근을 가로막는다. 팔 한쪽이 없거나 발이 잘려나간 아이들의 모습이 드물지 않다. 돈 벌러 들어갔다가 지뢰를 건드린 탓이다.

새벽이면 국경은 태국에서 일자리를 구하려는 사람들로 장사진을 친다. 캄보디아에선 기껏해야 한국 돈으로 하루 천 원인데 태국에선 3천 원을 벌 수 있기 때문이다. 도로 곳곳의 간이매점에서 파는 코가콜라 페트병에 담긴 노랗거나 붉은색의 액체가 과연 무엇일까 궁금했다. 알고 보니 휘발유였다. 오토바이는 말할 것도 없고 차량들도 달리다가 거기서 기름을 사 넣는단다. 제대로 된 주유소가 거의 없는데다, 신용이 정착되지 못한 탓에 암거래가 보다 손쉽고 편하기 때문이다.

가이드의 말로는 현재 캄보디아를 찾는 관광객 다섯 중 한 명은 한국인이다. 실제로는 그보다 훨씬 많지 싶다. 한국인 전용 식당과 가게는 물론 노래방까지 없는 게 없다. 한국인 관광객이 지천至賤으로 쏟아지면서, 현지 상인들이 웬만한 한국말 한두 마디씩은 입에 달고 산다. 심지어는 전라도며 경상도며 지역별 사투리까지 천연덕스럽게 구사한다.

저들의 도로가, 그것도 간선도로가 아직도 비포장인 채 전근대의 먼지를 뒤집어쓰고 있는 모습은 답답하면서도 딱하다. 무릇 도로는 소통의 혈맥血脈 아니던가. 이게 매끄럽지 못하거나 막혀 있다면 보통일이 아니다. 하기야 우리의 도로들은 사통팔달四通八達로 이어져 있을 뿐더러, 번듯하고 말끔하게 포장도 잘 되어 있다. 하지만 지역 간, 세대 간, 계층 간 소통은 원활하고 무난하게 이뤄지고 있는지 곰곰 되씹게 된다.

품격 있는 한국인

1985년 5월 처음으로 유럽 여행을 떠났으니 벌써 20년이 넘어간다. 덴마크의 코펜하겐에서 섹스 숍을 둘러보고 있을 때였다. 북구에는 잘 알려져 있다시피 시내 곳곳에 섹스에 관련된 물품을 팔거나 전시하는 곳이 많고, 포르노 상영관도 흔히 눈에 띈다. 어쩌면 인간이 저럴 수 있을까 싶을 정도로 노골적이고도 적나라한 구경거리들을 이것저것 둘러보고 있는데 늙수그레한 주인아줌마가 다가오더니 어디서 왔느냐고 묻는 게 아닌가. 엉겁결에 "재팬, 재팬!" 하고 나왔지만, 지금 생각해도 웃음이 절로 나온다.

그때만 해도 한국은 '기생관광'으로 이름이 나 있었고, 일본인은 '섹스 애니멀'로 알려져 있었다. 회의가 끝나고 자리를 함께 한 그 곳의 몇몇 사람들에게 한국의 기생은 창녀(prostitutor)가 아니며 일본의 게 이샤처럼 예능을 갖춘 호스티스라고 짧은 영어로나마 아무리 설명해도 허사였다. 미국과 유럽의 매스컴을 통해 이미 깊숙이 각인돼버린 인식의 벽을 허무는 건 도저히 불가능한 일이었다.

말이야 바로 하자. 당시 일본으로서는 시골에서 쌀가게나 이발소·야채가게·복덕방 주인들이 계를 부어 모처럼 비행기 타고 '칸코쿠'(한국)에 나가 즐기는 기생관광이야말로 꿈에도 못잊을 환상의 관광상품이었을 것이다. 한국으로서도 분명 짭짤한 외화 소득원이었음을 부인할 수 없다. 도쿄 구경도 못하던 터에 아가씨 끼고 칙사 대접받으며 질탕하게 노닥거리다 취기가 도도해진 뒤 기생 하나씩을 꿰차고 객고를 푸는 이들 '이나카 사무라이'들을 탓해 무엇하겠는가. 이나카 사무라이란 우리말로 '시골 무사' 쯤으로 번역할 수 있겠지만, 한마디로 표현하자면 '촌놈'이다. 세상 물정도 모르고, 이를테면 '덜 트인' 촌닭들이다. 깡촌놈들이 이처럼 분에 넘치는 호강과 환락을 어찌 잊겠는가. 일생일대의 추억거리 아니겠는가.

일본인들은 한국에서의 기생관광이나 동남아에서의 싹쓸이관광을 '졸업'하고서 이제 관광을 한 단계 업그레이드했다. 지역을 유럽이나 미주로 넓히고 대상도 문화 예술 쪽으로 돌렸다. 이 당시 검정이나 감색(곤색) 정장에 고급 카메라를 메고 가이드의 깃발 아래 루브르 박물관이나 바티칸을 몰려다니는 무리들은 어김없이 일본인들이었다.

일본인들의 이같은 '꼴불견'을 한국인들이 답습하고 있다. 물론 한국의 위상이 몰라보게 높아진 것은 사실이다. 하지만 어글리 코리언은 의외로 많다. 동남아에 나가 미성년자를 대상으로 벌이는 성행위의 단골이 한국 사람들이라고 한다. 최근 국내에서 집창촌을 폐쇄하자 수요가 더욱 늘었다고 한다. 집이나 회사에는 사업차라 하고서, 정작 볼 일은 6시간 정도면 다 끝나는데 나머지 3일 정도는 기생관광,

창녀촌 탐방으로 보낸다는 것이다. 동남아에서 피부가 하얀 동양인은 다 한국 남자라고 봐도 과언이 아니요, 출국정지까지 당한 사례도 있다니 기가 막힌다. 필리핀이나 태국 등지에 골프여행을 나간 졸부들의 작태도 현지인들로부터 손가락질과 질타의 대상이 된 지 오래다. 어글리 코리언들이 머물다 간 자리에는 창피하고 부끄러운 흔적들이 남아 있다. 현지인들은 입에 담기에도 낯뜨거운 욕설들을 아무 뜻도 모르고 예사로 씨부려댄다. 이곳을 방문한 못된 한국인들이 뿌려놓은 덤터기를 애꿎은 동포들과 뒤따라온 관광객들이 뒤집어쓰는 꼴이다. 융프라우 빙벽에 새겨놓은 한글 이름, 뉴질랜드 골짜기의 어느 식당 화장실에까지 진출한 배달겨레의 극성스런 낙서 앞에서는 그만 할 말을 잊게 된다.

단체 여행 때면 가이드로부터 지겹도록 듣는 주의사항이 있다.

몇 시까지 꼭, 반드시, 필히 집결할 것. 이 주의사항은 언제나 되풀이되지만 이를 어기는 사람은 번번이 생겨난다. 기다리다 지친 일행을 짜증나게 만들고, 나중에는 가이드로 하여금 찾아나서게 만든다. 겨우겨우 돌아와서는 비굴한 웃음을 흘리며 말도 안 되는 핑계를 대고, 친척인 듯한 옆 사람은 "괜찮아요. 그럴 수도 있죠, 뭐." 하고 관대하기 이를 데 없는 용서를 베푼다.

이제 해외여행은 너나없이 그저 이웃집 다녀오듯 하는 세상이 되었다. 그럴수록 세계 어디를 가나 대접받고 존중받을 수 있도록 예절과 품위를 갖춰야 한다.

한국에 태어나길 잘했다

전주 역사박물관이 주관하는 '신과 인간이 사는 땅 인도' 기행에 다녀왔다. 이 신비의 땅에 공식적으로 등록된 숫자로만 11억 가까운 인구가 살고, 서로 다른 4개 이상의 인종과 7개 이상의 종교, 3백 개 이상의 언어와 4천여 개의 공동체가 혼재하고 있다. 이처럼 거대하고 복잡한 나라를 9박 10일의 일정으로 이해한다는 게 어디 가당키나 한 일인가. 주마간산走馬看山이 아니라 비행일별飛行一瞥의 훑어보기인지라 오히려 오해와 편견만 키웠을 수도 있다. 그러나 빠듯한 일정 속에서도 좀체 사라지지 않던 몇몇 기억은 지금도 남아 있다.

우선 가난이다. 인도는 인구의 35%가 하루 1달러 이하의 생계비로 살고, 만성적인 식수난과 전력난이 계속되는 나라다. 이를 입증하듯 일행 중 여럿이 배앓이를 했고, 호텔에선 가끔씩 정전이 됐다. 그런 점에서 인도는 6·25 직후 우리와 비슷한 구석이 너무도 많다. 궁핍과 곤궁의 기미가 곳곳에서 묻어난다. 역 대합실과 플랫폼에는 노숙자들이 즐비하게 누워 있다. 여기저기 몰려 쭈그리고 앉은 남루 차림의 사람들 눈망울에 활기나 희망의 빛은 찾기 힘들다. 30루피(7백 50원가량)를 벌려는 바이릭샤(자전거를 3륜차처럼 개조해 2~3명이 타는 대중교통수단)꾼들이 줄을 서 손님을 기다린다. 이들은 그래도 봐줄 만하다. 곳곳에서 여위고 때 묻은 구걸의 손길과 마주치게 된다. 얼굴에 파리 떼가 가득 앉은 갓난이를 안고 애절한 눈초리를 보내는 엄마에서부터, '헬로'를 외쳐대며 졸졸 따라붙는 아이들을 보노라면 연민과 측은을 지나 짜증과 역정이 치민다.

이들의 생활습속과 문화를 그대로 보여주는 마을에 들렀을 때는 온 마을의 꼬마들이 모두 모였지 싶을 정도로 많은 아이들이 몰려들어 발걸음을 떼지 못할 지경이었다. 맨발에다 땟국이 줄줄 흐르는 아이들은 '집요'하다는 표현이 딱 들어맞으리 만큼 끈질기게 따라붙는다. 장사꾼들도 마찬가지다. 지역토산품이나 관광 책자를 파는 이들에게 한 번 찍혔다 하면 호된 곤욕을 치르게 마련이다. 가난 구제는 나라도 못한다는 우리 옛말도 있다. 하지만 도대체 이 나라의 정치한다는 사람들은 왜 존재하며, 소위 지도계층이라는 족속들은 어디서 무엇을 하고 있단 말인가.

이들의 '무차별공세'를 피해 간신히 버스에 오른 일행 중 한 사람이 내뱉듯 말했다. "한국에서 태어난 것이 참 다행이네." 모두들 맞다는 듯 고개를 끄덕였다. 다른 사람이 부모를 따라온 초등학교 2학년과 5학년 어린이에게 물었다. "공부 안하고 저 애들처럼 살래, 공부하면서 한국에서 살래?" 아이들은 모두 한국에서 살겠다고 대답했다. 그리고 공부도 더 열심히 하겠다고 씩씩하게 다짐했다. 혼자서 여행에 참여한 중학교 2학년 학생은 엄마 아빠가 너무 고맙고 자랑스럽다고 제법 어른스레 말했다. 그렇다. 여행처럼 좋은 투자가 없다. 아이들도 이처럼 보고 들으며 뭔가 생생하게 깨닫고 배우는데 어른들에 있어서랴.

힌두교에서는 갠지스 강의 3개 지류가 만나는 바라나시가 이 세상에서 가장 신성한 도시다. 살아서 이곳의 성스러운 물에 목욕을 하면 모든 죄업이 소멸되고, 죽어서 이곳 화장장에서 한 줌 재가 되어 강물에 뿌려지면 윤회의 고통에서 벗어난다고 굳게 믿고 있다. 그러니 강물에 남녀노소가 뒤엉켜 자맥질을 하고 양치질을 하고, 물병에 담아도 간다. 누런 흙탕물에는 각종 쓰레기와 타다 남은 뼈, 심지어는 동물과 사람의 시체가 떠다니지만 사람들은 이를 전혀 개의치 않는다.

인도의 도로교통 상황은 이곳에 처음 발을 딛는 외국인들을 질리게 만든다. 소 떼가 유유히 활보하고 차선조차 없는 도로에서 각양각색의 차량들이 곡예운전을 한다. 자전거도 오토바이도 택시도 릭샤도 트럭도, 손바닥만한 틈이라도 보이면 불문곡직, 대가리부터 디밀고 본다. 인도의 운전자들은 습관적으로 경적을 울려댄다. 한 번 교통이 엉겼다 하면 속수무책의 지경에 이른다. 차량과 사람과 동물들이 뒤범벅이 되고, 쉴 새 없이 울려대는 경적 소리가 혼을 뺀다. 여기에 먼지와 매연까지 겹쳐 아수라장이 따로 없다.

당당하고 번듯하고 질서정연한 인천공항에 당도하여, 쾌적하고 널찍한 관광버스에 오르자 모두 한 목소리로 털어놨다. "천국이 따로 없구먼!"

그러나 감탄도 잠깐, 일상으로 돌아온 우리의 주변은 떠나기 전과 달라진 게 거의 없었다. 찜통더위에다 열대야가 기다리고 있었고, 무엇보다 변하지 않은 것은 소모적인 정쟁과 비생산적인 대립이었다.

달라진 건 레퍼토리뿐이었다. 갈 때는 교육부총리를 갈아치울까 말까였는데, 이제는 전시국군통수권 환수 문제다.

이런 조어造語가 가능할지 모르지만, 나 같은 정맹政盲의 눈에는 어느 쪽의 주장이 옳고 그른지 좀체 가늠이 서질 않는다. 그러자 얼핏 엉뚱한 생각이 스쳤다.

'저 사람들 몽땅 며칠 만이라도 인도에 한 번 보내 보지. 그리고 그 곳에 살고 싶다면 돈 모아서 이민이라도 시켜주자.'

입소문과 손님 쫓기

10여 년 전 방콕에서 코끼리 쇼와 킥복싱을 하는 곳에 들렀을 때 일이다. 캔 맥주와 음료수 한 개씩을 샀는데, 모두 3달러라 했다. 돌아오는 버스 안에서 아무래도 미심쩍어 주머니를 챙겨보니 1달러짜리 3장을 준다는 것이 그만 5달러 짜리 3장을 준 것이었다. 그때의 약오르고 원통(?)했던 기억은 두고두고 지워지지 않는다. 그 뒤로 태국 간다는 사람만 보면 "에이, 거긴 가지마. 불결하고, 바가지 씌우고, 한마디로 야바위 속이야." 하고 나도 모르게 험담부터 나온다. 분명 내 불찰이지 받은 사람에게 무슨 잘못이 있을까만, 나쁜 인상으로 연결되어 남는 것이다.

재작년 여름 아는 사람 몇몇이 부부동반으로 일본 홋카이도에 배낭여행을 다녀왔다. 일본 원주민인 '아이누'족 박물관과 정착촌이 있는

‘시라오이’라는 작은 역에 내려 40대 후반의 주민에게 길을 물었다. 그는 걸어서 10분이 넘는 곳까지 안내하고 입장료를 할인받게 하는 등 ‘뭘 바라고 저러는 게 아닐까’ 부담을 가지게끔 곰살궂게 도와주는 것이었다. 끝내 사례를 마다하는 그와 헤어지면서 씨잘 데 없는 데까지 신경을 써야 했던 우리 자신이 오히려 부끄러웠던 기억이 새롭다. 이곳의 이 사람뿐 아니다. 일본을 다녀온 사람은 누구나 일본 사람들은 친절이 몸에 배어 있는 것 같다고 감탄한다. 관광대국 일본이 거저 이뤄진 게 아니란 걸 피부로 느꼈다고 입을 모은다. 그러니 “에이, 쪽빠리 나라.” 하고 과거사의 찜찜한 기억을 떠올리면서도, 그리고 무엇보다도 물가가 엄청 비싼데도 끊임없이 일본행 비행기에 오르는 것이다. 본전 뺐다는 생각이 들더라는 입소문 때문이다.

우리는 입만 열면 관광진흥을 외쳐댄다. 오신 손님 다시 찾게 하자는 구호도 요란하다. 그러나 겉과 속 다른 눈가림식이나 허울만 번지르르한 속임수는 오래 가지 못한다. 한 사람쯤 토라져서 돌아간다고 대수냐, 갈테면 가라는 식으로 돌아서는 손님 뒤에 소금 뿌리는 심보로는 오는 손님마저 쫓기 딱 십상이다. 여럿이 모이면 다녀온 관광지나 업소에 관해 품평이 나올 때가 많다. 그 때마다 근사하고 멋진 곳 얘기가 나오면 모두 귀를 쫑긋하며, 약도와 전화번호를 알려 달라 조른다. 모임이나 식구들이랑 꼭 한 번 가겠다는 것이다. 그러나 황당하거나 험악한 꼴을 당한 곳, 분통터지거나 기막힌 사연이 있는 곳, 한 마디로 도시락을 싸 들고서라도 가지 말라 말리고 싶은 곳에 얘기가 미치면 반응은 간단하고도 명료하다.

“안 가면 되지 뭐.”

왕따 아버지, 매맞는 남편

변호사 사세요 | 청첩장이 고지서? | 결혼은 장난이 아니야 | 고향, 쓰면 뱉고 달면 삼키는가 | 국민이 납득할 수 있는 판결 | 그래야 영감님들도 먹고 살지 | 늙기도 설워라커늘 | 드러내고 욕할 수는 없고… | 떠난 자리 아름답게 | 떳떳한 철밥통 | 미국은 우리에게 누구인가 | 밥값내기 | 부자되세요 | 생뚱맞은 '뒷간' 타박 | 세밑 밝히는 자선의 불빛 | 소금먹은 놈이 물켠다 | 수평적사고와 공직사회 | 어른다운 어른이 그립다 | 여성은 여성다움으로 승부한다 | 왕따 아버지, 매맞는 남편 | 의사와 장의사 | 이쪽은 우는데 저쪽은 웃고 | '쫑'과 '메리'와 보신탕 | 참을 수 없는 추리닝의 편함 | "못 먹어도 고!" | 안녕쟁이, 참말쟁이 | 웃는 데 돈 드나 | 힘내라! 대~한민국

변호사 사세요

법조시장의 부익부빈익빈 현상은 새삼스러운 게 아니다. 스타급 변호사들의 몸값은 그야말로 천정부지라 한다. 이전부터 법조타운엔 '퇴임 후 3년 내 평생 쓸 돈 못 모으면 바보'라는 소문이 떠돌았다. 실제로 요직에 있다 떠난 전관들의 월수입은 2억 원을 웃돈다고 한다. 사건 하나로 수십억 원의 수임료를 챙기는 변호사 얘기도 들린다. 하지만 다수의 '보통 변호사'들은 생계를 걱정해야 할 상황인 모양이다. 한 달에 1건도 수임을 못하는가하면 헐값에 자신을 '떨이'판매하는 변호사도 생겼다고 한다. 변호사 1만 명 시대를 눈앞에 둔 법조계의 풍속도다.

변호사에 대한 일반의 존경이나 신뢰도 예전 같지 않다. 변호사를 '산다'는 말이 일반인의 관용어가 된 지는 이미 오래다. 보수만 지급하면 마음대로 쓸 수 있는 한낱 기능인으로 전락하고 만 것이다. 여기에는 변호사 자신의 책임도 적지 않다. 불성실 변론·횡령·갈취 등 파렴치 행위로 물의를 빚는 변호사가 우리 주변에 사라지지 않는 현실이 이를 말해준다. 가능성이 희박한데도 승소시켜 준다거나, 구속에서 풀려날 수 없는 사안에도 보석이나 집행유예가 된다며 꼬드기는 악덕 변호사들 때문이다. 사무직원에게 사건처리를 맡기고 돈만 챙기기도 한다.

앞으로 로스쿨 제도가 시행되고 법률 시장까지 개방되면 변호사들의 황금시대는 '흘러간 옛 추억'이 되고 말지도 모른다. 하지만 동서고금을 통해 변호사들이 누리던 예우와 고수익은 어차피 억울하고 어려운 사람들로부터 비롯된 것 아니었던가. 더욱이 널리다시피 한 변호사의 풍요 속에서도 시군법원 관할지역 101곳 가운데 변호사가 한 명도 없는 이른바 '무변촌'은 81군데나 되는 현실에도 주목해야 한다.

내달부터 변호사업계의 광고가 전면 허용된다고 한다. 기존의 개업 광고는 물론 다양한 매체를 이용해 전문영역 표기까지 가능해진다. 법조계에도 '박리다매薄利多賣'를 외치는 시장경제 원칙이 도입되는 셈이다. 교통사고가 나면 변호사 경찰 의사 순으로 현장에 도착한다는 미국의 우스개가 있다. 한국의 변호사들도 미국처럼 사건을 찾아 거리를 헤매는 날이 머지않은 것 같다.

청첩장이 고지서?

가끔씩 청첩장을 받는다. 아이구, 이 사람이 벌써 혼사를 치르게 됐구나. 꼭 가야지, 축하해줘야지. 그런데 누구더라? 고개를 갸우뚱하게 만드는 사람에게서 온 청첩장도 더러 있다. 어찌 용케도 주소를 알았는지 와서 꼭 축하해 달란다. 청첩장이 아니라 고지서이다. 그것도 토요일이나 일요일 가운데 도막을 딱 잘라서 나오라고 채근한다. 어떤 친구는 일요일에 대여섯 군데까지 가야했다고 토로한다. 그 사람이야 발이 넓으니까 그렇다 치고, 우리들 보통사람들에겐 토요일 오후나 일요일이 소중하고 귀하다. 집사람이랑 산에도 가고 싶고 음악이라도 들으며 쉬고 싶다.

요즘 결혼식장 풍경은 그야말로 아수라장이다. 발 디딜 틈도 없이 사람들로 들끓고 어깨를 부딪쳐 제대로 걸을 수도 없다. 그런 북새통 속에서 20~30분도 안 되어 결혼식은 뚝딱 끝나고 만다. 경건하거나 축복하는 마음가짐은 찾기 힘들다. 주례사가 길다고 짜증내고 투정하는 분위기이다. 피로연도 그렇다. 봉투 냈으니 어서 한 그릇 때우고 돌아가자는 것 같다. 장가 잘 갔네, 시집 잘 갔네, 수군거리는 소리도 들린다. 도대체 어떻게 맺어진 결혼이 잘된 결혼일까. 몽골에서 한국에 유학 온 한 여학생의 글은 큰 감명을 준다. 그네는 이렇게 말한다. 몽골에서는 참석한 모든 손님들이 결혼식과 함께 2~3일에 걸쳐 흥겹게 노는 잔치를 치른다고 한다. 왜 한국 사람들이 서양식으로 결혼식을 올리느냐는 지적도 따끔하다. 그렇다. 무언가 잘못되었다.

호화 혼수를 '숭배'하는 사람들이 많다. 이런저런 열쇠를 해 주다 못해 현금까지 싸 보내는 부모들이 많다고 한다. 자기 딸이 못났으면 못난 대로 시집보내면 됐지, 도대체 무엇이 켕겨서 바리바리 싸 보내야 한단 말인가. 돈이나 물건으로 자녀들의 앞날이 보장된다고 믿는 부모들은 지금이라도 물신物神의 유혹에서 벗어나야 한다. 결혼은 흥정이 아니다.

결혼식을 자기 과시의 수단으로 삼는 것은 옳지 않다. 얼마나 화려하게 치르고 얼마나 하객이 많이 몰렸는지를 내세우는 사람들이 있는 한, 우리 사회는 깨끗해질 수도 맑아질 수도 없다. 힘깨나 쓴다는 인사들의 결혼식 때문에 교통이 마비되고 청첩도 안했는데 얼굴 도장 찍으려는 사람들로 북새통을 이뤄서야 어찌 건강하고 참다운 사회라고 할 수 있겠는가. 허영과 호사가 판치는 사회는 병든 사회이다. 금요일 저녁에 결혼식을 올리는 커플도 많아졌다고 한다. 남의 황금 같은 주말을 빼앗지 않으려는 배려에서이리라. 얼마나 기특하고 대견한가.

결혼은 장난이 아니야

한국 사람들의 이혼율이 세계 2위라고 한다. 미국 다음이다. 자랑할 게 따로 있지 이혼율이 세계 2위라니.

미국 사람들이 예사롭게 이혼을 하는 것은 영화나 소설에도 자주 나온다. 그 중에서도 영화배우를 비롯한 연예인과 유명 인사들의 결혼과 이혼 이야기는 항상 매스컴의 토픽 거리이다. 엘리자베스 테일러는 일곱 번인가 여덟 번 결혼했다. 마릴린 먼로도 세 번 결혼했다가 서른 남짓에 원인 모르게 사망했다. 두 여자 모두 이 남자 저 남자와 염문艶聞도 숱하게 뿌렸다.

우리나라 연예계 사람들도 걸핏하면 이혼을 한다. 이름만 대도 척 떠오르는 어느 늙은 여배우의 일생도 무척 기구하다. 꽃다운 나이에 인기를 한몸에 얻은 그네는 그네를 만들어준 영화감독과 결혼했다.

그러나 그네는 얼마 못가 쇠고랑을 찬다. 한때 국회의원까지 지낸 어떤 배우와의 간통 사건 때문이었다. 그러나 그들의 결합도 해피엔딩으로 가지 않았다. '너무나 사랑하기 때문'이란 말을 남기면서 그들은 헤어졌다. 그들의 스캔들 뒤에 하늘을 나는 새도 떨어뜨린다는 권력자가 있었다는 사실을 알 만한 사람은 다 안다. 그네는 또 연하의 어떤 가수와 숨어살다 들통이 나기도 했다. 그러다 어느 세계적인 의학박사와 결혼을 했다더니 다시 갈라섰다고 한다.

그들의 시늉을 내려는 것일까. 세기의 결혼식이라고 많은 사람의 부러움과 찬탄을 샀던 어떤 미모의 탤런트와 잘 나가던 야구 선수의 결혼이 파경破鏡으로 끝났다. 그들은 끝나는 마당에서까지 험한 말을 뱉어대며 팬들에게 큰 실망을 안겼다. 그들을 따라다니는 언론도 나쁘다. 매스컴이 집요하게 써대고 읊어대니까 독자나 시청자들은 알게 모르게 중독이 되고 최면에 걸리는 것이다. 그들의 사생활이 보호되어야 한다는 측면뿐 아니라 그들의 일거수일투족을 왜 일일이 까발려야 직성이 풀리는지 알 수 없다.

요즘은 연예인이나 운동선수가 서민들의 우상이다. 옛적에는 아이들에게 장래 희망을 물어보면 대통령이나 장군이 되겠다고 대답했었다. 그러나 지금은 달라졌다. 탤런트나 가수나 개그맨이 되겠다고 한다. 축구선수나 야구선수가 되겠다는 아이들도 많다. 이제 그들은 정치인이나 공직자 못지않은 공인公人이 돼있다. 그럴수록 행동거지나 처신에 더 한층 조심을 하고 신경을 써야 한다.

우리의 옛 이야기가 생각난다. 바로 '나무꾼과 선녀' 이야기다. 어느 날 하늘나라 선녀가 땅으로 내려와 목욕을 하고 있는데 이를 훔쳐본 나무꾼이 선녀복을 감춰버렸다. 하늘로 올라가지 못한 선녀는 하는 수 없이 나무꾼과 살게 되었다. 아들 딸 낳고 잘 지내다 이제는 됐겠지 믿은 나무꾼은 감춰두었던 선녀복을 꺼내 보여주었다. 그러자 선녀는 그 옷을 입고 하늘로 올라가 버렸다. 아마도 우리 민족의 첫 이혼 사례가 아닐까 싶다.

그런가 하면 '도미 아내' 이야기는 오늘날 우리들의 부부생활에 많은 교훈을 준다. 백제시대에 개로왕이라는 폭군이 있었다. 도미라는 사내의 아내가 몹시 예쁘고 현숙하다는 얘기를 듣고 후궁後宮으로 들어오면 온갖 호강을 다 시켜주겠다 강압한다. 그네가 말을 듣지 않자 왕은 도미의 눈을 멀게 하여 강으로 떠나보낸다. "뜻에 따르겠습니다. 사흘 간 말미를 주십시오." 하고 왕을 속인 아내는 남편을 구해 고구려 땅으로 도망간다. 삼국사기三國史記에 나오는 이야기이다.

이혼 사유도 여러 가지이다. 우선 성격차이를 든다. 서로 마음이 맞지 않는다는 것이다. 신혼여행 떠난 부부가 현지에서 다투다 결혼 며칠 만에 이혼했다는 사례도 있었다. 주례선생의 "기쁠 때나 슬플 때나… 하겠습니까?"의 질문에 "네" "네" 대답했던 다짐의 여운이 채 사라지기도 전에 헤어지다니… 결혼은 결코 장난이 아니다.

아마도 이혼의 가장 큰 피해자는 자녀들일 것이다. 자라면서 "이혼한 집 애야."라는 수군거림에 시달릴 것이고, 장성해서도 혼처婚處를 구하는 데 어려움을 겪을 것이다. 인격형성에도 문제가 있지 않을까 짐작해 본다. 어릴 적 아버지 어머니가 헤어지고, 그냥 살면 모르되 새 아버지 새 어머니와 만나게 되면 심리적 갈등이 얼마나 심할까.

백년해로百年偕老하라는 축복의 당부는 이제 오랫적 남의 얘기가 돼 버렸다.

고향, 쓰면 뱉고 달면 삼키는가

70년대 초 서울에 있는 전북 출신 서기관급 이상 공무원들로 삼수회三水會라는 모임이 만들어졌다. 동향인들끼리 친목을 도모하고 고향의 발전을 위해 서로 힘과 뜻을 모으자는 취지에서였다. 그러나 당초의 다짐이나 의욕과는 달리, 모임은 삼수三水처럼 유유하거나 여의롭지 못했다. 대상자들이 눈치를 보거나 몸을 사리느라 참석을 꺼린 탓이었다. 나중에는 몇 안 되는 고정 멤버들만 나와 저녁을 먹고 헤어지는 정도로 흐지부지됐다.

전라도에서 태어난 것이 마치 잘못된 숙명처럼 여겨지던 시절이었다. 전라도 사람들은 '하와이'나 '라도' '개땅쇠'로 불렸다. 박정희 정권은 통치술의 일환으로 전라도를 내부內部 식민지로 이용해먹었다. 서울에서 전라도 사투리를 들을 수 없었고, 당시 종합청사를 비롯한 관가의 표준어는 경상도 말이었다. '글마'들은 시도 때도 없이 패를 지어 몰려다니며 '떼짓기'를 해댔지만 '라도'들은 괜스레 주눅이 들어 더불어 만나는 것조차 쉬쉬하기 일쑤였다. 본적을 파다 다른 곳으로 옮기는 사람도 많았다.

당시 전북일보 편집부국장이자 서울지사장이었던 이치백씨는 75년 2월 25일자 신문에서 '시도별 장·차관 수' 도표까지 들이대며 '전북 푸대접'의 실상을 대서특필했다.

"5·16혁명 후 어언 15년이란 세월이 흘렀지만 전북인으로서 장관직을 지낸 사람은 4명에 불과했다. 차관급에 있어서는 6명뿐이다. 그렇다면 현 내각의 장관급이나 차관급 중에는 전북인이 몇 명이나 끼어 있을까. 창피하게도 단 1명 없는 그야말로 無長官 無次官인 형편이다."

격세지감이 있다고나 할까. '참여정부' 들어 모처럼 전북 출신 정치인들이 시쳇말로 끝발을 날리고 있다. 건국 이래 전북출신 정치인들이 지금처럼 고위감투를 싹쓸이하면서 승승장구한 적은 없었다. 전북출신 전성시대란 말이 나올 만하다. DJ의 '국민의 정부' 시절에도 전북은 다시없는 호기를 맞았었다. 전북출신이 대통령 비서실장을 하다 여당의 대표에 올랐고 안기부장, 감사원장, 경찰청장 등 막강한 자리를 독차지했었다. 그런데도 전북이 조금이라도 달라지고 나아진 게 있었던가. 하다못해 그들이 DJ가 선거공약 우선순위로 내세웠던 새만금사업만이라도 힘을 모아 밀어붙였더라면 오늘날 새만금이 지금처럼 낙동강 오리알 신세로 천덕꾸러기 애물단지가 되어 있지는 않았을 것 아닌가.

지금도 어쩌면 그때와 똑같다. 내로라하는 전북출신 인사들이 요직을 두루 차지하고 있는데도 모든 면에서 전국 꼴찌를 꼽으라면 으레 전북이 앞장선다. 전성시대는 그들에게만 있다. 그들은 혼자서만 감투를 즐기면서 정작 고향일은 국가적 차원이니, 큰 정치니 입에 발린 헛소리를 늘어놓고 있을 뿐 '나 몰라'로 일관한다. 달면 삼키고, 쓰면 뱉고, 그야말로 감탄고토甘呑苦吐의 전형이다. 태어나기만 했을 뿐 전북과는 아무런 관계나 연고가 없다고 잡아떼는 부류도 있다. 굳이 그걸 트집 잡거나 탓해 무엇하랴. 그러나 이해타산이나 출세에 도움이 된다고 여겨질 때만 고향을 찾는 야비하고 뻔뻔스런 작태는 뿌리를 뽑아야 한다. 고향을 거추장스럽거나 짐스럽게 여기다가, 선거 때만 되면 내려와 머리를 조아리고 비굴한 웃음을 흘리며 '한 표'를 구걸하는 '꼬라지'를 더 이상 용납해서는 안 된다. 전북 몫의 안배인사 때면 고향을 팔아 무임승차하려는 부류도 단호하게 배격해야 한다. 그들이 고향을 버리면 이번에는 우리가 그들을 버려야 한다.

국민이 납득할 수 있는 판결

초대 대법원장을 지낸 가인街人 김병로金炳魯와 함께 법조계의 사표師表가 되는 인물로 김제 원평 출신 김홍섭金洪燮 판사를 꼽는다. 지난 95년 MBC가 5대 도시에 재직하는 판사들을 대상으로 한 설문조사에서도 김홍섭 판사(41.4%)는 김병로 대법원장(46.2%)과 함께 법조계의 '가장 존경받는 선배'로 꼽혔다. 서울고등법원장으로 재직하던 1965년 만 50세의 나이에 별세한 김 판사가 지금까지 후배 법관들의 존경을 받는 까닭은 무엇일까. 그 해답은 그가 "사람이 사람을 재판할 수 있을까?"라는 근본적 물음을 갖고, 인간에 대한 지극한 애정으로 재판에 임했던 사실에서 찾을 수 있다.

그는 재판에 있어 법 적용의 어려움을 의사가 임상경험이 깊어질수록 차츰 진료와 투약에 겁을 먹는 데 비유했다. 항상 구도하는 자세로 재판에 임했던 모습은 그가 남긴 수필집 ≪무상을 넘어서≫(1960년)에 잘 나타나 있다. 그는 재판을 과녁을 향해 돌을 던지는 것에 비유해 모두 백발백중 할 수 없고 대신 얼마만큼 중심부에 접근하도록 던질 수 있느냐고 풀이했다. 법관으로서 흔히 범하기 쉬운 독선과 자기과신 대신 지극히 겸손하고 성실한 자세를 엿보게 하는 대목이다. 소년 시절 일본인 변호사 사무실에서 심부름꾼으로 일했던 그는 전주에서 사법의 어른인 법원장으로도 일했다. 1년여 짧은 근무 기간이지만 그가 떠날 때 많은 직원들이 울면서 이별했다는 일화를 남길 정도로 따뜻한 인간성을 지녔다.

지난주 이용훈 대법원장이 "재판은 국민 대다수가 납득할 수 있는 판단이어야 한다."는 입장을 밝혀 주목을 끌었다. 이 대법원장은 이날 신임 법관 임용식 훈시를 통해 "우리 법관에게 재판권을 수여한 주체가 국민이라는 점을 명심해야 한다. 재판은 국민의 이름으로 하는 것이지 판사의 이름으로 하는 것이 아니다."라고 강조했다. 이에 앞서 이 대법원장은 두산그룹 비자금 사건 판결에 대해 "법원에 대한 국민의 신뢰를 근본적으로 훼손하는 판결"이라며 공개적으로 비판해 파문을 일으키기도 했다. "남의 집에 들어가 1억 원어치의 물건을 절도한 사람에게 실형을 선고하지 않는 판사는 아무도 없을 것"이라며 "그래 놓고 200억, 300억 원씩 횡령한 피고인들에 대해 집행유예 판결을 선고하면 국민이 어떻게 수긍하겠느냐."는 말도 덧붙였다.

여기에서 생각나는 게 있다. 1988년 10월 올림픽이 끝난 지 얼마 안 되었던 어느 일요일, 12명의 미결수들이 집단으로 탈주한 사건이다. 이 사건의 주범이었던 지강헌이 죽기 전에 외쳤던 '유전무죄有錢無罪 무전유죄無錢有罪'라는 말은 당시 인구에 회자되던 유행어였다. 그 무렵 70억 원 해먹은 전두환의 동생은 7년 선고받고 2년 정도 살다 나오고,

556만 원 가량 강도짓을 한 그는 17년을 선고받은 게 억울하여 탈옥했다고 '울부짖어' 당시 많은 사람에게 공감(?)을 불러일으켰다. 멀리 갈 것도 없다. 지난 10일 전주지법 제1형사부는 돈을 받고 석·박사 학위를 매매한 혐의로 1심에서 집행유예 이상을 선고받은 대학교수 6명에 대해 벌금형을 선고하고, 1심에서 벌금형이 선고된 나머지 교수들의 항소에 대해서는 기각 또는 일부 감형했다. 이에 따라 학위매매 혐의로 기소된 교수 상당수는 벌금만 내면 교수직을 유지할 수 있게 됐다. 판결문의 선고 이유가 눈길을 끈다. "죄질이 무겁고 사회적 폐해가 큰 점을 감안하더라도 집행유예 이상의 형을 선고해 대학교수의 자격을 박탈하는 것은 가혹하다고 판단된다."

생각해보자. 법과 양심을 금과옥조金科玉條로 여기는 재판관들이 이 같은 판결을 내리는 법조문들은 모두 몇 조 몇 항엔가 명문화해 있겠지만, 판결 당시 '양심'은 어느 시렁에 얹어두고 있었는지 나를 포함해 많은 사람들이 묻고 싶어한다. 또 어쩌면 자비심은 그리도 넉넉하고 아량은 그리도 헤픈지 꼭 알고 싶은 것이다.

우리 사법부는 씻을 수 없는 오욕의 역사를 안고 있다. 폭력적인 군사독재에 한없이 나약한 모습을 보였는가 하면 부와 권력을 장악하고 있는 강자들에게 대하여는 이러 저러한 구실을 붙여 서슴없이 사회정의와 형평에 어긋나는 판결을 내렸던 것이다. 이에 대해 비판의 여론이 들끓을 경우에는 으레 '법관은 법과 양심에 따라 판결할 뿐'이라는 상투적인 대응으로 묵살해왔다. 아전인수식 3권분립론의 보호막 속에는 현직 법관만이 아니라 돈벌이에 혈안이 된 일부 변호사들이 단단히 한몫을 하며 버티고 있는 현실을 결코 외면할 수 없다.

그런데도 대법원장의 연이은 '주권재민 재판론'에 대해 법조계 일각에서 일고 있는 반발은 이율배반적이다. 사법부의 신뢰를 높이기 위하여 국민이 납득할 수 있는 재판을 해달라는 당연하고도 올바른 주문을 마치 일선 판사에 대한 압력인 양 펄쩍펄쩍 뛰는 모습이 그것이다. 법조계는 실체적 진실에 따른 법 적용의 공정성과 형평성만을 내세우며 법조문을 맹목盲目적으로 적용하는 데 자족하지는 않았는지 겸허하게 자성해야 한다. 그 그늘에 전관예우前官禮遇 성공보수成功報酬 유전불벌有錢不罰 등의 독버섯이 만연하고 있다는 사실도 간과해서는 안 된다. 많은 사람들이 대법원장의 발언에 박수를 보내는 이유는 사법부 스스로 반성할 대목이 많기 때문이다. 특히 화이트칼라 범죄와 사회지도층 인사들의 범죄에 대해서는 '솜방망이' 처벌로 일관해온 게 부인할 수 없는 사실이다. 이제 '유전무죄, 무전유죄'라는 부끄러운 말이 사라지도록 해야 한다. 형평을 잃고 이중 잣대를 적용하는 법 집행은 정당성을 주장할 수 없거니와 국민의 신뢰도 얻기 어렵다.

다시 이 대법원장의 말에 귀를 기울여 보자. "사람의 뜨거운 숨결이 느껴지지 않는다면 그것은 생명력이 죽은 판단이라는 점을 명심해야 한다." "법관들은 자신의 작업실에서 외롭게 작품을 만드는 예술가의 심정으로 재판 하나하나에 자신의 혼을 불어넣어야 한다."

김홍섭 판사가 오늘날을 살았다면 그도 분명 그리 가르쳤을 것이다.

그래야 영감님들도 먹고 살지

옛적 어느 산골에 호랑이가 나타나 잠자던 늙은이를 물고 달아났다. 데릴사위 녀석이 어설프게 글줄이나 읽었던 모양이다. 황망 간에 뛰쳐나와 동네방네 외쳐대는 고함이 꼭 이러했것다!

"원산지호遠山之虎가 오지장인吾之丈人을 착거捽去하니, 유봉자有棒者는 지봉래持棒來하고, 유창자有槍者는 지창래持槍來하여 오지장인吾之丈人을 구제救濟하라!!"

먼 산 호랑이가 우리 장인을 잡아가니, 몽둥이 가진 사람은 몽둥이, 창 있는 사람은 창을 들고 나와 장인을 살려내라는 요지의 부르짖음이었건만 동네 사람들이 알아먹을 리 만무했다. 장인이 하릴없이 호랑이밥이 되고 만 것은 두말하면 잔소리다.

사또가 이 식자우환識字憂患의 골칫덩이를 붙잡아다, 엄히 닦달하거늘, 이 작자 두 손을 싹싹 빌며 아뢰되, "차후此後로는, 불용문자不用文字하오리다."

이런 우스개도 전한다. 홍선興宣 대원군의 식객 중에 유난히 '문짜' 쓰기를 즐기는 서생書生이 있었던가 보다. 하루는 대원군이 처가妻家가 어디냐고 물었다. 그러자 이 작자 요즘 말로 잔뜩 폼을 잡고서,

"예, 황문黃門에 취처娶妻하였나이다." 황 씨 가문에 장가들었다는 걸 유식한 척 한껏 멋을 부린 것이다. 대원군이 짐짓 놀라며 물었다.

"아니, 똥구멍에 장갈 들었단 말이오?"

황문을 항문으로 들은 냥 능청을 떨며 면박을 준 것이다.

지금도 우리 주변에는 그들만의 '암호'로 소통하며 지내는 무리들이 있다. 자기들의 활동무대에서야 어쩔 수 없다 하더라도 공중公衆과 만나는 공간에서조차 일반대중은 해독하기 힘든 외래어나 전문용어를 마구 써대는 부류들 말이다. 의사나 변호사 판·검사 등 이른바 '먹물'이 든 전문직 중 일부는 "너희는 그런 건 몰라도 돼." 식 아집과 오만에 사로잡힌 듯하다.

어쩌다 법원 주변에 가 보라. 정을병의 단편소설 〈육조지〉에 나오는 다음과 같은 구절이 절로 떠오른다. "형사는 때려 조지고, 검사는 불러 조지고, 판사는 늘려 조지고, 간수는 세어 조지고, 죄수는 먹어 조지고, 마누라는 팔아 조지고…"

흔히들 '법 없이도 살 사람'이라는 말들을 하지만 정녕 법이 없어야 할 사람이 어쩔 수 없이 법의 신세를 지게라도 되면 법에는 '까막눈'이라 이리 휘둘리고 저리 내몰리고 정신을 차릴 수 없게 된다. 여기서 '판사는 늘려 조진다.'는 야유는 재판 기일을 자꾸만 연장한다는 의미다. 마침내 결과가 나왔지만 판결문 내용이 변호사의 설명을 듣고도 알쏭달쏭이니 폭폭하고 답답해 뛰다 죽을 노릇 아닌가.

지난달 전주지법 형사 판결문 2천9백37자가 모두 한 문장으로 되어 있었다는 보도다. 전문가들은 "보통 한 문장의 글자 수가 1백 자를 넘으면 이해하기 어려워지고, 1천 자가 넘어가면 전문가의 해독작업이 필요하다."고 지적한다. 이건 3천 자 가까이나 되니 설마 판사가 기네스북에 도전해보려는 뜻이 있었던 것은 아닐 테고, 아무튼 보도된 그대로 '읽다가 숨이 넘어갈 정도로 길고 난해한 판결문'이라 할 수밖에 없다. 우리의 법률용어가 일본식 한자 용어를 그대로 물려받아 쓰고 있고, 판결문에 식민지시대의 잔재가 남아 있다는 것은 전혀 새삼스럽지 않다.

시계가 귀중품이던 시절 시간을 물으면 이런 답변이 되돌아오곤 했다. "시계 찬 놈이나 안 찬 놈이나 똑같게?" 물론 우스개였다. 아직도 알게 모르게 '배운 사람'과 '못 배운 사람'이 같은 대접을 받을 수는 없다는 시대착오적 사고에 빠진 사람이 있는가 보다. 남보다 두뇌가 우수할 뿐더러 보다 많은 시간과 노력을 기울여 험난한 관문을 통과했으니 만큼 그에 걸맞은 대우를 받아 마땅하다는 논리다. 이런 사고를 바탕으로 특권주의나 우월의식이 싹튼다. 그리고 이를 지속하려는 이기심 배타주의도 함께 자란다. 봉건시대 양반 사대부들이 학문을 독점했던 것도 이 같은 사고방식에서 비롯됐다. 피지배급이 지식과 정보를 갖고 이것저것 다 알게 되면 부려먹기가 어려워진다. 그래서 학문은 지배계층의 전유물이었고, 법의 적용이나 집행도 '네 죄를 네가 알렷다?' 식의 아집과 독선, 권위와 오만으로 가득 차 있었다. 법관들의 판결문에 이러한 유습과 잔재가 그대로 답습되었다 하면 과장일까. 아니다. 그들은 일류대학을 나와 하늘의 별따기나 다름없는 사법시험에 합격한 엘리트 중의 엘리트들이다.

그런데도 판결문 하나 누구라도 알기 쉽게 작성하지 못한다니, 논술

시험의 관문은 어떻게 통과했으며 사법연수원에서는 도대체 무엇을 '연수'했는지 궁금해진다. 사법부 내부에서는 진즉부터 재판이 고압적이라는 선입견을 깨려는 시도를 해왔다. 일부 법관들에 의해 추진된 언행개선 움직임도 그 중 하나다. 그런데 이처럼 훌륭하고 바람직한 다짐들이 제대로 이뤄지지 못하고 있으니 딱하고 안타깝다. '영감님'들 즐겨 쓰는 용어를 동원하자면, "본本 취지趣旨가 관행慣行과 타성惰性에 기속羈束된 바, 공분公憤을 금禁치 못하겠고…" 쯤 되겠다. '얽어매다' '묶다'처럼 좋은 우리말을 두고 왜 '기속 같은 난삽難澁한 어휘語彙를 구사驅使'해야 하는지 알다가도 모를 일이다.

답변은 아마도 이럴 듯싶다. "그래야 '영감님'들도 먹고 살지…."

(2006. 07. 05)

늙기도 설워라커늘

근교近郊에 살다보니 가끔씩 버스를 이용하게 된다. 씨앗이나 농약, 비료를 사러 나가는 할아버지들이나 허리가 굽어 걸음걸이가 시원찮은 할머니들이 시골 시내버스의 단골손님들이다. 닭발처럼 거칠고 마디진 할머니들의 손에는 언제나 한두 개씩 제법 큼지막한 보퉁이가 들려 있다. 텃밭에서 가꾼 상추 시금치 쑥갓 등 푸성귀나 당근 감자 토란 등이 들어 있는 보퉁이들이다. 어떤 보퉁이에는 집에서 쓰려고 거둔 깨며 콩 녹두 팥 등 곡물도 조금씩 들어 있다.

할머니들은 이를 팔아 집안 살림에 보태고 손자 손녀들 과자며 학용품 값을 대주기도 한다. '늙었어도 '밥값은 해야지' 라며 노인들은 스스로 대견해하고 흐뭇해한다. 보퉁이를 들고 버스의 높은 계단을 힘겹게 올라도 짐을 들어주는 사람은 드물다. 어떤 기사는 왜 이리 굼뜨냐고

'머퉁이'를 주기도 한다. "집에 가만히 있지, 왜 그러고 돌아 다녀." 하고 구시렁거리며 기사는 왁살스럽게 발진한다. 할머니는 넘어질 듯 휘청거린다. 보다 못해 "당신은 부모도 없어? 그러다 할머니 다치기라도 하면 어떡할 거야." 하고 핀잔이라도 주면 "배차시간 늦었는데 웬 잔소리냐."는 듯 힐끗 바라보고는 급발진 급정거를 거듭해댄다.

50~60년대만 해도 만60을 살면 환갑還甲이라 하여 큰 잔치를 벌였고 70을 살면 고희古稀라 하여 썩 드문 일로 여겼다. 그러나 요즘엔 인생은 70부터라는 말이 예사로와 졌다. 아닌게 아니라 60대는 물론 70~80이 되어서도 젊은이 못지않게 건강을 과시하면서 각계각층에서 원기 왕성하게 활동하는 노익장老益壯을 얼마든지 볼 수 있다.

OECD의 2002년 조사를 보더라도 우리나라 평균 수명은 75.5세로 나타나 있다. 우리나라는 2000년에 65세 이상 노인 인구가 전체의 7.2%(339만 명)를 넘어 '고령화高齡化 사회'(고령인구 비율 7% 이상)로 접어들었다. 2019년이면 노인인구가 14%를 넘어 본격적인 '고령사회'가 된다고 한다. 노령화가 진행될수록 생산활동 가능인구(15~64세)의 비중은 줄어들고 이에 따라 생산과 소득이 감소하면서 조세와 사회보장 수입도 떨어진다. 당연히 저축률도 하향곡선을 그린다. 사회 전체가 활기와 탄력을 잃고 늙어가는 것이다.

우리나라의 노인문제 대책은 한마디로 걸음마 단계라 할 수밖에 없다. 2억 원 이상의 예치금을 내야 하는 실버타운이나 매달 3백만 원씩 내는 노인병원에 들어가는 일은 일부 부유층의 얘기일 뿐 대부분의 노인들에게는 그림의 떡이다. 이런 노인들에게 개미와 배짱이의 우화偶話를 들먹이는 것은 뭘 몰라도 한참 모르는 사람들의 배부르고 한가한 헛소리에 불과하다. 어쩌면 '죽지 못해 살아가는' 노인들에게는 가슴을 찌르는 가혹하고 잔인한 비수일 수 있다. 오늘날의 노인들은 뼈가 휘도록 일해 왔고 입을 것 안 입고 먹을 것 아껴가며 자식들 키우고 가르치는 재미 하나로 살아 왔다고 해도 지나치지 않는다. 하지만 노후대책을 세워두고 노후를 안락하게 보내는 노인들이 얼마나 될까. 구체적 통계는 없지만 막걸리 값이나 담배 값(물론 끊어야 마땅하지만)으로부터 자유롭지 못한 노인도 상당수일 것이다.

병들고 지쳐 껍데기만 남은 노인들에겐 의료혜택도 제대로 주어지지 않는다. 고혈압이며 당뇨 심장병 관절염 등 성인병도 무섭지만 중풍이나 치매는 치명적이다. 한 번 걸리면 인격이나 명예, 자존심은 망가지고 가족에게는 천덕꾸러기이자 애물단지가 되기 마련이다. 그러다 보니 부모를 내다버리는 '개망나니'자식들까지 생겨난다. 그런데도 사회나 국가는 복지시책 운운하며 겉 시늉만 낼 뿐 효과적이고 실질적인 대책은 엄두도 내지 못하고 있다. 언제고 늘어놓는 것은 예산타령이다. 그러나 돈을 안 들이거나 적게 들이고도 할 수 있는 것은 사랑과 정성이 담긴 따뜻한 눈길과 도움의 손길이다.

노인들은 외롭고 쓸쓸하다. 내색을 안할 뿐이다. 노인을 향한 험한 말, 싫은 눈빛들은 하나하나가 대못이 되어 가슴에 박힌다. 모른 척할 뿐이다. 노인들은 육신뿐 아니라 마음도 아프다. 참을 뿐이다. 노인들은 가난하다. 주머니도 비었거니와 사랑에도 목마르다. 견딜 뿐이다.

노인들은 이렇게 말하고 있는지 모른다. "너희들도 곧 늙는다."

드러내고 욕할 수는 없고…

욕설을 하면서 사람들은 수치와 쾌감을 동시에 경험한다. 어쩌면 의식을 옥죄는 '도덕률의 틀'에서 일탈하여, 욕설이라는 카타르시스를 통해 일시적으로나마 해방감을 맛보는 건 아닐까. 음식으로 치자면 어쩌다 먹는 별식일 수 있겠다. 평소엔 금기의 대상이었던 호기심과 파격의 특미를 만끽하는 것이다. 이 '맛' 때문에 인간은 그토록 경멸하면서도 욕설을 아주 버리지 못하고, 가끔씩 꺼내서 사용하는지도 모른다.

욕설은 쓰임새나 의미도 다양하다. 먼저 형벌에 관한 욕설을 들 수 있다. 넨장맞을(亂杖맞을), 오라질(오랏줄로 묶일), 육시랄(戮屍를 할, '시신을 다시 찢어죽일') 등 이루 헤아릴 수도 없다. 병신, 등신, 머저리 등 상대방의 신체적 정신적 결함을 강조하는 욕설이 있는가 하면. 질병이나 자연의 징벌을 담은 욕설도 있다. 옘병(염병)할, 벼락맞을 등이 그것이다. 저주를 담는 경우로는 '빌어먹을'이 있다. 그러나 가장 관심을 끄는 것은 뭐니 해도 근친상간에 관한 욕설이다. 아마도 가장 질기게 붙어 다니고, 그러기에 가장 흔하면서도 어떤 면에서 '친근'한 욕이 아닐까.

우선 '개'가 들어가는 욕을 들 수 있다. 개는 '어미와도 붙어먹는' 근친상간의 짐승이니 만큼 개새끼, 개판, 개지랄만으로도 큰 욕이 된다. 서양에서도 SOB(son of a bitch 개새끼)를 참을 수 없는 욕설로 여기는 걸 보면 동서고금이 같은가 보다. 성기를 소재로 한 것 중에는 남성기 뒤에 '…같다' '…만하다'라는 접미어를 붙인 것이 가장 흔하다. 뭔가 시원찮아 마음에 들지 않거나 작아서 성에 차지 않을 때 쓰지만, 욕이라기보다는 군말이나 입버릇에 가깝다. 본격적으로 욕이 되는 것은 여성의 성기, 또는 성행위 자체를 의미하는 '쌍시옷' 단어가 동원될 때다. '네미 x할'(네 어미와 섹스를 할)이나 '네미랄'(네 어미를 할)은 당사자뿐 아니라 곁에서 듣는 사람에게도 수치심과 분노를 불러일으키기에 충분하다.

왜 욕설에 근친상간이 저토록 흔하게 들어가 있을까. 이 해답은 아무래도 인간의 원시적 두려움에서 찾으려는 주장이 그럴 듯하다. 인간들이 무리생활을 시작할 무렵, 근친상간은 피할 수 없는 성생활 형태였을 것이다. 인지가 발달하고 근친과의 성적 결합에 대한 사회적 금기가 생겨났지만, 인간은 스스로의 의식과 무의식에 그 행위에 대한 수치감과 공포를 함께 심어왔을 것이다. 그것은 어떤 면에서 질병이나 형벌, 신체적 정신적 열위劣位보다 훨씬 원초적이고 근본적인 두려움의 대상이었을지도 모른다.

프랑스의 축구선수 지단이 이탈리아의 마테라치를 '살인적 헤딩'으로 쓰러뜨린 것도 욕설 때문이었다. "마테라치가 몇 차례 나의 셔츠를 잡아 당겨 '셔츠를 원한다면 경기 끝나고 벗어줄 수 있다'고 하자, 나의 어머니와 누이에 대해 매우 거친 말을 했다."는 게 지단의 설명이다. 두 '녀석' 모두 더 이상은 밝히지 않고 있으니 궁금증이 증폭될 수밖에 없다. 그러나 그만 궁금해 하자. 셔츠를 벗어준다 어쩐다 하다가, 어머니 누이까지 입에 올려 상대를 격분케 했다면 우리 상식으로도 '뻔할 뻔' 자 아닌가.

욕설은 어떠한 이유나 변명으로도 합리화 정당화 할 수는 없다. 뿐만 아니라 욕설은 잠시 상대방에게 분노와 수치심을 촉발할 수는 있어도 그 대가는 부메랑이 되어 고스란히 자신에게 되돌아온다. 제 입만 더럽히고 결국 자신의 인격에 오물을 끼얹는 결과로 나타나는 것이다. 그런데도 배웠거나 말거나, 점잖거나 아니거나를 떠나 많은 사람들이 욕설의 유혹이나 충동을 이겨내지 못한다.

요즘의 세태는 욕설이라도 내뱉지 않고는 견딜 수 없게 되어 있다. '술 권하는 사회'가 아니라, '욕 권하는 사회'다. 자칭 지식인이며 언론인이 판을 치고, 북쪽은 사사건건 '어기짱 놓기'로 일관한다. 야당은 생뚱맞은 색깔론으로 '도로 민정당'이 됐으며, 재벌의 '귀족노조'는 16년 연속 파업으로 회사를 갉아먹고 있다. '배운 도둑X'들은 법복法服에 돈칠을 했고, 미친X 널뛰듯 하는 부동산 정책에 서민들 내 집 마련의 꿈은 풍비박산이 돼버렸다.

자, 그러니 서민들로서는 첩첩산골이나 인적 없는 바닷가라도 찾아가 고래고래 욕설로나마 서리고 맺힌 울화와 분통을 터뜨려야 할까 보다.

"야! 이 썩어 문드러질 X들아! 호랭이나 물어가거라!!"

물론 이 정도로는 어림도 턱도 없다. 이보다 강력한 '대형살상욕설'이 우리 서민들 가슴엔 서리서리 쌓여 있다.

떠난 자리 아름답게

추석에 성묘를 다녀오면서 엉뚱한 생각을 해 보았다. 무릇 생명이 있는 것은 때가 되면 죽을 수 있도록 섭리한 것이야말로 하느님의 크신 은총이라고. 모든 생명체가, 그것도 사람이 죽지 않고 영원히 산다고 생각해 보라. 얼마나 끔찍하고 몸서리쳐질 일인가. 서로 잡아먹고도 모자라 지구는 무게를 못 이겨 궤도를 이탈해 버렸을 것이요, 판도라의 상자에서 쏟아져나온 전쟁 증오憎惡 질병 고난 복수 탐욕 등 인류가 상상할 수 있는 모든 재앙과 불행으로 가득 차 있을 것이다. 그 상자 속에 남았던 '희망'은 바로 죽음이 아니었을까.

죽음의 흔적인 무덤들… 핑계 없는 무덤 없다는데 저 숱한 무덤들은 도대체 무슨 사연과 까닭들을 품고 엎드려 있을까. 호랑이는 죽어서 가죽을 남기고 사람은 죽어서 이름을 남긴다더니 사실은 무덤을 남기는구나. 문득 사람은 지구에 기생하는 벌레일 것이라는 데 생각이 미친다. 저 수많은 무덤들은 사람들이 지구를 갉아먹고 남긴 상처나 부스럼이 아니고 무엇인가. 우리 국토가 저 종기들로 신음하며 죽어가고 있구나!

지금 우리 국토의 약 1%가 묘지라고 한다. 전국적으로 묘지의 넓이가 공장 면적의 3배에 이른다는 것이다. 2천만 기가 넘는 묘지가 전 국토에 널려 있고 그 중 약 40%가 주인 없이 방치된 무연고 묘다. 그런데도 매년 약 2백70만 평에 20여만 기의 묘지가 새로 생긴다. 여의도 면적의 1.2배나 된다. 묘지가 국토이용을 가로막고 자연경관을 파괴하고 있으니 죽은 자가 산 자의 터전을 빼앗고 있는 셈이다.

매장풍습은 이제 조상의 명복보다는 후손들의 출세와 양명揚名을 바라는 주술적 기복祈福의 개념으로 변질된 지 오래다. 미풍양속의 탈을 썼지만 들여다보면 남에게 과시하고 행세하려는 졸부 근성이 엿보인다. 조상 묘를 잘 꾸미고 가꾸어서 자자손손 복을 받겠다는 심보가 맞아 떨어져 소위 명당자리를 찾아 이장하는 유행(?)까지 낳게 한 것이다. 벼락부자들이나 행세깨나 하는 명사들은 주차장까지 딸린 수백, 수천 평의 묘지에 온갖 석물石物들로 치장을 한다. 역대 대통령 중에도 조상 묘를 새삼 이장하는가하면, 어떤 이는 헬기장까지 갖춘 묘지로 구설에 오르기도 했다. 돈 없고 힘없는 백성들은 살아서도 평등을 누리지 못하다가 죽어서 묘지로까지 차별 받는 꼴이다.

매장의 폐해와 문제점이 부각되면서 화장과 납골을 선호하는 쪽으로 인식의 변화가 일고 있다. 93년 5.7%에 불과했던 화장 비율이 지난해에는 50%에 가까울 정도로 상승했다고 한다. 이런 현상은 특히 대도시에서 두드러지고 있다. 2002년 보건복지부 통계에 의하면 서울과 부산 시민 10명 중 6명이 화장을 한 것으로 나타났다.

얼마 전 아주 인상 깊고 감동적인 장면을 TV에서 봤다. 한 임목학자의 장례식 모습이다. 그는 화장火葬한 후 유골을 수목원의 나무 아래 뿌려 달라는 유언을 남겼다. 그의 뜻에 따라 장례는 '수목장樹木葬'으로 치러졌다. 나무에 걸린 '○○할아버지 나무'라고 쓰인 비목이 무척이나 신선하고 값져 보였다. 이야말로 친환경적이고 친인류적이다. 언젠가 어느 화장실에서 무척 뜻 깊은 글귀를 보았다. '아름다운 사람은 떠난 자리도 아름답다.' 이 말은 우리의 장례문화에도 적용할 수 있다고 생각한다.

나는 오래 전부터 죽으면 장기는 기증하고 시신은 화장해서 뿌리도록 가족들에게 얘기해 왔다. 이제 유언장을 작성할 일만 남았다. 잠깐 기탁했다가 신세만 지고 가는 이 땅, 떠난 자리가 아름답지는 못할망정 깨끗하긴 해야지. 썩 괜찮은 나무 밑에 거름되어 뿌려지면 더 바랄 나위 없겠다.

떳떳한 철밥통

중국에서는 공무원 직을 '철밥통'이라는 뜻의 '티에판완鐵飯碗'이라 부른다. 봉급은 많지 않지만 먹을 것과 입을 것에다 집까지 제공해주고 그밖에 복리후생이 뛰어나기 때문이다. 쇠로 만들었으니 깨질 염려가 없어 뇌물을 먹거나 기타 대과가 없는 한 목이 잘릴 걱정을 하지 않아도 된다. 우리나라 공무원들도 모두 하나씩 철밥통을 끌어안고 있다. 연봉도 어느 직장 못지않고 신분보장도 거의 완벽해서 큰 하자가 없는 한 정년까지는 끄떡없다. 퇴직하면 어지간한 월급쟁이 못지않은 연금이 나온다. 이를 말해주듯 요즘은 공무원이 의사나 판·검사를 제치고 결혼 후보 1위란다.

그런데도 공무원들은 노조를 결성하여 단체행동권을 달라고 주장하고 있고, 점심시간에는 민원업무를 볼 수 없다고 버텨댄다. 그런

판에 인사를 둘러싼 공무원 뇌물 수수사건이 또 터졌다. 인천시장이 굴비 상자 사건으로 연일 검찰에 소환되는 마당에 전북에서도 군산시장이 승진대상 공무원으로부터 1억여 원을 받은 혐의로 전격 구속된 것이다. 이래저래 공무원을 보는 시선이 곱지 않은데도 관청 주변에서는 대체로 "재수 없이 걸렸군. 승진 인사 때 돈 주고받는 게 어디 그 사람들뿐인가. 관행이 된 지 언젠데…."라는 말이 돌고 있다. 요즘 유행하는 '관습헌법'쯤 되나 보다.

실제로 6급에서 사무관인 5급으로 진급하면 정년이 2년 늘어나고 사회적 지위와 경제적 이익이 따른다. 연봉도 5천만 원에 이른다. 승진으로 2년 더 근무하며 1억 원을 번다면 위험을 감수하고라도 3천만 원 정도 투자해도 밑지지는 않는다는 계산이 나옴직하다. 또 돈을 주고 승진한 사람들은 소위 좋은 자리로 옮겨 다니며 공무원생활을 계속한다. 돈을 받은 사람이 대부분 몇 개월 만에 이러저러한 이유로 풀려나오는 솜방망이식 처벌도 비리를 부추기는 요인이 되고 있다.

부패를 감시하는 국제 민간단체인 국제투명성기구(TI)의 부패인식지수에 따르면 전 세계 1백6개 국 중 한국은 47위로 나타났다. 싱가포르(5) 홍콩(16) 일본(24)은 물론 타이완(35) 말레이시아(39)보다 더 부패했다는 것이다. 얼마 전 부패방지위원회 조사에 따르면 '주한외국인투자업체, 외국공관 근무자 등 외국인 2백4명 중 50% 이상이 한국의 공직부분이 여전히 부패한 것으로 인식하고 있는 것으로 나타났다. 국제사회에서의 부정적 인식이 그만큼 크고 깊다는 뜻이다. 이는 대외신인도와도 직결되는 만큼 부끄러움을 넘어 하루빨리 극복해야 할 과제이다. 부정부패 못지않게 뿌리 뽑아야 할 것은 무사안일과 복지부동이다. 다 그렇지는 않겠지만 책임질 일은 회피하고 사소한 일조차 처리하기를 꺼리며 일손을 놓고 있는 것이 오늘날 공무원 사회의 행태라면 지나친 말일까. 이들의 이마에는 '업무소홀', '처리지연', '책임회피', '변화거부', '보신주의' 등의 딱지가 붙여져야 마땅하다.

이제 공무원 세계도 국민 위에 군림하려는 자세를 버리고 고객중심의 행정 서비스 체제로 바뀌어야 한다. 단순히 행정 서비스에 그치지 않고 국민들에게 만족을 공급해야 한다. 그런 점에서 점심시간을 내세워 민원처리를 거절하는 공무원들에게 이렇게 묻고 싶다. 그대들이 만약 병원이나 약국의 주인이라면, 가게나 회사의 직원이라면 점심시간이 다 되어 찾아온 고객을 1시간 뒤에 오라며 그냥 돌려보내겠는가. 도대체 그대들의 월급은 어디에서 나오는가.

철밥통을 지키며 무사안일과 복지부동의 자세에 빠져 있는 공무원들, 철밥통을 더 키우기 위해 범죄행위도 서슴지 않는 공무원들에게 국민들은 외친다. "싫으면 다들 그만둬라. 할 사람 얼마든지 있다!"

미국은 우리에게 누구인가

버지니아공대 총기참사의 범인이 한국인이라는 사실과 관련해 미국 내 여론은 '조승희 개인의 범행일 뿐, 집단으로서 재미 한인이나 한국인은 이번 사건에 책임이 없다.'는 쪽으로 매듭져진 듯하다. 만에 하나라도 이 사건이 한국인에 대한 집단적 매도나 보복으로 비화했더라면 어쩔 뻔했는가. 역시 대국大國답다. 그들의 성숙되고 자제력 있는 면모에 재삼 경탄과 신뢰가 간다.

여기에는 언론의 힘도 크게 작용했다. 뉴욕타임스 등 유력지와 방송사가 국적이나 인종문제와 관련한 선정적 보도를 냉정하게 자제했다. 이처럼 미국이 이성과 합리에 바탕을 두어 최악의 사태를 슬기롭게 수습해나간 반면 우리는 어떠했던가. 이태식 주미대사의 경우를 보자. 그는 "한국과 한국민을 대표하는 대사로서 한국민과 한국의 유감과 사죄를 표한다."고 밝혔다. 그는 원문에 'apology(사죄)'라는 표현을 분명히 사용하고서도 라디오 대담에 나와서는 아니라고 발뺌을 했다. 진행자와 논란을 빚기도 했다. 미국 언론은 물론 미국사회가 이민 온 조승희를 제대로 보살피지 못해 더 큰 책임감을 느낀다며 "한국은 제발 사과 그만하라."고 다독이는 마당에 일국을 대표하는 대사로서 어느 모로 보나 '오버'한 발언이 아닐 수 없다.

이 대사는 "한인사회가 스스로를 돌아보고, 미국 주류 사회와 다시 한 번 융합하는 기회를 가져야 한다."며 교민들이 희생자들의 숫자에 해당하는 32일 동안 금식하자는 기상천외(?)한 제의를 하기도 했다. 한 나라의 대사가 한 개인의 범죄행위에 대해 '유감과 애도'가 아닌 '사죄, 금식'까지 공개적으로 요구하는 것은 한국민 전체를 범죄 집단으로 만드는 대단히 부적절한 처신이라는 비판이 나올 만하다. 하기야 대통령이 세 번씩이나 유감표명을 했는데도 진사 사절을 파견해야 한다는 주장이 나오기도 하지 않았던가. 그러다 보니 로스앤젤레스 타임스 같은 신문은 "재미 한인과 한국인들의 지나친 죄의식과 일련의 '집단적 사과 행위'들은 조소의 대상이 될 수 있다."고까지 보도했다.

이처럼 호들갑스러운 미국과의 연대감連帶感이나 죄의식은 사대事大주의, 보다 구체적으로는 숭미崇美주의의 발로라고 할 수밖에 없다. 한 걸음이라도 더 미국과 가까워지지 못해 안달이랄까, 조금이라도 더 미국인처럼 되지 못해 조바심치는 히스테리마저 느껴진다. 그럴 만도 하다. 한국의 정계 관계 재계 학계를 주름잡고 있는 인사들의 면면을 살펴보자. 미국에서 공부하고 미국에서 활동한 경력을 바탕으로 한 사람들이 주류를 이루고 있다. 군軍이나 외교계도 마찬가지다. 하다못해 하와이나 그 밖의 어느 연구소라도 다녀와야 행세를 하게끔 되어 있다. 사회 지도층 인사들의 자제들 대부분이 미국에서 유학을 하고 있거나 미국에 터전을 잡고 있는 현실도 새삼스럽지 않다. 오늘날 그쪽 사람들과의 연고나 배경은 막강한 영향력으로 작용한다. 그래서 그들만의 카르텔을 형성한다. 미국 대학들의 동창회가 미국 본토에서보다 더욱 왕성하고 끈끈하게 유기적으로 잘 운영된다지 않는가.

미국과 한국은 이제 떼어놓을 수 없는 한몸이나 다름없을 만큼 우리 구석구석에 다가와 있다. 미국에서 일어난 시시콜콜한 일들이 한국의 지방에서 벌어진 어지간한 사건보다 더욱 큰 비중으로 다가오는 세상이다. 이러한 마당에 주릴 틀어도 시원찮고, 능지처참(?)이 마땅할 웬 미친 녀석이 하늘이 무너지고 땅이 꺼지는 엄청난 일을 저질러 놓았으니 까무라칠 법도 하다. 경천동지驚天動地의 충격에서 헤어나지 못했을 이른바 상위 지도층들의 공황(!) 상태에 이해가 가고도 남는다. 이들은 종주국宗主國이나 다름없는 미국이 진노한 나머지 "너희 같은 족속과는 아예 상종을 끊겠다."고 나설까봐 겁이 덜컥 났을 것이요, 행여 유학생 또는 교민들에게 해코지라도 할까 오금이 저렸을 것이다.

우리 사회는 지금 극도의 갈등과 대립, 분열과 반목을 겪고 있다. 진보와 보수, 가진 자와 못 가진 자, 동東과 서西, 친북과 반북 등 이분법二分法의 날선 언어들이 난무한다. 그 중에 친미와 반미도 한 구석을 차지하고 있다. 이번 사건에 대한 미국 사회의 반응과 우리의 대응을 비춰보면서 미국은 과연 우리에게 누구인가를 곰곰 되씹게 된다.

밥값내기

오래 된 우스개 하나. 선생과 기자와 경찰이 함께 식사를 했다. 밥값을 누가 냈게? 답은 경찰이었다. 예나 지금이나 선생, 기자, 경찰 하면 '공것'을 좋아하고 '봉투'를 밝히는 직업으로 치부되곤 한다. 그렇다면 세 가지 직종 중 왜 경찰이 앞서 밥값을 내는 걸까. 생뚱맞게 어떤 직종을 딱 집어내 폄하할 의도가 전혀 없다는 전제 아래 유추해 보자면 경찰 쪽이 아무래도 성격이 급하고 단순하기 때문이 아닐까 싶다. 이를 뒤집어보면 선생이나 기자는 뭉그적거린다 할까, 꾸무럭대며 옹색하고 궁박한 상황을 넘기는 슬기(?)가 한 수 위라 할 만하다. 사실 현실적이고 합리적인 면에서 따지자면 계산을 해야 할 상황에 임臨해서 한 템포 늦춰 뒤처질 수 있는 처신이야말로 지갑의 안전과 가계家計의 안녕을 위해 두고두고 잘한 처사로 기억될 게 분명하다.

당장 욱하는 기분에 호기를 부렸다가 후회를 남기는 바보짓보다는 백번 낫지 않은가.

가끔 식당 계산대 앞에서 서로 계산을 하겠다고 다투는 모습을 볼 수 있다. 아직도 우리의 미풍양속이 살아 있다는 증거이리라. 그런가 하면 식사가 끝나고 모두 일어설 무렵이면 화장실을 찾거나 구두끈을 매며 시간을 끄는 요령꾼도 있다. 그런 부류일수록 계산이 다 끝나갈 무렵 황급히 실랑이 속에 끼어들며 자기가 내겠다고 지갑을 꺼내는 척한다. 옆사람을 밀쳐내며 설레발을 쳐대다가는 뜻(?)을 이루지 못해 분하다는 듯 연신 애돌거리며 "다음엔 꼭 웬쑤를 갚겠다."고 차후를 기약해 마지않는다. 그러나 차기次期는 물론 차차기에도 밥값내기의 고지 쟁탈에서는 번번이 박빙薄冰의 차次로 분루(?)를 삼키며 2위 또는 3위에 머물고 만다. 이처럼 '의도된 탈락'이 얼마나 피곤한 일이겠는가. 당사자로서는 마치 곡예를 하듯 아슬아슬할지도 모른다.

장난삼아 밥값 계산을 도맡아 하는 이른바 '봉'에 관해 하나의 가설假說을 만들어 보자. "'봉'의 자격은 재산의 다과, 지위의 고하, '가방끈'의 장단長短에 관계없다. 봉이 될 소질은 선천적인 듯하다. 봉은 대체로 휴머니즘이니 보시布施니 하는 거추장스런 용어를 낯설어한다. 봉은 술과 밥에 탐닉한다기보다는 중생을 다독여 '섬기'는 일 자체를 즐기게끔 DNA구조가 되어 있다. 다만 이해타산이 개재된 자리는 차한此限에 부재不在함."

이 가설을 증명해 보이기 위해 두 사람을 내세우겠다. J군과 H군이다. 둘 다 병술丙戌생 개띠로 올해 환갑을 맞느니만큼 '군'이라 부르기가 좀 뭐하지만 그래도 항상 아이처럼 밝고 티 없는 모습, 소년처럼 구김 없고 천진한 행동거지를 보면 군이라 불러야 오히려 제격이지 싶다. J군은 스스로를 즐겨 '똥통장수'라 이르거니와, 명문대학을 나와 젊어서는 KAL 외국 지점에 근무하는 등 직장 경력도 화려하다. 나이 들면서 부친의 가업을 이어받아 양변기 등 건재를 취급하는 전형적인 중소상인으로 정착했다. 주말에 마음 맞는 몇몇이서 산을 찾는 일 외엔 주변 친구들과 어울리는 게 낙이자 취미다. 그러다보니 점심과 저녁은 거의 매끼 밖에서 때운다. 부인도 '가족끼리 오붓하게…'는 이제 포기한 지 오래인 모양이다. 이처럼 한두 차례도 아닌 외식의 밥값을 거짓말을 조금 보태 도맡다시피 하니 정말 대단하달 밖에 없다. J군과 함께 한 자리가 파하고 계산을 하려면 "벌써 끝났는데요."라는 대답이 돌아오기 일쑤다. 그래서 둘러보면 J군이 멋쩍은 듯 빙그레 웃고 있다.

수법도 가지가지다. 자리를 잡기 전에 미리 치루기도 하고 도중에 화장실 가는 척 슬그머니 일어서는가 하면, 전화받으러 가는 양 위장(?)하기도 한다. 그러니 그의 기상천외한 선공先攻을 막으려면 "이번만큼은 기필코 내가 내겠다."고 다짐 내지는 양해를 받아두거나, 주문과 계산까지를 한데 묶어 예약을 해두는 수밖에 없다. 밥자리에서건 술자리에서건 그는 거의 말이 없다. 주로 듣는 편이다. 그러다 불쑥 지나치듯 내뱉는 한마디는 그야말로 촌철살인寸鐵殺人, 좌중을 깜짝 놀라게 하고 자세를 바로잡게 한다. 그렇다고 뼈있는 소리만 하는 게 아니다. 메기처럼 길고 얍실얍실한 입술에 벌쭉 웃음을 띠며 슬쩍 던지는 우스개는 뱃살을 잡게 한다. 먹여주고(밥값내서), 배설을 도와주는데다(똥통 팔아서), 소화까지 시켜주니(웃음은 최상의 소화제다!) J군이야말로 해우解憂의 실천자이자 보시의 달인이 아니겠는가. 그렇다고 그가 금준미주나 옥반가효를 탐하는 것도 아니다. 허름한 설렁탕집이나 간짜장 잘하는 집, 삼겹살 구이 등 친구가 소매를 끄는 곳이면 어디건 마다하지 않는다. 틀림없는 것은 국물 한 방울 밥알

한 톨까지 남김없이 싹싹 치운다는 점이다. 또 골프의 '골자'도 모르고, 어지간한 거리면 꼭 걷거나 버스를 탄다. 자신에겐 엄격하지만, 취한 친구 귀가 때는 만 원짜리 맡기고 택시를 태워 보내야 직성이 풀릴 정도로 남에겐 마냥 헤프다.

또 한 사람 H군은 60년대 학번으로서는 가히 하늘의 별따기라 할 정도로 문턱이 높았던 서울공대 출신 '노가다'다. 대학을 졸업하자 곧바로 건설부에 들어가 경부, 호남고속도로 건설 등에 참여했지만 몇 년 안 돼 그만두고 국내 유수의 H건설로 옮겼다. 그대로 있다가는 기껏해야 가난뱅이 관리요, 잘못하면 감옥에 가 있을 자신의 모습이 떠올라 '끝발'좋은 감독관 자리를 차버렸다는 것이다. H군은 노가다 아니랄까봐 술을 무척 즐긴다. 주량에 있어. 꽃 꺾어 산算 놓고 무진무진 먹세 그려 할 정도로 두주불사의 호주豪酒요, 술자리에서의 풍류 또한 장주長酒 아니면 석주惜酒 의 경지라 할 만하다. 여기서 장주라 함은 일찍이 동탁東卓 조지훈趙芝薰선생께서 분류한 바 그대로, '주도삼매三昧에 든 사람. 주선酒仙'을 이름이다. 석주란 '술을 아끼고 인정을 아끼는 사람, 주현酒賢'을 말한다.

그가 김천의 경부고속도로 건설현장에서 감독관으로 근무할 때 우리들 절친하던 몇몇 또래는 대학을 갓 나온 백수건달이었다. 주말이 되면 서울에서, 전주에서, 김천에서 달려온 천둥벌거숭이들이 세 고장의 중심지인 대전에서 뭉치곤 했다. 그리고는 무박2일의 장정長征에 들어가는 것이었다. 이곳저곳 몰려다니며 먹고 마시고 구경하고 노는 비용을 H군이 모두 끝내줬다. 녀석은 현장의 높은 사람들과 어울리면 기방妓房은 물론이요, '물 좋은 곳'에 가서 '지집' 끼고 질탕 놀 수 있으련만 제돈 써 가며 밤새워 낄낄대고 까불다가 돌아설 때면 헤어지는 게 아쉬워 '뒤돌아보고 또 돌아보고' 눈물바람까지 했던 것이다. 우리

악당들의 유흥행각은 그가 서울로 근무지를 옮기고도 한동안 계속되었고, 스폰서의 역할 역시 변함이 없었다. 그러다 그가 현장을 떠나자 사정이 달라졌다. 우선 그가 피우는 담배의 질부터 달라졌다. 만나자는 전화 횟수도 줄어들었다. 그런데도 그는 그 당시 내가 청진동 골목으로 불러내 사주던 빈대떡에 쐬주 맛을 잊을 수 없다고 지금도 되뇐다. 참으로 머리 구조가 '요상'스럽게 생겨 먹지 않고서야 어찌 제가 베푼 일들은 깡그리 다 잊어버리고 단지 몇 차례 친구의 박주소찬薄酒素饌만이 기억에 남는단 말인가.

가정도 소홀히 한 채 해외 건설현장으로만 나돌던 그는 이제 어느 괜찮은 회사의 고용사장이 되어 안정된 생활을 누리고 있다. 그래서일까. 지금도 그는 친구들과 어울리면 계산은 당연히 제가 해야 되는 걸로 알고 있다. 행여 다른 사람이 미리 내면 굳이 이를 물리고 대신 값을 치른다. 낼 만하니 그런다면서 저한테 맡겨두라고 사뭇 사정하는 투다. 맞다. 경제적으로 여유가 있다 해서 모두 다 H군이나 J군처럼 넉넉하고 따뜻한 마음씨를 갖게 되지는 않는다. 가진 자들이 오히려 더 인색하며 각박하고, 넘치는 자들이 더 탐욕스럽고 이기적인 사례를 얼마든지 보고 있지 않은가.

요즘 '더치페이'라는 말을 흔히 듣는다. 식사를 비롯해서 경비가 드는 일에 각자가 자신의 몫을 지불하는 방식이다. '네덜란드의'란 뜻의 '더치'와 '지불하다'의 영어인 '페이'를 결합한 것인데, 올바른 영어는 '더치트리트(Dutch treat)'란다. 일찍이 해상무역에 손을 댄 네덜란드는 17세기 중엽 강력한 국력을 자랑했다. 이때 똑같이 해상세력의 확대를 꾀하던 영국과 무려 30년여에 걸친 싸움을 벌이는데, 이때 생긴 경멸과 증오의 기분이 영어에 나타난 것이 바로 '더치'이다. 우리가 일본 사람을 '쪽바리'라 낮춰 부르고 그들이 우리를 '조센진'이라 비하하는 것과 비슷

하다. 일본에서는 자기 몫을 각자 내는 이른바 '와리칸割り勘' 문화가 정착된 지 오래다. '이자카야居酒屋'라고 불리는 일본식 포장마차에는 퇴근길의 샐러리맨들이 자주 찾는데, 낱잔으로 파는 정종(일본식 청주) 한 잔을 비울 때마다 구슬로 표시를 할 수 있도록 돼 있다. 함께 포장을 들추고 들어갔다가 잔 수에 따라 각자 계산을 하고 나오는 모습, 역시 일본인답다 싶으면서도 어쩐지 살풍경하고 몰인간스럽다.

그러나 더치페이는 이제 도도한 시대의 흐름이요, 거스를 수 없는 대세大勢가 돼있다. 하지만 '유붕자원방래有朋自遠方來'의 경우처럼 '벗이 있어 먼 곳으로부터 찾아왔거늘' 한 잔 술을 나누고 헤어짐에 있어 술값을 각자 계산하다니, 세상에 이토록 쩨쩨하고 좀스러울 수가… 하고 비분강개할 수도 있다. 더치페이라는 옷은 우리에겐 잘 맞지 않는다. 빌려 입은 것처럼 품이나 기장이 따로 논다. 크기뿐 아니라 모양새며 색깔도 영 어울리지가 않는다. 그러니 입어도 태가 나질 않는다. 우리는 실리나 합리라는 이름 아래 썩 괜찮은 우리의 가치나 문화를 업신여기다가 마침내는 헌신짝처럼 버리는 어리석음을 쉬지 않고 저질러왔다. '체면'이나 '선비정신' 등 우리의 소중하고 귀한 가치들도 '치레'니 '구닥다리'니 해서 천덕꾸러기 취급을 하는 바람에 저만치 밀려나 버렸다. 이런 소용돌이 속에 한데 어울려 다독이고 베풀며 흡족해하던 옛적 여유와 정취도 점차 자취를 감춰간다. H군, J군에게서 풍겨나는 넉넉하고 푸근하며 감칠맛나는, 속살 깊고 정감어린 그런 우정을 요즘 사람들은 애써 나몰라라 한다. 구들 아랫목처럼 따습고 숭늉처럼 구수하고 오래된 겹장처럼 오묘한 참맛을 그냥 몇 푼주고 사는 패스트푸드처럼 여기려 든다.

부자되세요

설을 보내면서 주고받는 덕담 중 으뜸은 아마도 "새해 부자 되세요."가 아닐까. '10억 만들기'가 유행이고, 젊은이들이 재테크에 관심을 보이는 것도 모두 부자 되기 위해서다. 하지만 부자를 바라보는 일반인의 시각은 곱지가 않다. 존경이나 선망은 고사하고 비판이나 혐오, 심지어는 적대감까지 드러낸다. 이율배반이 아닐 수 없다. 왜 그럴까? 우선 정당하지 못한 방법으로 부를 축적한 부자들이 많다고 생각하는 듯하다. 이는 부자하면 이권과 결탁하거나 세금을 포탈하고, 약자를 짓밟는 등 부정이나 불법을 떠올리는 사회 통념과 무관하지 않다.

부의 대명사라 할 재벌에 대한 인식도 비판을 넘어 공격적이다. 무분별한 편법상속과 부의 세습, 전체 지분의 2%도 소유하지 않으면서

2대 3대까지 군림하는 경영 구조, 법을 비웃는 듯한 정경유착 등 여러 부정적 요인 때문이다. 뿌리 깊은 반기업 정서는 몇몇 재벌들의 행태에서도 비롯된다. 둘째가라면 서러워할 재벌 그룹에서 '형제의 난'이 일어나더니, 또 다른 그룹의 형제들이 투서와 고발로 이전구투를 벌이다 쇠고랑 차기 직전까지 갔다. 이처럼 추악한 싸움질들도 모두 '가진 것'이 너무 많았기 때문 아니었던가.

부자도 부자 나름이다. 돈을 신주단지 모시듯 하면서 벌기만 하고 쓸 줄 모르는 '자린고비형 부자'가 있는가 하면, 악착같이 벌고 궁상스러울 정도로 생활하지만 이웃과 나누고 사회에 기여하는 일에는 적극적인 '정승政丞형 부자'도 있다. 우리 주변에 부자는 많다. 하지만 스스로가 부자라는 것을 자랑스럽게 여기며 당당하게 부자라고 나서는 사람은 드물다. 오히려 부자라는 사실이 드러날까, 행여 해코지라도 당하지 않을까 꽁꽁 숨는다.

돈은 버는 과정도 떳떳해야 하지만 쓰는 데도 철학이 있어야 한다. '내 돈 내 맘대로 쓰는데 웬 참견이냐.'는 식의 졸부근성은 주위의 원성을 불러일으킨다. 월마트를 창립한 샘 월튼은 독과점체제로 부를 이룬 전형적인 인물이다. 그는 가는 곳마다 다른 가게들을 모두 파산시켰다. 가격을 낮추기 위해 노조를 없애고 임금을 삭감하고, 납품업체엔 덤핑을 요구하기 일쑤였다. 이렇게 해서 그는 세계 최고의 부자로 올라설 수 있었다. 그러나 미국의 샘 월튼은 오늘날 비난이나 경멸보다는 존경과 찬사를 받는 기업인으로 기억된다. 기업체가 만든 자선단체 중 가장 많은 기부금을 내는 월마트파운데이션을 세워 노블리스 오블리제를 실천한 것이다. 이는 세계 제1의 부자이자 가장 많은 사회공헌을 하는 빌게이츠를 비롯해 철강왕 카네기와 석유재벌 록펠러의 예에서도 유감없이 드러난다.

올해는 개의 해丙戌이다. 개 하면 개처럼 벌어 정승처럼 쓰라는 잠언이 생각난다. 여기에는 돈이란 버는 것 못지않게 쓰기도 힘들고 어렵다는 교훈이 담겨 있다. 우리 주변에는 개처럼 벌어 개보다 못하게 쓰는 사람도 꽤 있다. 이들은 온갖 부정한 수법으로 돈을 긁어모으고, 이를 일신의 호사나 쾌락에 탕진한다. 반면 성실과 정직, 근면으로 자수성가한 사람들은 돈의 소중함을 안다. 그러기에 구두쇠 소리를 듣다가도 꼭 써야 할 곳에는 아낌없이 거금을 기부한다. 개미같이 벌어 정승처럼 보람차고 뜻 깊게 쓸 줄 아는 것이다.

대한민국 부자 중 적어도 80% 이상은 건전한 부자라 믿자. 이제 부자가 땅을 사면 배 아파하지 말고 박수를 보내야 한다. 어떻게 돈을 모았을까 궁금해 하고, 본받으려 해야 한다. 존경까지는 몰라도 시기하지는 말아야 한다. 이들은 원칙주의자이며, 근면하고 절제심이 강하다. 어떤 면에선 가치창조자이기도 하다. 부자가 되기까지 그들이 기울인 노력, 그들이 쏟은 인내, 그들에게 안겨진 행운까지도 찬양의 대상이 될지언정, 경멸의 대상은 결코 아닌 것이다. 우리 시대의 부자는 새롭게, 공정하게 평가되어야 한다. 새해에는 모두 부자 되자. 다만 깨끗한 부자, 당당한 부자가 되자.

생뚱맞은 '뒷간' 타박

한여름이면 끼니마다 챙겨 먹는 것도 큰일이지만 어김없이 찾아오는 분의糞意를 해결하는 것도 여간 고역이 아니다. 여름날 재래식변소에서 일을 보는 것은 상상만으로도 진땀이 솟는다. 푹푹 찌는 그 비좁은 공간에 쭈그리고 앉아서 온몸이 땀범벅이 된 채 끙끙 힘을 주어야 하는 곤욕이라니!

화장실 하면 80년대 초반의 한여름 무주구천동에서 열렸던, 단군 이래 최대 규모라던 야영대회가 생각난다. 총칼과 군홧발로 정권을 잡은 정치군인들이 민주와 정의라는 알짜배기 단어만을 쏙 뽑아다 명명命名한 '민정당'이 벌인 단합대회였다. 이 자리에는 요즘 방영중인 드라마 '제5공화국'에 등장하는 주역들은 물론이요, 이들을 추종하고 신봉하던 전국 곳곳의 '평생동지'들이 몰려들어 덕유산 일대를 뜨겁게 달구었다. 이들의 뒷바라지는 구천동이 소재한 전라북도의 몫이었다. 각하와 영부인 내외가 헬기로 도착하기 직전 골칫거리 하나가 불거졌다. 영빈관 변기에 씌울 커버를 구하라는 특명(?)이 떨어진 것이다. "한여름에 변기 커버를 어디서 구하나, 전주에는 없다 하고, 대전에 알아보고 있지만 참으로 난감하다."며 울상을 짓던 관계자의 얼굴이 지금도 눈에 선하다. 그 '귀물'을 대령했는지 못했는지는 모르겠다. 커버가 딸린 좌변기를 고집했던 까닭도 확인할 길이 없다. 다만 한여름에 야영을 와서까지 지존至尊 내외에게 변기便器 호사까지 누리게끔 배려를 하려던 '아랫것'들의 사고방식과 두뇌구조가 놀랍고도 두려울 뿐이다.

따지고 보면 수세식 변기(flush toilet)만큼 우리 인류생활에 편리한 것도 드물다. 문명의 이기利器라 해서 결코 손색이 없을 이 위대한 물건을 발명한 사람은 누구일까? '똥 푸는 사람'이란 뜻을 가진 영국의 엔지니어 토머스 크래퍼(1837~1910)가 바로 그 주인공이다. 그의 이름에 등장하는 '크랩(crap)'은 '똥'이다. 그러니 '크래퍼'는 '똥 만드는 사람'이다. 어차피 사람이나 동물이나 먹고 똥을 싸는 '똥기계' 아니던가.

지난 설 때 덕유산에는 눈이 깊이 쌓였다. 국립공원 입구에서 1,500원씩 입장료를 받았는데, 산길이야 그렇다 치고 백련사의 일주문을 지나 경내로 들어섰는데도 발목이 푹푹 빠지는 것이었다. 대웅전 가까이 이르러서야 화장실로 보이는 제법 그럴 듯한 건물이 눈에 띄었고, 그 부근만 말끔하게 비질이 되어 있었다. 안에 들어서자 더운 기운이 훅 느껴지며 어지간한 호텔 저리가라 싶게 으리으리한 화장실 용기들이 압도하듯 반짝거렸다. 입구 유리창에 쓰였으되, "난방중이오니 문을 닫아 주십시오." 아무리 사찰이라 해도 관광객이 자주 찾는 곳이니 만큼 화장실化粧室다운 해우소解憂所를 가꾸는 데 나무랄 사람은 없다. 수도관이 얼지 않도록 난방을 하는 것도 당연하다. 그러나 절집에서 흔히 대하는 '근심을 푸는 곳'이라는 뜻의 해우소와는 왠지 거리가 멀다 싶어 돌아오는 도중 내내 마음이 찜찜했다. 얼마 전 꽤 이름이 알려진 문필가가 북한을 다녀와서 쓴 글을 읽었다.

"…일행 중 한 분이 화장실에 작은 물통과 물 뜨는 그릇이 놓여 있는 것을 보고, 눈치로 알아차리고 배설물을 직접 씻어 내리고 나왔다 해서 한바탕 웃었다…." 여기서 한 번 짚고 넘어가자. 자기가 배설한 것을 '직접 씻어 내린' 일이 뭐 그리 대단한 일이며, '한바탕 웃을 일'인가. 아이들은 방학 때는 물론 명절이 되어도 할아버지 할머니가 눈이 빠지도록 기다리는 시골에 가기를 꺼린다고 한다. 화장실 가기가 끔찍해서라는 것이다. 전두환 내외에게나 어울릴 법한 생뚱맞은 투정이랄 수밖에 없다.

선진국이라는 유럽도 불과 1백50년 전만 해도 각 도시가 하나의 거대한 화장실이라 할 정도로 거리에서 일을 보는 것이 예사였다. 17세기 초에 등장한 하이힐도 길거리가 배설물 천지였기 때문이라는 것이 정설이다. 일본에 지금의 '오데아라이'니 '토이레'와 같은 수세식 변소가 등장한 것도 1960년 올림픽을 유치하면서부터다. WC니 토일렛이니 화장실이니 미화해서 부르지만 어차피 뒷간이나 측간에 불과하다. 청결과 위생을 소홀히 할 수야 없지만 생전 똥 안 싸고 사는 것처럼 지나치게 결벽을 떠는 것도 꼴사납다.

(2005. 07. 24)

세밀 밝히는 자선의 불빛

"부자인 채로 죽는 것은 부끄러운 일이다." 미국의 철강왕 앤드류 카네기가 남긴 말이다. 스코틀랜드 모직공의 아들로 태어나 우편배달부로 출발, 철도 감독 비서를 거쳐 철강으로 막대한 부를 모은 그는 1919년 사망할 때까지 전재산(4억9천2백만 달러)으로 3천 개의 도서관을 설립했고, 8천 대의 오르간을 기증했다. 대학과 각종 사회단체에도 아낌없이 기부했다. 자식에겐 단 한 푼도 물려주지 않았다. 그가 세운 카네기홀은 미국 문화의 상징이다. 110년 역사를 지니며 뉴욕 한복판에 자리잡고 있는 이 공연장은 시설 규모나 권위 등 모든 면에서 세계 최고의 문화공간으로 꼽힌다. 세계 각국의 음악가들은 이곳에서 연주를 했다는 사실 하나만으로 명예와 자부심을 느낀다.

록펠러도 1913년 록펠러재단을 설립, 죽을 때까지 5억4천만 달러,

요즘 돈으로 60억 달러의 거금을 기부했다. 최근에는 세계 최고의 갑부 빌게이츠 마이크로 소프트 회장이 전 재산의 60%를 기부한 것으로 알려졌다. 그의 이름을 딴 자선재단에 지금까지 모두 265억 달러(약 30조7천억 원)를 기부했다는 것이다. 하루에 3천만 달러를 버는 그는 딸에게 1천만 달러를 물려주고 나머지는 모두 사회에 환원하겠다고 말해왔다. 지난 71년 타계한 유한양행의 창업자 유일한柳一韓씨는 전 재산을 사회에 환원하고 떠나면서 자녀들에게 말했다. "모두 제대로 공부를 시켰으니 자립해서 살아라. 학교에 다니는 손녀의 학비를 위해 주식배당금 중 1만 달러만 물려주겠다."

노블레스 오블리제(Noblesse Oblige)라는 말이 있다. 귀족들(Nobles)은 평민들보다 더 큰 책임(Obligation)이 있다는 말이다. '고귀한 신분에 따른 윤리적 의무'를 뜻한다. 서양 귀족들이 평소에는 특권을 누리는 대신 전쟁이 나면 제일 먼저 피를 흘린 역사가 이를 말해준다. 우리 사회에서 '귀족'을 어떻게 정의할 것인가. 민주사회에서 웬 '귀족타령'이냐고 반문할지 모른다. 하지만 자기들끼리 모여 먹고 마시고, 사귀며 놀고, 끼리끼리 결혼하고, 재산을 주고받는 '현대의 귀족'이 있다고 많은 사람들이 믿고 있다. 오죽하면 노블레스 오블리제는커녕 '노블레스-No-블리제'라는 조롱 섞인 우스개가 나돌겠는가. 현대판 귀족들이 누릴 특권은 다 누리면서 책임은 지지 않는다는 비아냥거림이다.

재벌들이 재산을 사회에 환원하기보다 '황태자'나 후계자에 연연하다 보니 젖먹이가 몇억 원대의 주식을 갖고 있고 상속세나 증여세를 빼돌리기 위해서는 온갖 탈법과 불법을 서슴지 않는다. 급속한 산업화로 형성된 '한국판 귀족'들은 화폐와 권력을 위해서는 수단과 방법을 가리지 않는 '천민문화'를 만들어냈다. 이른바 '졸부猝富문화'이다.

다시 카네기의 말을 인용한다. "인간은 왜 자신의 재산을 후손에게 물려주려고만 할까. 만약 이것이 애정에서 나온 것이라면 잘못된 애정이 아닐까. 과다한 유산은 아이들에게 큰 부담이기 때문에 오히려 아이들에게 좋지 않다."

남을 돕는 일은 많이 가졌다고 되는 것이 아니다. 행상 일을 하거나 구멍가게를 꾸리면서 평생 안 입고 안 먹고, 근근이 살며 아꼈던 재산을 고스란히 사회에 넘기는 여러 할머니들의 모습은 우리 가슴을 따뜻하게 한다. 바로 이런 할머니들의 훌륭하고 빼어난 마음씨가 혼탁하고 각박한 이 세상을 어우르고 다독거리는 손길이다. 얼마 전 평생 모은 재산 30억 원을 선뜻 내놓은 익명의 기부자도 있다. 그는 버스비를 아끼기 위해 운동화를 신고 걸어다녔다고 한다. 남대문시장에서 안경점을 경영하는 그의 아들 얘기는 무척 감동적이다. "아버지 돈의 사용 용도는 아버지 의지에 따른 것이다. 아버지 돈은 내 돈이 아니다."

소금먹은 놈이 물켠다

얼마 전에 터진 이른바 '검·경·언 상대 전방위 로비사건'은 힘깨나 쓴다는 권력기관에 몸담고 있는 면면들이 두루 등장했다는 점에서 비리와 부정의 '종합선물세트'다. 이들의 행태는 어쩌면 그리도 한결같이 똑같은가. 우선 의혹이 불거졌다 하면 일단 부인부터 하고 본다. 생사람 잡는다며 펄쩍 뛰는 것은 물론 명예훼손, 무고 등을 들먹이며 사법처리 수순을 밟겠다고 큰소리를 친다. 버티는 데까지 버티다 혐의가 사실로 드러나면 대가성이 없었다고 오리발을 내민다.

정치인이든 공무원이든 이른바 '영양가'가 있고 권한이 막강할수록 스폰서가 줄을 서는 게 변하지 않는 세상 이치이다. 특히 세도 있는 검사나 끝빨 좋은 관리들에게 스폰서가 붙는 것은 공공연한 비밀이고 후임자에게 승계되는 경우도 있다고 한다. 유형도 다양해서, 질이 나뿐 브로커형 스폰서나 기업스폰서가 있는가 하면 퇴임한 선배가 물주가 되는 OB스폰서나 동문을 금품의 유혹으로부터 보호하자는 동창스폰서처럼 비교적 순수한 것도 있다. 그러나 아무리 '선의의 후원자'라고 해도, 준 쪽은 '도움'을 기대하기 마련이고 받은 쪽은 '빚을 졌다'는 느낌을 가질 수밖에 없다. 그러니 대가성이 있느냐 없느냐를 따지는 것은 뇌물이냐, 선물이냐를 가리는 것만큼이나 어렵고 복잡하다.

대한민국의 최고 재벌과 대통령 후보, 검찰과 언론이 연루된 소위 삼성 X파일 사건의 경우 떡값을 주어야 할 검찰인사 리스트를 따로 작성해 관리했다니 한마디로 충격적이다. 홍석준 당시 중앙일보 사장과 이학수 삼성그룹 당시 비서실장 사이에 오간 대화에서 거론된 '삼성 장학생' 중에는 뒷날 법무부 장·차관과 검찰총장, 검사장까지 지낸 거물은 물론 현재 법무부 고위직에 있는 사람도 끼어 있다. 검찰이 공정하고 철저한 수사를 하겠다고 칼을 빼들었지만 과연 제 식구 감싸기에서 벗어날 수 있을까.

삼성그룹이 판·검사 출신뿐 아니라 경제부처 간부 등 우리 사회의 핵심 권력 출신들을 줄줄이 끌어들이는 '블랙홀'이 된 것은 이미 널리 알려진 일이다. 때문에 삼성이 이들의 인맥과 정보를 발판으로 또 다른 '권-경 유착'을 꾀하는 것 아니냐는 의구심을 갖는 것은 당연하다. 실제로 그들의 위력은 삼성의 후계자인 이재용 씨의 주식 헐값 인수과정을 비롯해 크고 작은 여러 의혹의 사례에서 '소금 먹은 놈이 물켠다.'는 만고의 진리로 유감없이 증명되지 않았던가. 국민들은 '왠지 삼성 앞에만 서면 작아지는 정부'를 의아하게 바라보고 있다. '대한민국은 삼성 공화국'이라는 비아냥도 나온다.

따져보자. 세상에 공짜가 어디 있는가. 이 물음에 알아듣게 대답하지 않는다면 참여정부는 검찰이 왜 존재해야 하는지 엄중한 질책에 부딪치게 될 것이다.

수평적사고와 공직사회

역사는 승자의 기록이다. 승자인 서구의 눈으로 보면 칭기즈칸은 흉포하고 무자비한 야만족 정복자일 수밖에 없었다. 그러나 오늘날 그는 13세기 초 지구상에 나타난 위대한 CEO로 새롭게 평가받는다. 워싱턴포스트가 그를 지난 1000년 중 가장 중요한 인물로 뽑은 것이 이를 말해준다. 칭기즈칸이 만리장성 밖의 초원에 살던 '소수의 미개한 무리'들을 이끌고 몽골제국을 건설한 것이 1206년, 지금으로부터 딱 8백 년 전이다.

그가 거둬들인 땅은 777만 km^2. 알렉산더와 나폴레옹, 히틀러가 정복한 면적을 합친 것보다 넓다. 그뿐인가. 그의 손자 쿠빌라이 칸 때가 되면 이보다 2~3배 더 넓어진다. 그리고 이들 몽골족에 의한 150년 동안의 세계 지배, 이른바 '팍스-몽골리아'시대가 열리는 것이다.

많은 사람들은 그 까닭을 그들이 13세기를 살았지만 21세기 마인드로 무장되어 있었기 때문이라고 분석한다. 그 증거들은 여러 곳에서 발견된다. 우선 배분의 공평성이다. 칭기즈칸은 부하들의 개인적 약탈을 금지하고, 선착순으로 약탈물을 배분토록 했다. 그 과정에서 최대 희생자는 친인척과 측근 세력들이었다. 그는 수백 년 내려온 전통을 스스로 깨면서 자기의 기득권을 버렸다. 또 하나 속도전의 개념을 들 수 있다. 그의 기병대는 전투의 신속성뿐 아니라 각지를 왕래하는 교역상들의 정보를 가장 빨리 입수해 전달하는 역할까지 수행했다. 무엇보다도 그는 타민족과의 융화라는 면에서 현대경영학의 아웃소싱 개념을 도입한 선구자였다. 타민족의 상층부는 때려 부쉈지만 하층의 기조는 그냥 두어 사회가 그대로 돌아가게 했다.

이들이 왜 21세기 마인드로 무장을 하게 됐을까. 그 배경을 농경과 유목의 차이에서 찾는 사람들이 많다. 농경사회는 날씨를 살펴야 하기 때문에 고개가 상하운동을 해야 한다. 때문에 수직적 사고가 지배할 수밖에 없다. 그러나 유목민은 옆에 누가 있나, 초지와 잡아먹을 짐승은 어디 있나, 쉴 틈 없이 전후좌우를 살펴야한다. 수평적 마인드가 생겨나는 조건이 조성되는 것이다.

몽골은 여러 면에서 전북에도 시사하는 바가 적지 않다. 우선 수평적 사고보다는 수직적 사고에 길들여지지 않았나 돌이켜봐야 한다. 칭기즈칸이 유언처럼 남긴 메시지는 매우 인상적이다. "내 자손들이 비단 옷을 입고 벽돌집에 사는 날 내 제국이 망할 것이다."

칭기즈칸이 정복한 나라를 지금의 국가로 따져 보면 30개국, 30억 명에 달한다. 그러나 지금 몽골은 인구 270만 명에 1인당 국민소득은 600달러로 초라하기 짝이 없다. 후손들이 그의 경구警句를 귓등으로 흘려들었기 때문이리라.

어른다운 어른이 그립다

고령화시대로 들어서면서 노인은 늘어나는데 정작 '어른'은 찾아볼 수 없다는 말을 자주 듣는다. 사회가 어려울 때 무게 있는 말 한마디를 해주고 중심을 잡아주는 원로가 아쉽다는 뜻이겠다. 70년대까지만 해도 우리 가정에는 어른이 있었다. 꼭 무엇을 많이 알거나 무슨 힘이 있어서가 아니라 단지 집안의 어른이기 때문에 모든 가족이 권위를 인정하고 복종했던 것이다. 또 마을마다 어른들이 있어서 그들의 말은 곧 법으로 여겨졌다. 그래서 마을의 질서가 잡히고 미풍양속이 지켜졌다.

이처럼 전통사회에서의 노인은 대가족제도의 가장으로, 지역사회의 장로로서 지위와 역할이 확고했다. 특히 부모에 대한 효행은 사람의 도리로서 꼭 지켜야 하는 덕목이었으며, 노부모 부양은 자식의 의

무인 동시에 부모의 권리였다. 그러나 산업화·도시화와 함께 노인의 권위는 희미해지고 역할은 효율과 능력주의에 밀려났다. 노인들은 이제 핵가족화와 개인주의·물질주의에 밀려 이른바 4고苦에 시달리는 처지에 놓였다. 가진 것 모두를 자식들에게 쏟아붓고 나서 노후대책이 마땅치 않은데다 대부분 이렇다 할 소득이 없다 보니 용돈조차 쪼들린다. 건강도 신통치 않은데 병이라도 나면 큰일이다. 말발이 서지 않고 오나가나 'x친 막대기 취급'이니 고독과 소외감만 쌓인다. 기가 죽고 움츠러들 수밖에 없다.

그런 점에서 연초에 어느 방송 프로에 출연한 김대중 전 대통령은 청년보다 더 진취적이고 자신감에 찬 모습으로 우리에게도 원로가 있구나 하는 믿음과 희망을 안겨주었다. 그는 팔순 노인이라고는 믿어지지 않을 만큼 패기와 열정이 넘치는 어조로 여러 통계 숫자까지 막힘없이 구사하며 한국인의 우수성과 통일의 전망을 펼쳐 보였다. 특히 한강의 기적을 뛰어넘어 압록강의 기적도 이뤄야 한다며 남북 및 유라시아를 잇는 철도를 연결하면 우리도 대륙으로 뻗어나갈 수 있다고 강조하는 대목에서는 힘이 넘쳤다.

비슷한 시기에 발표된 사회 원로와 각계 대표 165명의 '2005 희망제안'도 온 사회가 이념과 빈부 갈등으로 갈가리 찢겨 활력을 잃어가는 지금, 통합으로 새로운 공동체와 사람 중심의 사회를 만들자는 점에서 무척 시의적절했다. 진보·중도·보수의 인사들이 모처럼 한목소리를 낸 것도 고무적이었다.

이에 비해 "가진 것은 29만 원밖에 없다."고 해괴한 궁상을 떨어 국민적 동정(?)을 받더니 숨겨둔 재산이 속속 들통나는 바람에 망신을 샀던 전두환 전 대통령이 보육원 어린이들에게 세뱃돈으로 백만 원을 내놓아 다시 한 번 쓴웃음을 짓게 했다. 아마 '원로 개그맨 상'이라도 주어야지 싶다. 또 여러 구설과 온갖 비리 의혹에도 감연히(?) 한 몸을 던져 위기에 처한 교육을 살리려 나섰다가 3일 만에 낙마한 '비운'의 교육부총리에게는 '노욕상老慾賞'을 줄 만하다.

우리 주변엔 추하게 늙어가는 노인들이 많다. 갈 자리인지, 앉을 자리인지 가리지 않고 아무데나 이름과 얼굴을 내미는 주책바가지들이 그들이다. 어지간하면 명예욕이 채워졌을 만도 한데 세간의 눈치에는 아랑곳하지 않는다. 이 고장에도 노추老醉를 부끄러워하지 않는 인사들이 있다. 그런 낯 두꺼운 사람일수록 입만 열면 도민과 애향을 내세운다.

나이가 들면 나잇값을 해야 한다. 어른 대접을 받으려면 그럴 만한 구실이나 처신을 해야 할 것 아닌가. 이곳 저곳 눈치나 보는 어른이 아니라 세상이 잘못 가고 있을 때 당당하게 꾸짖고 바른 길을 제시하는 어른이 보고 싶다. 그러려면 의연하고 떳떳해야 한다. 링컨은 나이 40이 넘으면 자기 얼굴에 책임을 져야 한다고 말했다. 평균연령이 훨씬 늘어난 지금 링컨의 명언은 환갑 또는 고희古稀 이후에 더욱 유효하다.

여성은 여성다움으로 승부한다

나는 골프를 치지 않는다. 내 주제에 맞지 않는다고 여기기 때문이다. 그런데도 신문 방송에서는 하루가 멀다고 골프 소식을 전하니 정말 지겹다.

소렌스탐이라는 여자 골퍼가 있는가 보다. 박세리와 우승을 다투는 골프 천재란다. 돈도 무척 버는 모양이다. 그네가 남자 골퍼들에게 도전해서 한판 겨뤘다는 보도를 봤다. 여성의 한계나 능력에 도전해 보고픈 심정이었을 것이라고 어떤 여성은 말한다. 그러나 다른 여성은 골프에 대한 관심을 끌어내려는 상업주의적 이유가 컸다고 지적한다. 나는 뒤쪽 얘기에 손을 들어주고 싶다.

그네의 남성 골퍼에 대한 도전의 결과는 참담했다. 70위에도 못 미친 것이다. 그네는 이것저것 패인을 분석하다가 눈물을 흘리며 괴로

워했다고 매스콤은 전한다. 이것 또한 상업주의이다. 장삿속에 눈이 먼 사람들은 여성들에게 별별 짓을 다 시킨다. 스포츠라는 이름으로 레슬링은 물론 복싱까지 시킨다. 치고받고 때리고 쓰러지고 끝내는 일어나지 못하는 상태에서 카운트다운을 한다. 얼마나 우직하고 몰상식한가. 팔아먹을 게 따로 있지 여성을 이토록 상품화해도 된단 말인가. 이는 여성을 사창가에 팔아넘기는 것보다 더 나쁘다. 돈을 위해서는 양심이며 인격이며 모든 걸 다 내팽개쳐도 괜찮다는 풍조가 널리 퍼져 있다. 당장 즐겁기 위해서는 생명도 아깝지 않다고 여긴다. 그러면서 동물적이고 엽기적인 '쾌락' 속으로 몰아넣는다.

로마시대에는 사람과 사람이 서로 싸우다 죽이고, 사자나 호랑이 등 맹수들과 싸우다 잡아먹히게 했다. 이른바 역투사力鬪士들이었다. 그러나 이 모든 일들은 남자가 했다. 미국의 서부 개척사에도 여성은 '떠받들림'의 존재였다. 여자를 함부로 대하거나 행여 겁탈이라도 한다면 그 놈은 평생 손가락질을 받았다. 우리가 흔히 '미국놈, 미국놈' 하지만 그들에게는 '젠틀맨 십'이 있었다. '레이디 퍼스트'의 예절도 여성을 먼저 배려하는 신사紳士정신에서 비롯된 것이다.

여자와 남자는 성징性徵이 다르다. 목소리 외모부터 각각 다르다. 어떤 탤런트가 성전환수술을 하고 나서 인기를 누리고 있지만 그것은 결코 정상이 아니다. 소렌스탐의 골프 실력이 어느 정도인지 나는 잘 모른다. 그러나 남자들과 겨루자고 덤빈 것은 지나쳤다. 그보다 이를 장삿속 이벤트로 만든 사람들은 더 나쁘다. 옛적에도 어느 유명한 여자 테니스 선수가 늙어가는 세계적 남자 선수에게 도전장을 던졌었다. 결국 그네는 깨졌다. 그 뒤에도 더러운 상업주의가 있었다.

여성은 여성들의 영역이 있고 남자는 남자들의 분야가 있다. 여자는 여성스러워야 하고 남자는 사나이다워야 한다. 성性을 구별해 놓은 것은 하늘의 섭리攝理이다. 그러니 이를 어기려는 것은 죄악이다. 여자가 대통령이 되고, 총리가 되고, 장관이 되는 것은 당연하고도 옳은 일이다. 여성이 여러 분야에서 빛을 내며 박수를 받는 것은 얼마나 아름다운가. 음악에서 문학에서 미술에서, 그 밖에 여러 분야에서 뛰어난 재능을 보이는 여성을 자주 본다. 그네들의 뛰어난 재능과 반짝이는 영민英敏이야말로 감탄을 자아낸다.

두뇌나 지혜의 차원에서는 여성이 훨씬 우월하다고 믿는다. 하지만 소렌스탐의 무모한 도전에는 철딱서니 없는 우쭐거림과 이를 깨닫지도 못한 채 끌려다닌 '멍청함'만이 있었지 않았나 싶다.

여성은 힘으로 이기지 않는다. 여성다움으로 승리한다.

왕따 아버지, 매맞는 남편

바야흐로 여성 상위시대이자 여인천하다. 해외에 나가보면 유명 관광지마다 아줌마들이 떼 지어 몰려다닌다. 어느 가이드로부터 들은 얘기다. 10여명의 40대 후반 아줌마들을 안내하면서 그 중 한 아줌마가 고국의 가족에게 거는 전화내용을 우연히 듣게 됐다고 한다. 신호가 가자 첫 마디가 "해피는?"하더니 "언니는 학교 갔니?"에 이어 이런 저런 얘기를 나누다 "알았다." 하고는 전화를 뚝 끊더라는 것이다. 한 번쯤 '아빠' 얘기가 나올 법도 한데 기껏 애완견인 듯싶은 해피 안부와 고 3짜리 딸 애 걱정만 하고 말다니….

직장에서 격무에 시달리며 상사 눈치 보랴, 행여 목이라도 잘릴까 전전긍긍하는 남편이란 존재는 도대체 뭐란 말인가. 선물도 자기 몫이나 아이들 것, 심지어 개 먹이까지 챙기면서도 남편은 뒷전이기 일

쓰란다. 그러니 남권男權은 견권犬權만도 못하지 않은가.

오늘날 한국의 남성은 가장으로서의 권위나 위엄은커녕 천덕꾸러기 취급이나 안 받으면 다행이다. 남편이나 아빠로서의 기능과 입지는 오직'돈 벌어오는 기계'로 전락해 버린 지 오래다. 도무지 말이 먹히지 않고 체통이 서지 않는다. 'X친 막대기요, 다 파먹은 김칫독 신세다. 정리해고다 명예퇴직이다 해서 일자리마저 잃고 만 남편 신세는 더욱 고달프고 처량하기만 하다.

일본에서는 '전후戰後에 질겨진 것이라고는 마누라와 나일론 양말뿐'이라는 농담이 있었다. 요즘에는 '황혼 이혼'이란 유행어가 나도는 모양이다. 남편의 퇴직금이 나올 때까지 죽은 척 참고 있다가 직장을 그만두자마자 이혼소송을 한다는 것이다. 물론 다 그렇지는 않다. 대부분은 남편이 퇴직하는 날 그동안 모아놓은 월급봉투를 모두 내놓으며 무릎을 꿇고 절을 올린다고 한다. 그리고 "지금껏 고생하신 덕분으로 우리 가족이 이렇게 잘 지내왔습니다."라고 인사를 올린다는 것이다. 우리나라도 마찬가지일 것이다.

이혼율 세계 2위라는 불명예스런 통계가 말해주듯 한국 여성의 입김이 드세진 것만은 사실이다. 매 맞는 남편의 하소연이 곳곳에서 들리고, 아내는 물론 자녀들에게까지 왕따 당하는 아버지를 어디에서나 찾아볼 수 있다. TV는 이런 현상을 더욱 부채질한다. TV에 등장하는 아버지는 으레 주책바가지나 철딱서니 없는'껍데기'로 묘사된다. 아이들은 그런 아버지에게 면박을 주거나 심지어 조롱까지 한다. 아내도 남편을 무시하는 언어폭력을 예사로 한다. "당신은 몰라도 돼", "다른 집 남자는…" 등등 못난이 취급에다 사기를 꺾는 언행을 일삼는다. 어떤 '전업 주부主夫'는 아내가 "돈도 못 벌어오니 꼴도 보기 싫다."며 함께 식탁에 앉는 것을 거부하는 바람에 편의점에 가서 혼자 라면으로 끼니를 때운다는 보도도 있었다.

우리도 점차 서양화 돼가는 모양이다. 사위에게 씨암탉 잡아주던 장모는 어디 가고 마누라 못지않게 가장 무서운 존재가 돼 버렸다. 사사건건 간섭하다 못해 부부싸움을 한 다음날이면 직장에까지 나타나 "어떻게 키운 딸인데." 하며 호통을 치기도 한단다. 순종이니 부덕婦德이니 하는 말은 이제 사전에서나 찾아볼 수 있게 됐다. 셰익스피어의 명대사 '약한 자여 그대 이름은 여자니라.'는 당연히 남자로 바꿔야 될 시대에 우리는 살고 있다.

의사와 장의사

도내 한 소아과의원이 하루 평균 2백8명씩 한 해 동안 모두 6만여 명의 환자를 진료했다는 보도가 있었다. 일일평균 진료 환자 수로 전국 8번째이고, 전국 평균 51명보다 4배 이상 높다. 지난 가을 정기국회 자료에 나온 수치다. 하루 8시간 진료를 했다고 가정했을 경우 환자 1인당 진료시간은 3분이 채 못 된다는 계산이 된다. 실제 진료시간은 이보다 더 짧을 수도 있다. 기계나 로봇도 아닌데 실로 살인적인 격무요, 환자 입장에서 보면 이래서야 진료가 제대로 이루어질까 싶어 걱정이 앞선다.

대체로 의사에 대한 일반인들의 시선은 차갑다. 신뢰나 존경보다는 냉소나 반감을 보내는 사람이 많다. 이처럼 비판과 질타가 쏟아지는 이유는 간단하다. 비록 '극소수'이긴 하지만 불법과 비리가 끊이지 않기 때문이다. 그 내용과 수법도 보험금 부당청구, 보험사기, 허위진단서 발급, 과잉진료, 의료사고 등 많고도 다양하다. 많은 사람들을 더욱 분노케 하는 것은 이같은 잘못이 바로 사회적 경제적으로 부귀와 명예를 누리는 상류계층이 분명한 의사에 의해 저질러지는 데 있다. 법이나 윤리 도덕 이전에 인간적인 문제도 지적된다. 의사들의 말 한마디는 물론 눈빛, 표정 하나하나가 환자와 가족에게는 하늘 같은 무게와 권위로 다가온다. 따뜻한 미소나 어깨를 툭툭 쳐주는 격려, 자상한 설명이야말로 복음이자 구원의 메시지일 수 있다. 그런데도 많은 의사들은 자기들끼리만 알아들을 수 있는 용어로 대화하고, 그들만 해독할 수 있는 문자로 진료카드를 작성한다. 어떤 의사의 입은 쇳덩이처럼 무겁고 표정은 목석처럼 차갑게만 느껴진다. '친절 얼마치'를 따로 주문해야 될지도 모를 정도다.

한비자韓非子의 얘기를 들어 보자.

"의사가 남의 상처를 빨고 남의 나쁜 피를 머금는 것은 골육의 정이 있어서가 아니라 이익이 더해지기 때문이다. 관을 짜는 사람이 관을 짜면서 사람들이 일찍 죽기를 바라는 것은 관 짜는 사람이 도적이어서가 아니라. 사람들이 죽지 않으면 관이 팔리지 않기 때문이다."

그의 지적대로라면 관을 짜는 사람이나 병을 고치는 의사나 자신의 이익을 위해 일을 하기는 마찬가지다. 더 심하게 말하자면 의사야말로 병고로 신음하는 사람들의 불행을 딛고 밥벌이를 한다 해도 지나치지 않는다. 관 짜는 사람은 지금의 장의사쯤 되겠다. 오늘날엔 의사를 장의사보다 높이 우러러보지도 않거니와 의사에게 장의사보다 높은 도덕심을 요구하지도 않는다. 그런데도 많은 사람들이 의사는 돈만 안다고 나무란다. 걸핏하면 히포크라테스를 들먹이고, 동의보감의 허준을 내세우며 대가를 바라지 말고 인술을 베풀라고 요구한다. 그러나 이는 말도 안 되는 억지다. 막말로 의사는 땅 파먹고 사는가. 자선사업하려고 십수 년 동안 그 많은 시간과 비용을 들여가며 고생고생 피땀을 흘렸단 말인가. 의사가 돈 벌려 하는 것은 결코 나무랄 일이 아니다.

마찬가지로 돈 벌겠다고 나쁜 짓 하는 의사가 있다면, 돈을 못 벌게 하는 것이 가장 큰 벌이다. 벌금을 내든, 피해자에게 보상을 하든, 보상보험의 보험료를 물리든 돈을 내놓게 해야 한다. 도가 지나치면 반드시 영업정지를 시키거나 의사에게 사형선고나 다름없는 면허취소를 강화해야 마땅하다. 또 돈을 제대로 벌도록 하기 위해서는 의사들에게도 공부를 시켜야 한다. 한 번 면허증을 받으면 평생 우려먹는 게 우리 의료제도다. 운전면허처럼 일정기간마다 면허증을 재발급 받도록 하고 이때 연수교육을 의무화하는 방안도 강구해봄 직하다. 하루가 다르게 새로운 진단 및 치료방법이 나오는 세상에 의사들만 '나 홀로 무풍지대'로 남아 있을 수는 없지 않겠는가.

이쪽은 우는데 저쪽은 웃고

나는 어떤 방송의 아침 프로그램을 즐겨 본다. 그러나 매주 한 번씩 방영放映되는 '사람 찾기' 프로는 비껴간다. 나오는 사람마다 원怨과 한恨에 얽힌 사연들이 그리도 많다. 너무도 못살아 배 안 곯리려 남의 집에 식모로 보내졌다거나, 부모가 헤어지고 외가에 보내져 천덕꾸러기 끝에 집을 나섰다거나….

변변찮은 살림이었지만 어릴 적 우리 집에도 식모가 있었다. 그 누나 이름은 얌순이었다. 얌전하고 순하게 살라는 그네 부모들의 바람이었을 것이다. 부모들끼리의 약조約條에 따라 스무살을 조금 넘겨 시집을 보내 주었다. 두 번째 들어온 식모 이름은 쪼깐이였다. 제대로 못 먹어서인지 눈만 커다란 채 몸매는 앙상했다. 어린 나이에 얼굴에는 검버섯이 일고 부스럼투성이이던 그 소녀의 모습이 지금도 생생하다. 어느 날 그 아이는 부엌에 둔 돼지고기를 날로 잘라먹다가 어머니에게 들켰다. 그 동안 얼마나 허기졌으면… 어머니는 손버릇 나쁜 아이는 안 된다며 제 집으로 보냈다. 나는 어머니가 나빴다고 생각한다. "돼지고기는 날로 먹으면 안 돼."라고 다독거려 주었어야 할 것 아닌가.

방송에는 더욱 기막힌 사연도 많다. 핏덩어리 때 부잣집 문 앞에 버려져 외국에 입양됐다느니, 양부모 만나 잘 자랐으니 친 엄마 한 번 만나 보기만 했으면 좋겠다느니… 입양아들을 이처럼 반듯하고 의젓하게 키워내 아이 소원대로 비싼 여비 들여가며 친부모를 찾게 하는 양부모들의 모습은 감동 그 자체다. 새끼를 버려야 했던 어미의 마음이야 오죽했을까. 그래도 한 가닥 모정母情은 있어서 이름과 생년월일은 남겼다. 이것이 단서가 되어 철이 들자 먼 나라에서 어미를 찾아 날아오는 것이다. 이처럼 핏줄은 무섭다.

가끔씩 꿈에도 못 잊고 그리던 가족들이 상봉하는 장면을 본다. 울다 웃다 끌어안고 볼을 비비다 어떤 이는 쓰러지기까지 한다. "왜 날 안 찾았어!" 하는 원망에 "아냐, 전국을 돌고 돌았어."라는 대답도 울음 속에 섞여 울려 나온다. 그들의 절절한 통곡 속에는 우리의 과거사가 모두 담겨 있다. 80년대 초 이산가족 찾기 방송이 온 나라를 눈물바다로 만들 때 우리는 며칠씩 밤새우며 함께 울다 다음날 아침 빨개진 눈으로 출근하곤 했다.

마찬가지다. 남과 북이 가로막혀 마음껏 오가지도 못하는 우리 신세가 바로 그것이다. 남과 북의 집권층과 기득권자들은 부모와 형제자매의 만남을 무슨 특별한 혜택이라도 베푸는 양 생색을 낸다. 피붙이끼리 그리워하는 인지상정人之常情을 정치의 도구로 삼는다. 한 번에 몇 사람씩, 몇 살 이상, 어느 장소에서 몇 시간씩, 이렇게 홍정을 한다.

햇볕정책이란 두꺼운 외투를 입고 가는 나그네의 옷을 벗기는 것은 세찬 바람이 아니라 따뜻한 햇볕이라는 이솝우화에서 나온 것이다. 이를 두고 야당이나 기득권을 지닌 여러 계층 사람들은 왜 퍼주느냐고 별의별 얘기를 한다. 그러나 사람은 누구나 있으면 주고 싶어지고 이웃도 생각하게 된다. 항차 피붙이에 있어서랴. 모두 그렇지는 않지만 우리도 살 만큼 살게 됐다. 아무래도 그들보다는 우리가 낫다.

TV에서 남북 상봉의 현장을 본다. 사람들은 곤궁할수록 빼기게 마련이다. '야코' 죽기 싫어서이다. 저 쪽 할아버지들이 넥타이에 정장으로 멋을 내거나 할머니들이 화사한 한복 차림으로 나서도 우리는 전혀 부럽지 않다. 허세인 듯싶어 오히려 마음이 짠해진다. 그들이나 우리나 모두들 희끗한 머리에 주름진 60대 후반 아니면 70대 들이다. 6·25가 터진 지 50년이 훨씬 지났으니 그럴 만도 하다. 서로 끌어안고 부둥켜안고 목메어 운다.

마침내 이별의 순간. 북쪽 가족들이 버스에 오르고 남쪽 가족들은 가슴이 찢어진다. 울며불며 매달리는 피붙이들에게 그들은 웃으며 손을 흔든다. '장군님 품'에서 잘 살고 있다는 '신호'일 게다. 우리는 너무 오래 헤어져 있었다. 그나마 적敵으로.

'쫑'과 '메리'와 보신탕

쉰 넘은 사람들은 개를 '독구'라고 부르던 기억이 있을 것이다. 남의 집 개건 우리 집 개건, 수놈이면 그저 '쫑'이요, 암놈이면 '메리'였다. 왜 쫑이며 메리였을까.

파란 눈에다 노란 머리칼에 온통 털투성이인데, 생김새야 그렇다 쳐도 '양코쟁이'들 하는 꼬락서니라니 얼씨구 가관可觀이네. 치와와니 푸들이니 난생 처음 보는 개들을 껴안고 뽀뽀하다가 심지어는 잠자리에 끌고 들어가기까지 하다니…. 이런 꼴불견을 슬그머니 놀려주고 싶은 심사가 생겼을 지도 모른다. 양인洋人들의 이름이 대강 남자면 죤(JOHN)이요 여자면 메리(MARY)이니 어디, 개 이름도 그렇게 한 번 불러보자! 해서 쫑이며 메리란 이름이 생겨났던 게 아닐까. '독구'도 도그(dog)에서 비롯된 듯하다.

개들은 본래 번식력이 강하다. 그래서 잡종도 많다. 흔히 말하는 똥개는 대부분 이러한 잡종개들이다. 병에 강하고 아무것이나 잘 먹는다. 영리하면서도 순하고 사람을 잘 따른다. 우리들은 이놈들과 뒹굴고 지냈다. '학교 갔다 돌아오면 멍멍멍 꼬리치며' 반기던 놈들이 바로 이 토종개들이었다. 그러다보니 사랑스럽고 정 넘치는 이름들도 많았다. 누렁이며 검둥이며 바둑이며 멍멍이며 돌쇠며… 털 빛깔에 따라 황구黃狗며 백구白狗라 부르기도 했고 바람祈願을 담아 복구福狗 또는 덕구德狗라고 불렀다.

'앞잡이'라는 뜻으로 흔히 쓰이는 주구走狗도 주인을 섬기고 모신다는 점에서는 오히려 배울 점이 있지 않을까. 개는 배반하지 않는다. 그래서 인간말종을 두고 개보다 못한 놈이란 말이 나왔음 직하다. 임실任實 오수獒樹의 개에 얽힌 얘기는 많은 사람들이 알고 있다. 술에 취해 곯아떨어진 주인을 불길로부터 구하기 위해 개울로 달려가 몸을 적신 뒤 감싸안았다. 온몸을 던져 몇 번이고 몇 번이고 그러다 개는 죽었고 주인은 살아남았다. 그야말로 의견義犬이요 충견忠犬이다.

개라고 다 개가 아니다. 견犬이 있고 구狗가 있다. 구는 먹지만 견은 먹지 않는다. 구육이니 구탕이니 하지만 견육이니 견탕이니 하는 말은 없다. 이처럼 먹는 구와 키우는 견은 구분돼야 한다. 개를 먹었거나 지금도 먹는 나라는 많다. 프랑스는 1870년 보불 전쟁 때 개고기를 먹느라 파리에 개가 한 마리도 없었다고 한다. 쥐도 없었다고 한다.

나름대로 개 사랑을 누가 말리겠는가. 일 주일에 몇 번 샤워를 해주어야 하는지, 어디에서 맛좋은 깡통을 살 수 있는지, 예방주사는 언제 놓아야 되는지, 유난을 떠는 부류들을 탓할 순 없다. 하지만 애완견 예찬자들은 이 세상에서 가장 나쁜 동물학대자들일지 모른다. 분재盆栽를 생각해보자. 나무나 꽃들을 무자비하게 자르고 비틀어 그걸 '작품'

이라고 우긴다. 개도 마찬가지일 것이다. 털 깎고 별별 장신구 다 붙여서 달리게 하고 박수치며 깔깔댄다. 개들에게 물어보라. 너희들이 진정 행복하냐고. 애완견 사랑이야말로 착각에 빠진 자기만족일지 모른다. 프랑스 파리에서 버려지는 개가 1년에 10만 마리에 이른다고 한다. 미국은 훨씬 더하다고 한다. 애지중지할 때는 언제고 싫증나서 생명체를 버리다니 이보다 더 야만적이고 비인간적인 일이 어디 있겠는가. 그런데도 우리더러 개를 먹으니 야만인이라고? 똥 묻은 개가 겨 묻은 개 나무라는 꼴이다.

'보신탕'식당연합회에서 외국사람들, 그 중에서도 프랑스 사람들을 대상으로 보신탕 먹기 캠페인을 벌였다고 한다. 요리방식도 갖가지여서 웃음이 절로 나온다. 탕과 수육은 물론 샌드위치며 햄버거에 탕수육까지… 이들의 주장도 재미있다. "월드컵을 맞아 그 동안 국제적 논란이 됐던 외국인의 편견을 없애고…."

그러나 이토록 요란을 떨 필요가 있을까. 우리가 맛있어서 먹으면 됐지 쫑과 메리의 나라 사람들에게 길거리에 나서서까지 권할 일은 아니니다. 더구나 공짜로.

덧붙인다. 우리는 결코 쫑과 메리를 먹지 않고 브리지드 바르도 같은 개도 먹지 않는다.

참을 수 없는 추리닝의 편함

운동복을 흔히 추리닝이라 부른다. 어원語源은 트레이닝(training)인 듯하다. 영한英韓사전에는 '훈련, 교련, 연습, 양성'으로 돼 있다. 그래서 운동선수를 훈련시킬 때 트레이닝시킨다 하고 조교나 교련사를 트레이너라 부른다. 추리닝은 일본 사람들이 이를 본따 만든 조어造語가 아닌가 싶다. 일본 사람들은 모방의 천재이다. 일찍이 서구문물을 받아들여 지금 세계 제2의 경제대국이 돼 있다. 모방이 나쁜 것만은 아니다. 그런 점에서 모방은 오히려 창조의 시작일 수 있다.

우리는 그들에 비해 한 발 아니라 여러 발 뒤떨어져 있다. 그들이 추리닝을 입고 뛸 때 우리는 핫바지를 입은 채 뒷짐만 지고 있었다. 그들은 자신의 모자람이나 잘못을 '앗싸리' 받아들인다. 이처럼 '깨끗이' '시원스레' 받아들이는 '곤조'(根性, 성깔)가 있었기에 오늘날 그들이 있는 것이다. 와이사쓰라는 말을 만들어낸 것도 그들이다. 화이트 셔츠(white shirt) 발음이 잘 안 되니까 이렇게 부른 것이다. 넥타이도 그들은 '네꼬따이'라고 부르며 즐겨 맨다. 더욱 재미있는 것은 '죠따이'다. 원래는 보우타이(bow tie)이다. 연예인이나 레스토랑의 웨이터들이 목에다는 것이다. 이를 일본사람들은 '죠'(나비의 일본 말)를 부쳐 '죠따이'라고 한다. 손수건은 '헹카치'라 한다. 행커치프 (handkerchief)를 그들 나름대로 만들어낸 것이다.

보궐선거에서 당선한 어떤 국회의원이 의원선서를 하는 자리에 면바지에 라운드셔츠에다 캐주얼 윗도리를 입고 나타났다 해서 화제가 됐다. "국정을 논의하는 신성한 장소에 그 모양으로 나타나다니!" 고함을 지르고 삿대질을 하던 50여 명의 의원들이 퇴장하고 그는 선서를 못한 채 쫓겨났다. 그의 항변은 대강 이러했다. "국회는 내가 일할 곳이다. 일하기 편한 복장을 하는 게 왜 문제가 되나." 다른 의원들은 이렇게 반박했다. "매스컴에 뜨려고 쇼하는 것 아니냐."

그는 다음날 정장을 하고 나와 선서를 마쳤다. 나는 어느 쪽에도 동조하지 않는다. 신출내기 의원의 '참을 수 없는 가벼움'도 역겹지만 국회 밥 한 술 더 먹었다며 권위를 내세우는 여러 선배 의원들의 모습도 같잖다. 독일의 경우 녹색당 소속 의원들은 예사로 청바지에 티셔츠 바람으로 등원한다고 한다.

사실 편한 게 좋다. 격식이나 법도를 떠나 있는 그대로 살면 얼마나 좋겠는가. 나갈 때 뭔가 찍어 발라야 하고, 나가기 전 넥타이가 바로 매졌는지 거울 한 번 쳐다봐야 하는 번거로움이라니. 추리닝은 마약과 같다. 한 번 입다보면 벗기가 힘들다. 산책 나갈 때는 물론이고 슈퍼에 가거나 동사무소에 주민등록등본 떼러 갈 때도 추리닝 차림이 편하다. 넥타이 맬 일 없으니 앉으나 서나 누우나 깨나 추리닝이다.

하지만 공인公人은 다르다. 국민 앞에 최소한의 예의는 지켜야 한다. '때 빼고 광 낸다.'는 우스갯소리가 있다. 인생에 중요한 일이 있을 때는 목욕하고 머리 깎고 말끔하게 차려입고 나간다. '목욕재계沐浴齋戒'라는 옛말이 이를 깨우쳐 준다. 조상 제사상 앞에 평소 입고 지내던 모습 그대로 나서 절하는 사람은 없다. 되도록 깨끗하고 단정한 모습을 차리려 한다.

편하기로 치면 발가벗고 지내는 것이 으뜸일 것이다. 외국 어떤 곳에는 나체촌이 있다고 한다. 그것도 한두 군데가 아닌 모양이다. 부부간은 그렇다 치더라도 친척이랑 이웃이랑 남녀노소 모두가 그렇게 지내는 것은 좀 '거시기'하다. 독일이나 일본에 있다는 남녀 혼탕도 이야깃거리는 될지언정 마음속 깊은 곳에는 '에이, 쌍것들'하고 혀를 차는 정서가 우리에겐 남아 있다.

우리는 예부터 '동방예의지국東方禮義之國'이라는 예찬을 받아왔다. 일본의 압제 시절에도 뜻있는 분들은 그들의 훈도시(사타구니만 겨우 가리는 일본 사람들의 내의) 문화를 경멸하며 의관衣冠을 제대로 차려 갖추고 자존自尊 자애自愛했었다.

아무리 세상이 달라졌다지만 딸내미 결혼식 때 청바지에 티셔츠 바람으로 안내하는 아버지가 있을까. 예절과 법도는 지켜야 한다.

"못 먹어도 고!"

화투는 일본에서 들어왔다는 게 민속학계의 정설이다. 임진왜란 때라는 주장도 있지만, 19세기 말 대마도의 일본 상인들이 퍼뜨렸다는 설이 유력하다. 민속학자들은 화투의 전래 시기보다는 화투 노름이 일제시대 급속도로 확산됐다는 점에 더욱 주목한다. 나라 잃은 백성의 저항의식을 막기 위해 화투를 보급했으며, '조선의 몸과 정신'을 노름판에서 탕진하도록 한 일제의 의도가 숨어 있다는 것이다. 화투의 뿌리가 일본이라는 것을 말해주는 근거는 일본어식 용어에서도 쉽게 찾을 수 있다. '고도리'는 다섯 마리의 새五鳥란 뜻이고, '구사'는 난초, 흑싸리, 홍싸리의 풀을 뜻하는 '쿠사草'에서 비롯했다. '기리切'도 일본 말이다.

하지만 화투, 그 중에서도 고스톱은 시간과 장소를 가리지 않고 벌어지는 '국민오락'으로 자리잡은 지 오래다. 상가喪家며 회식 자리며, 셋 이상이 모였다 하면 '두드리고 보자.'는 데 이내 의기투합이 된다. 오죽하면 해외여행을 떠난 관광객들이 비행기 기다리는 촌음寸陰을 아껴 판을 벌였겠는가.

고스톱은 시대에 따라 끊임없이 진화해 왔다. 고스톱의 변천사를 살펴보면 한국 현대사가 한눈에 들어온다. 권력자들에 대한 통렬한 풍자도 담겨 있다. 전두환 고스톱을 보자. 싹쓸이를 했을 때 상대로부터 피뿐 아니라, 광이든 청단이든 마음에 드는 아무 패나 빼앗아 올 수 있다. 반대로 최규하 고스톱에서는 싹쓸이를 하면 되레 패를 한 장 상대방에게 빼앗겨야 한다. 마치 탈춤이 양반들의 위선을 비꼬았듯, 민중은 고스톱을 통해 무소불위의 권력이나, 나약하고 무능한 정권을 조롱했던 것이다. IMF가 터지면서는 '조커'가 널리 쓰이기 시작했다. 조커는 2장에서 3장으로까지 늘어났고, 위세도 쌍피로는 모자라 3피까지 확장되기도 했다. 똥과 비를 흔들면 3배까지 쳐주는 판도 생겨났다. 사회가 불안할수록 대박에 대한 기대가 커지는 세태를 반영한 셈이다.

고스톱의 효용에 대해서는 친목 도모, 스트레스 해소 등 찬사가 구구하다. 노인들의 치매 예방에 효과가 크다는 설도 호응을 얻고 있다. 용어도 다양하다. '뻑(설사), 싹쓸이, 쌍피, 광팔기, 피박' 등 용어 하나하나에는 우리네 인생사가 고스란히 담겨 있다. 인생의 축소판이라 할 만하다. 고스톱의 결속력도 칭찬할 만하다. 모처럼 한가족이 모이는 명절에는 내로라하는 자천 타천의 선수들이 나선다. 우선 룰을 정하는 일에서부터 온 집안이 시끌벅적해진다. 고스톱의 규칙이라는 게 지역은 물론 계층과 세대마다 다르고, 가족끼리도 제각각 중구난방이어서 사전 조정은 필수적이다. 선수 주변을 둘러싼 직계존비속의 열떤 응원 속에 판은 무르익어간다. "아버님 똥 먹으세요." "어머님 죽으세요." "에이, 또 쌌어." 큰 점수가 났을 때는 개평도 나누며 화합과 인애가 싹튼다. 판마다 얼마씩 따로 떼어 나들이 때 쓰거나, 부모님께 용돈을 드리는 모습도 흐뭇하다.

이처럼 긍정적인 측면이 많은 고스톱이 자칫 도박으로 변질하거나, 도가 지나치니 문제다. 밥값내기로 시작했다가 장소를 옮겨가며 판이 커지는 경우도 흔하다. '오가는 현찰 속에 싹트는 우정'을 부르짖으며 '못 먹어도 고!'를 외치다보니, 결국은 꼬박 날밤을 새우게 된다. 이게 상습화하여 마침내는 패가망신의 지경에 이르기도 하니 탈이다.

안녕쟁이, 참말쟁이

아이들을 보면 행복해진다. 웃음이 절로 나온다. 뒤뚱뒤뚱 걸음마 배우는 아이들도 예쁘지만 깡총깡총 뛰노는 아이들도 귀엽다. 아이들은 뛰게끔 되어 있는 모양이다. 잠자는 시간 빼고 한시도 잠자코 있지 못한다. 제들끼리 부딪치다 넘어져 울고불고, 그러다 다시 깔깔댄다. 그만큼 티가 없고 꾸밈이 없다. 제대로 말은 못해도 빤히 바라보는 커다란 눈망울에는 사랑과 믿음이 있다. "안녕"하며 손을 흔들어 주면 잠시 바라만 본다. 다시 손을 흔들며 "안녕"하고 눈을 맞추다 마침내 교감交感이 이루어지면 활짝 웃으며 마주 손을 흔든다. 아이를 천사라 부르는 까닭이다.

엘리베이터에서나 놀이터 앞에서 꼬마들을 만날 때마다 "안녕" 하고 손을 쳐든다. "안녕" 하고 대꾸하는 아이들이 그처럼 예쁘고 귀여

울 수 없다. 머리를 쓰다듬거나 볼을 만져주고 헤어질 때는 다시 "안녕!"하고 손을 흔든다. 요즘 꼬마들은 자전거나 보오드 타는 데 선수들이다. 씽씽 달리면서 나를 가리키며 속삭인다. "저 아저씨는 '안녕쟁이'야, 맨날 안녕, 안녕 하거든."

오며가며 주고받는 미소와 인사말 한 마디에 우리는 행복해진다. 그런데도 우리는 인사에 인색하다. 고마우면서도 이를 표시할 줄 모른다. 퉁명스럽게 대꾸하는 것이 오히려 정겹다고 여기기까지 한다. 나이 든 분들에게 '욕 문화'가 남아있는 것도 그 때문이다. 많은 사람들이 자기 아이나 손자에게 예사로 욕을 하며 그걸 사랑의 표현이라고 여긴다. 얼마 전 작고한 박동진 명창도 이름난 욕쟁이였다. 그의 생전 마지막 공연에서는 고수鼓手에게 성행위性行爲를 빗댄 욕지거리를 마구 뱉어댔다. 그런데도 그게 전혀 천하거나 상스럽지 않았다. 오히려 구수하고 정답게 느껴졌다. 욕을 듣는 고수도 연신 싱글벙글댔다.

외국 관광객은 한국 사람들이 왜 항상 화가 나 있는지 모르겠다고 의아해 한다. 맞다. 외국 여행을 나가보면 그들이 한결같이 친절하고 예의바르다는 것을 느낄 수 있다. 처음 만나는 사람에게도 부드럽고 따뜻한 미소와 함께 그들 나름의 인사말을 던진다. 우리는 아직도 처음 만나는 사람에게 "안녕" 하고 미소를 보내면 '맛이 갔다.'는 소리를 듣는다. 무슨 딴뜻黑心이 있는 게 아니냐는 오해도 받는다.

'쟁이'에도 여러 부류가 있다. 거짓말쟁이도 있다, 이랬다저랬다 말을 바꾸는 '정치쟁이'들이 바로 그들이다. 많은 국민들이 우리 형편이 이처럼 어려운 것이 거짓말과 말 바꾸기를 밥 먹듯 하는 정치쟁이들 때문이라 여기고 있다면 지나친 비약일까.

오늘날 우리에게 진정 필요한 쟁이는 '참말쟁이'이다.

웃는 데 돈 드나

웃는 얼굴은 아름답다. 모두를 기쁘게 한다. 친절도 마찬가지다. 베풀수록 넓어지고 가득해진다. 친절한 모습을 보면 절로 마음이 따뜻해진다. 그래서 모두 다 행복해진다. 웃음은 자기에게 돌아온다. 웃을수록 넉넉해진다. 마음의 부자가 된다.

요즘 버스 기사들은 대부분 친절하다. 머리 숙여 맞고 "어서 오세요."라고 인사말을 선사하는 기사도 있다. 그러니 내릴 때는 당연히 "고맙네요." "수고 하시네요." 답례를 보내기 마련이다. 그렇지 않은 기사도 더러 있다. 일흔 넘어 보이는 어느 할머니가 기사 옆 손잡이를 붙들고 어딘지 자기 행선지를 설명하며 내릴 곳을 물었지만 기사는 아무 대꾸도 없이 급정거 급출발을 거듭했다. 쓰러져 다치기라도 하면 어쨌을까. 자신의 어머니나 아버지 혹은 이웃 할머니에게도 이럴

수 있었을까. 누가 그에게서 웃음과 친절을 빼앗아 갔을까.

택시를 타면 기사들과 여러 얘기를 나누게 된다. 사분사분 얘기를 잘 하는 이도 있지만 무뚝뚝하고 무언가 잔뜩 화가 난 듯한 사람들도 있다. 말을 물어도 대답이 없고 마치 싸우겠다는 태도다. 내가 무엇을 잘못했나, 정말 겁이 난다. 곰살갑게 이런저런 얘기를 나누던 택시 기사에게는 몇 푼 남는 거스름돈을 "아, 됐습니다." 하고 내리게 된다.

노인을 배려해서 천천히 서고 내릴 때까지 기다려 주는 버스 운전사가 바로 내 형제이고 우리 이웃이다. 그런 운전자에게는 다시 돌아가 착하다고 어깨를 다독이고 싶다. 나도 모르게 가슴이 훈훈해지고 미소가 떠오른다. 간호사를 보자. 병원에 왜 왔겠는가. 다들 무언가 아픔과 병마에 시달리고 있을 게 아닌가. 이럴 때 환하고 따뜻하게 웃어주면 아프고 힘든 이들에게 얼마나 힘이 되겠는가. 나는 간호사의 웃음이 아픈 이들의 병을 절반 가량은 낫게 해주리라 믿는다.

여러 사람들이 만나는 곳일수록 웃음은 더욱 필요하다. 다시 생각해보자. 엘리베이터를 타고 내리면서 우리는 언제나 남이다. 아니, 경계의 대상으로 보는 것은 아닐까. 바로 위층 아래층에 지내면서도 눈인사 한 번 나누지 않는다. 그러니 그 몇 초 동안의 공간이 얼마나 어색하고 불편한가.

무뚝뚝을 없애자. 웃음과 친절은 공짜이다. 세금 물리지 않는다.

웃자. 바보처럼 보여도 좋다. 고개를 숙이자. 돈 드는 일 아니지 않는가.

힘내라! 대~한민국

그날 새벽은 한마디로 열광 그것이었다. 이천수의 동점골에 이어 안정환의 역전골이 터지는 순간 대한민국에서 폭발한 그 역동의 파괴력은 아마도 지축地軸을 흔들어 놓지 않았을까. 전국의 TV 앞에서 뿐 아니었다. 전국 방방곡곡에서, 아니 세계 곳곳에서 한국 사람이 모일 수 있는 곳이면 어디에서건 그 순간 모두가 부둥켜안고 펄쩍펄쩍 뛰며 하나가 되었다.

"대~한민국!" "대~한민국!" 경천동지驚天動地란 이런 때를 위해 예비됐던 어휘 아니던가. 잘 했다. 참으로 잘 했다. 그러나 이제 시작이다. 최종 목표인 16강까지는 더욱 험한 관문이 도사리고 있다. 더욱 힘차게 보다 정성을 모아 응원을 해야 한다. 응원을 하다 보면 동작의 리듬과 구호의 메시지, 외쳐대는 함성의 위력에 빠져들게 된다. 자신도 모르게 너와 내가 하나 되어 응원하는 사람도 즐겁고 보는 이도 흥겹고 선수들도 힘을 얻게 되는 것이다.

그런데도 우리에게는 아직 변변하게 잘 다듬어지고 세련된 응원 문화가 없다. 아마도 이웃이나 상대방을 격려하고 성원하며 북돋우는 풍토가 덜 발달했던 때문 아닐까. 잘하라고 박수치며 성원을 보내는 데 익숙지 않았다는 뜻도 된다. 요즘 들어 TV의 퀴즈 프로그램이나 노래자랑 등 응원을 보낼 기회가 무척 많아졌다. 그런데도 출연자에게 격려의 말씀을 보내달라고 친지나 가족에게 마이크를 돌리면 거의 조건반사적으로 튀어나오는 것이 '화이팅'이다. 이는 교장 선생님에서 학생까지, 노인에서 아이까지 남녀노소 가릴 것 없이 천편일률千篇一律적이다.

뿌리는 영어인데, 정작 영어를 쓰는 외국인들조차 고개를 갸웃하는 이 콩글리시가 언제부터 어떻게 우리의 응원 용어로 '부동의 자리'를 굳히게 되었는지는 확실치 않다. 그나마 원음이 F로 시작되느니 만큼 굳이 써야겠다면 '파이팅'이 옳지 않겠는가. 이에 대해서는 일본 사람들의 엉터리 영어에서 묻어 들어왔으리라는 설說이 그럴 듯하다. 권투에서 쌍방의 공방이 시시할 때 레프리가 탐색전만 하지 말고 좀더 화끈하게 치고받으라고 "화이또! 화이또!" 독려하면서 쓰였다는 것이다. 이처럼 "싸워라!"를 외치면서 전의를 돋우던 데서 유래하다 보니 주로 권투 같은 격투기에 사용되었음 직하다. 지금도 '한판 붙어라.'는 다소 고약한 뉘앙스를 풍기는 것도 이 때문일 것이다. 아무튼 우리보다 여러 면에서 선진이다 싶은 일본 사람들이 즐겨 사용하는데다, 외국어를 쓰면 어쩐지 한결 돋보이는 듯 우쭐대는 천박한 허영심까지 합세하여 '근본 없는 후레스러운 말'이 안방차지를 하게 된 게 아닌가 짐작해 본다.

그렇다면 무언가 순우리말로 기운을 북돋아 주는 말은 없을까? 재미도 있고 서로 어르며 힘을 북돋을 수 있는 구호를 서둘러 찾아서 가꿔나가야겠다. 우선 '싸우자— 이기자—' 같은 말들도 생각할 수 있겠다. 발음하기도 좋고 선수들에게 더 큰 자극이 된다는 점에서 '아자아자, 앗싸아, 으~싸!'를 추천하는 사람도 있다. 순우리말로 '아리아리'를 제의하기도 한다. 그러나 선수들에게 기운을 차리게 하고 힘을 북돋게 한다는 점에서 '힘내라!' '힘내!'가 어떨까 싶다. 손위 사람에게는 '힘내세요!'하고 바꿔 부를 수도 있을 것이다.

아무튼 제대로 된 응원 구호 하나 갖추지 못하고 있는 것은 문화적으로나 세계 10위권에 들 만큼 잘 살게 됐다는 나라 체면으로 보나 민망하고 부끄러운 일이다.

대통령 씹어대니 후련한가

대선大選, '추임새의 신명'으로
대통령 씹어대니 후련한가
돈 안 쓰는 선거
사과 상자의 전성시대
쓴 소리 가장한 깎아내리기
왜 훈수를 기다리는가
정치인과 정상배, 누굴 찍을까
주사위는 던져졌다
初心을 지키시오
포퓰리즘(populism)

대선大選, '추임새의 신명'으로

정해丁亥년 새해의 가장 큰 관심사는 무엇보다도 12월 19일로 예정된 대통령선거일 것이다. 정국은 이미 오래 전부터 대권고지를 향한 열기로 뜨겁게 달아있고, 대권의 격랑에 휩쓸려 민생을 비롯한 국내외 여러 현안들은 저만치 밀려난 느낌마저 없지 않다. 17대 대선은 2008년 2월 출범하는 새 정권을 탄생시키는 선거요, 2008년이야말로 대한민국 건국 60주년이 되는 뜻 깊은 해다. 새 정치, 새 나라의 신기원을 열어야 한다는 포부와 각오를 새롭게 다지는 까닭이 여기에 있다.

그러니만큼 우려 또한 적지 않다. 이번에도 또다시 지역감정과 지역할거주의, 이합집산과 패거리 정치, 변절과 철새정치인의 출현, 헛된 공약과 돈정치, 불복과 딴소리 등 지난 반세기의 정치 고질병이 되살아나지 않을까 두렵다. 그러한 조짐들은 벌써 곳곳에서 감지된다. 무엇보다 경계해야 할 것은 네거티브 전략이다. 네거티브는 용어 자체의 의미만큼이나 부정적이다. 정치권의 도덕성을 약화시키고 국민들의 후보자에 대한 올바른 선택을 방해한다. 실제로 선거 때만 되면 근거 없는 인신공격이나 폭로가 고개를 든다. 흑색선전과 상대방 인사들에 대한 비방, 고소·고발도 판을 친다. 그러다 보니 서로에게 뿌리 깊은 상처를 주게 마련이고, 선거가 끝난 후에도 앙금이 남는 것이 우리 선거문화다. 당선자가 낙선자를 위로하고 낙선자가 기쁜 마음으로 당선자에게 축하를 보내는 미덕은 찾기 힘들다.

정치판뿐 아니다. 우리는 예나 지금이나 칭찬에 인색하다. 누가 잘 되면 축하하고 같이 기뻐하기보다는 손가락질부터 하고 어떻게든 끌어내리려 든다. 이를 바로잡지 않고서는 우리의 앞날은 어둡다. 지난해 사회 각계각층의 지도층 인사들이 '추임새운동'을 펼치자고 나선 것도 이런 맥락에서였을 것이다. 우리 사회의 갈등과 대립을 해소하기 위해 가정과 학교, 직장과 지역사회에서 남을 치켜세워주고, 배려하는 다양한 방식의 추임새를 생활화하자는 취지였다. 그렇다. 우리 사회의 계층 간, 지역 간, 세대 간, 정파 간 갈등과 반목은 위험수위에 이르렀다. 상대방에 대한 공격과 비난, 집단 이기주의와 타인에 대한 무관심도 심각하다. 지금처럼 사회 곳곳에 추임새가 절실한 적이 없었다 해도 지나치지 않다.

추임새는 노래를 부르는 상대방에게 힘을 실어주고 용기를 주지만, 기실은 동참하는 모두에게 더 큰 기쁨과 행복을 안겨준다. 서로 추어주고 격려하며 하나가 되는 것이 바로 추임새의 매력이자 강점이다. 소리 마디마디에 "얼씨구, 허이, 조오타, 잘한다, 그렇고 말고, 아먼." 등등의 추임새를 넣어주면 소리가 살고 흥이 돋워진다. 추임새 덕에 소리꾼은 생명력 넘치는 소리를 내게 되고 청중과 어우러져 신명나는 한마당 잔치가 벌어진다. 말 그대로 소리꾼과 고수, 청중이 혼연일체가 되는 것이다.

추임새의 이 같은 가능성을 올해 대선에서 재확인할 수는 없을까. 질서와 규율을 지키는 페어플레이를 하면서, 상대방을 북돋우고 이끌어주는 '추임새의 신명'으로 선거를 치를 수는 없을까. 너와 내가 하나 되어 모두가 이기는 축전으로 승화할 수는 없을까.

우리에게는 어느 민족도 갖지 못한 '흥'이라는 무형의 자산이 있다. 같은 일이라도 서로 거들어 주고 격려해가는 신바람 속에 두 배 세 배, 요즘 말로 시너지 효과를 거두는 게 우리의 자랑이며 저력이다. 너나없이 한데 어우러질 때 엄청난 에너지를 만들 수 있다는 것은 2002년과 2006년의 월드컵경기 응원전에서 이미 확인됐다.

대선大選이야말로 온 국민의 화합과 미래로의 도약을 다지는 거국적 대사大事다. 이 같은 국민적 잔치가 행여 갈등과 대립을 부추기고 심지어 서로 간에 반목과 증오까지 부른다면, 이야말로 얼마나 분하고 안타까운가.

(2007. 01. 01)

대통령 씹어대니 후련한가

요즈음 인터넷에 '노무현 댓글 놀이'라는 것이 유행하고 있다고 한다. 각종 게시판에 대통령과 아무 관계가 없는 일에도 "이게 모두 대통령 때문…"이라는 댓글을 붙여댄다는 것이다. 오죽 하면 "어제 밤 길을 가다 넘어져 코가 깨졌다. 노무현 탓이다."라는 글이 뜰까. 빈부귀천, 남녀노소 가리지 않고 '노무현 때리기'로 스트레스를 풀고 있다니, "노무현 때리기가 국민스포츠처럼 되었다."는 대통령 측근의 개탄이 실감난다.

맞다. 언제부터인가 대통령은 '동네북' 신세가 돼버렸다. 너나없이 두드려댄다. 그 중에서도 가장 신이 난 쪽은 일부 언론과 지식인들이다. 그들의 글에는 야유와 조롱이 넘쳐난다. 까닭모를 적의와 저주까지 느껴진다. 경쟁이라도 하듯 두들겨 패고 '씹어대기'에 열중한다.

그들의 면면을 살펴보면 군화가 짓밟던 시절 '위대한 영도자'를 외쳤던 곡학아세의 나팔수들이다. 언론마다 대통령이 해외에 나가서 실언을 했다고 대서특필을 하지만 정작 교민들은 박수를 치며 공감을 한다. 연설 녹취록 어디에도 문제될 만한 구석이 없다. 그런데도 일부 언론이 그토록 펄펄 뛰니 미운털이 박혀도 단단히 박혔지 싶다. 북한의 핵실험 보도만 해도 그렇다. 핵실험을 한 '김정일'보다 핵실험을 막지 못한 '노무현'이 더 밉다는 식의 논리다.

정치인들은 한 술 더 뜬다. 제1야당의 대변인은 해외순방에 나서는 대통령에게 "되도록 오래 머무시라고 권하고 싶다."는 논평을 냈다. '노 대통령의 부재는 모처럼 나라가 조용해질 기회'라는 '독설'을 덧붙여서다. 해외에 나간 대통령더러 '오래 머무르라'니, 유고有故라도 바라는 심보인가. 그는 대통령이라면 대학은 나와야 한다는 요지의 발언을 해서 학력이 낮은 많은 사람들의 가슴에 못을 박기도 했다. 그런 그가 지금은 집권의 문턱에 다가서고 있는 거대 야당의 최고위원이다.

명색이 교수 출신인 어떤 국회의원은 대통령이 정신분석을 받고 있다는 허무맹랑한 주장을 내놓기도 했다. 더욱 원색적인 발언도 있었다. 군부대 방문에 나선 대선주자가 "노 대통령은 거의 송장, 시체가 다 돼 있는데 비판해서 뭐 하느냐."고 했다. 아무리 '표'도 좋지만 군 장병들 있는 자리에서 군 통수권자를 그렇게 비하해도 되는가.

누구건 한 번 밉게 보이면 사사건건 트집거리만 눈에 띄게 마련이다. 며느리가 미우면 발뒤꿈치도 밉다지 않는가. 노 대통령이 못마땅해서 견디지 못하는 사람들은 왜 그럴까. 씹고 또 씹고서도 분이 풀리지 않아 씩씩대는 이유는 뭘까. 아마도 인간 노무현을 대통령으로 인정할 수가 없기 때문 아닐까. 우리 사회에는 주류 계층이 엄존한다. 나름대로의 자리를 구축해온 이들 기득권층으로서는 노무현이라는 '깡촌놈'을 도저히 대통령으로 받아들일 수가 없을 터이다. 상고출신에다 '마누라' 집안도 별 볼 일 없고, 정치적 기반도 없이 난데없이 굴러들어온 사람이 대통령이라니, 도저히 참고 견딜 수가 없는 것이다.

옛적 우리들 집안에는 '어른'이 계셨다. 굳이 학식이 뛰어나거나 인품이 훌륭해서가 아니라 그저 집안어른이기에 받들고 섬겼다. 어쩌다 주책을 부리거나, 연로해서 판단이 흐리더라도 이를 탓하거나 밖에 내비치지 않았다. 동네방네 어른 흉을 보거나 까발리고 다니는 집이나 자식들은 '망쪼든 집구석' 아니면 '싹수 노란 것들'로 치부되었다.

나라도 마찬가지다. 대통령이 나라를 대표하는 국가수반일진데, 그를 중심으로 오순도순 화합해 나가는 나라가 제대로 된 나라요, '될성부른' 나라다. 비판을 하지 말자는 얘기가 아니다. 군사독재의 권위주의로 돌아가자는 건 더더욱 아니다. 대통령을 대통령으로 어른 대접을 해 주면서도 국정은 국정대로 꾸려나갈 수 있는 길이 얼마든지 있다.

대통령의 지지율이 10%대를 오락가락하더니 이제는 한 자릿수까지 떨어졌다고 한다. 누가 뭐라고 해도 이 같은 사태의 책임은 전적으로 노 대통령 본인에게 있다. 그러나 지지율이 바닥인 대통령의 불행은 대한민국의 불행이자 전 국민의 불행이다. 대통령을 씹어서 달라진 게 무엇인가. 막혔던 가슴이 후련해졌는가. 당장은 그럴지도 모른다. 그러나 모든 욕설이 그렇듯 그 덤터기는 결국 제 얼굴로 쏟아진다.

돈 안 쓰는 선거

"여러 직업을 가진 사람들이 강물에 빠졌다. 제일 먼저 건져야하는 사람은?"

정답은 '정치인'이다. 왜냐고? 고개를 갸우뚱하던 사람들도 설명을 들으면 깔깔대며 수긍할 것이다. "강물 오염 될까봐…."

맞다. 정치인 하면 가장 먼저 떠오르는 느낌은 부정과 비리다. 술수 협잡 거짓말도 빼놓을 수 없다. 그래선지 정치판 하면 으레 이전투구나 난장판을 떠올린다. 그러나 모를 게 사람의 일이다. 정치에 초연한 것 같던 사람이 어느 날 갑자기 나 아니면 내 나라 내 이웃이 당장 어찌 되기라도 할 듯 애국심으로 똘똘 뭉친 '일꾼'으로 변신한다. 그런가 하면 자기 전문 직종에서 잘 나가던 사람이 열화와 같은 주위의 권고를 뿌리칠 수 없어 고난의 십자가를 지기로 '고심 끝 결단'을 내렸

노라며 희생과 사명감의 화신으로 등장한다. 권력욕이나 명예욕은 아마도 본능처럼 타고나는 것인가 보다. 못이기는 척 나섰다가도 어느 틈에 눈에 불을 켜고 온갖 불법이며 타락선거에 팔 걷어붙이고 나서는 부류들의 출세욕 내지는 과시욕을 무엇으로 설명할 수 있단 말인가.

선거판에 잘못 발을 디뎠다가 쪽박차고 패가망신한 사람들을 심심찮게 보게 된다. 불과 몇 년 전 선거 때만 해도 '선거호황'이란 경제용어가 공공연하게 통용되었다. 돈 봉투에다 먹고 마시고 관광 여행 떠나고, 선거가 치러지는 때를 전후하여 온 나라가 흥청망청 잔치판으로 들썩거렸다. 어떤 지역에서는 강아지조차 만 원짜리를 물고 다녔다지 않는가. '특수'를 노려 단재미를 보는 '선거꾼'들도 있었다. 문중門中 표가 얼마라고 호언하는 씨족 대표, 부락 표를 몰아주겠다는 자칭 유지, 동창회며 각종 친목회 대표들이야말로 상전 중의 상전일 수밖에 없었다. "표 몇십 장 음식점에 모아놓았으니 인사하고 가라."는 연락에 단숨에 달려가서 감지덕지 굽실대며 술값 밥값 내고 나오지 않을 장사가 어디 있겠는가. 관광여행도 팀을 짜서 불러만 달라고 목을 맬 지경이었으니 방방곡곡이 그야말로 '니나노판'이었다 해도 과언이 아니다.

그런 점에서 유권자들도 금품이나 향응을 제공받을 경우 그 액수의 50배에 해당하는 과태료를 내도록 선거법을 강화한 것은 무척 잘한 일이다. 일부에서는 선거에 대한 관심이 떨어진다는 우려도 있는 모양이지만 이야말로 기우杞憂요, 구더기 무서워 장 못 담근다는 식 억지에 불과하다. 선거기간 중 동창회나 향우회 친목회를 금지시킨 것도 백번 잘한 일이다. 지난 주말은 계절의 여왕 5월의 가운데 토막이자 가정의 달 중 피크였다. 녹음은 짙푸르고 날씨도 화창했다. 그런데도 유원지는 평소나 다름없이 평온하고 차분했다. 다른 때 선거철의 이

맘때라면 어땠을까. 이제 선거풍토 하나만은 세계 어디 내놓아도 당당하겠구나 싶은 자부심이 절로 일었다. 요식업소들도 한산했다. 어떤 곳은 파리를 날린다는 표현이 어울릴 듯했다. 이게 정상이다. 선거 때 반짝경기를 기대했을 일부 상인들이야 실망이 컸겠지만 거품이 꺼진 뒤의 허망함은 더욱 길고 깊지 않던가.

정치인이 오염되었다고 탓하기 전에 우리 유권자는 어떤지부터 생각해봐야 한다. 왜 그런 사람들을 뽑았나 돌이켜봐야 한다. 정치인이라고 하늘에서 뚝 떨어졌거나 땅에서 불쑥 솟은 별종別種이 아니다. 바로 우리 이웃이다. 무조건 정치인을 혐오하거나 폄하하는 건 결국 하늘에 대고 침 뱉기나 다름없다.

정치인만 더럽냐? 유권자도 더럽더라. 이런 자조自嘲 섞인 푸념일랑 이제 우리 정치풍토에 자리잡을 수 없도록 하자. 누가 당선되느냐, 어느 정당이 승리하느냐를 떠나 이번 선거를 선거혁명, 정치혁명의 기회로 삼아야 하는 까닭이다.

사과 상자의 전성시대

우리 주변에는 오로지 현금만을 고집하는 인사들이 있다. 정치판을 좌지우지하는 실세들이나 고위 공무원 등 떵떵거리며 '힘을 쓰는' 부류가 그들이다. 간편하고도 안전한 카드나 수표를 마다하고 굳이 현금만을 선호하는 까닭은 무엇일까. 두말할 것도 없이 자금 추적을 피하기 위해서이다. 아무리 교묘하게 돈 세탁을 해봐도 '구린 돈'의 정체는 마침내 들통이 나고 만다. 믿을 것이라고는 오직 현금뿐이다.

돈을 받은 인사들의 대응은 대체로 판에 박은 듯 똑같다. 우선 부인부터 하고 본다. "그런 사람을 만난 적도 없고 알지도 못한다."며 펄쩍 뛰다가 꼬리를 잡히면 슬그머니 물러선다. "친구의 소개로 차를 한 잔 했을 뿐이다." "돈은 받지 않았다. 하늘에 한 점 부끄럼 없다."고 버틴다. 그러다 증거를 들이대면 마침내 "정치자금으로 받았다. 대가성은 없었다."고 오리발을 내민다.

2~3억 원씩 담긴 사과 상자가 컴컴한 지하주차장에서 전달되는 과정이 TV에 재연再演되고, 대통령의 문턱에까지 갔다가 좌절을 맛보았던 제1야당의 전 총재가 대국민 사과를 했다. 사법적 책임까지 지겠다는 내용이다. TV는 계속해서 당사의 사무실에 쌓여진 돈더미의 규모를 그림으로 보여주었다. 느닷없이 사과상자가 매스컴을 타는 모습을 보면서 실없고 객쩍은 생각을 해 보았다. "사과 상자야, 너는 팔자 좋아 우리 같은 졸때기들은 평생 가야 만져도 못 볼 거금巨金을 품에 안았구나. 네 가문의 영광이로다!"

500~600kg 무게의 현금을 실은 승용차가 잘 굴러가는지를 실험하는 사상초유의 현장검증 모습은 실로 가관이다. 현대로부터 비자금 200억 원을 받은 혐의로 구속 기소된 권노갑 전 민주당 고문의 공판과정에서 벌어진 해프닝이다. 기네스북에서 승용차에 얼마나 많은 사람이 탈 수 있는지 겨루는 모습은 봤어도 돈을 얼마나 많이 싣고 정상주행을 하는지 볼 수 없었던 우리로서는 나라 돌아가는 꼴에 울화가 치밀다가도 어이없어 웃을 일이요, 한편으로는 자다가도 일어나 땅을 칠 일이다. 역설적으로 말하자면 그렇지 않아도 삶에 지치고 맥이 빠져 살맛이 나지 않던 판에 사과상자를 소품小品으로 등장시켜 기막힌 코미디를 연출해준 한나라당 관계자들과 권노갑 전 의원 등 정치꾼 제위諸位에게 감사를 드려야 할 판이다.

기업인들도 할 말이 많은 듯하다, "돈 주고 뺨 맞았다."느니, "대가성은 없었다."느니 "집권할 경우 표적 사정을 할 수 있다는 식으로 나와 안 줄 수 없었다."느니 여러 구실과 핑계가 나온다. 그러나 이러한 여러 변명과 주장은 사리에 맞지 않는다. '공짜 점심은 없다.'는 속언俗諺은 정치와 경제 판에 있어서는 정설定說로 되어 있다. 기업들이 '보험금'을 내는 까닭이다.

우리나라의 기업들은 참 용하다. 여기 저기 그렇게 뜯기고도 살아남는다. 경영 능력이 뛰어나서가 아니다. 외국 같으면 진즉 거꾸러졌을 만큼 기업구조가 왜곡돼있고 비정상적인데도 이윤을 내며 버젓하게 재벌로 군림하는 까닭은 뭘까. 근로자와 소비자에게 돌아갈 몫이 정계나 관계, 그 밖에 힘 있는 곳으로 빠져나가는 대가로 얻어지는 유착癒着덕분이다.

개혁의 대상인 세력들이 개혁을 하겠다고 나서는 것은 생선을 먹어치운 고양이들이 다시 생선가게를 지키겠다는 것과 같다. 검은 돈 구린 돈을 주고받으며 대한민국을 주물럭거려온 정계와 재계의 정상배들은 성실하고 정직한 국민 모두를 '부패공화국'의 수치스럽고 불명예스러운 구성원으로 전락시키는 씻을 수 없는 죄과를 저질렀다.

쓴 소리 가장한 깎아내리기

언론의 기회주의적 행태를 말할 때 고전처럼 인용되는 일화가 있다. 엘바 섬에 유배된 나폴레옹이 유배지를 탈출해 파리로 진격하는 동안 〈모니퇴르〉라는 신문의 1면 제목은 시시각각으로 바뀐다. '악마, 유배지를 탈출', '코르시카의 늑대, 칸에 상륙', '맹호 가프에 나타나' 등으로 시작된 제목은 '전제 황제, 리용에 진입', '보나파르트, 북으로 진격 중' 등으로 바뀌더니 이어 '나폴레옹, 내일 파리로', '황제, 퐁텐블로 궁에', '만세! 황제 폐하, 튈릴리 궁에 도착하신다.' 등이다.

기자 출신인 리영희 교수가 저서 ≪새는 좌우의 날개로 난다≫에서 꼬집어낸 언론인의 '영원히 변할 줄 모르는 기회주의 속성'을 들여다보자. "우리나라의 신문은 역대 정권과의 관계와 존재 양식에서 '무법'적인 강한 정권에겐 한없이 약하고 총칼을 차지 않은 문치성文治性 정부에는 폭력적으로 포악했다. 같은 하나의 정권에게도 양면적으로 대응했다. 그 권력집단이 눈을 부라리면 언론(인)은 두 손 비비면서 정권 찬송가를 노래했다. 칭송 대상의 신세가 기울기 시작하면 비방과 매도를 일삼았다…. 박정희와 전두환을 세종대왕급으로 신격화한 언론인들 중에서 자기반성의 글을 썼다는 말을 들어 본 일이 없고, 부끄러워서 사표를 내고 신문사를 떠났다는 말은 더더구나 들어 본 일이 없다."

태극기와 함께 나란히 걸린 대통령 사진이 신적인 존재이던 시절이 있었다. 대통령이 외국에 나갈라치면 연도를 가득 메운 학생과 시민들의 태극기 물결로 장도에 오르는 각하와 영부인 내외를 환송하는 일이 당연지사이던 때가 엊그제다. 신군부와 문민정부를 지나 탈권위주의 시대를 맞이한 지금 우리는 대통령을 욕하고 안주거리로 씹고 화풀이 대상으로 삼고 있다. 개그의 소재가 되는가 하면 얄궂은 비유법으로 깔아뭉갠다. 인터넷에 들어가 보라. 입에 담을 수조차 없을 정도로 상스러운 욕지거리들이 난무한다.

요즘 글줄이나 쓰는 이들에게는 대통령을 '깎아내리지' 않으면 글을 못 쓰는 것 같은 풍토가 조성되어 있는 듯하다. 너나없이 경쟁적으로 쏟아내는 '대통령 조지기'의 목소리를 듣다보면 '쓴소리苦言'를 가장한 왜곡과 비방이라는 느낌을 지울 수 없다. 비방에 가까운 비판을 가장 많이 당한 정치가는 아마 '링컨'일 것이다. 그는 제대로 학교교육도 받지 못한 시골뜨기 출신의 변호사였다. 벼락출세(?)를 한 '링컨'을 워싱턴 정가의 기득권에서 곱게 볼 리가 없다. 조롱에 가까운 비방은 예사였다고 한다.

그러나 나는 일부 지성인과 언론인이 "대통령 때리기를 지나 대통령 조롱하기, 모욕하기, 침 뱉기를 하고 있다."는 유시민 의원의 주장에 동의한다. 그리고 이러한 '대통령 조롱하기'가 마치 '국민적인 정신스포츠'처럼 되어가는 현상을 우려한다. 아울러 일부 곡학아세曲學阿世 부류들이 자신들의 도덕적 우월, 지적 만족을 위해 자행하는 가학증加虐症이 위험수위를 넘어섰다고 생각한다. 실제로 일부 언론은 무소불위의 독재요, 성역이 된 지 오래고 언필칭 '언론귀족'들은 기자가 '기회주의자'의 준말이라는 우스개를 전혀 부끄러워하지 않은 채 시류에 영합하고 있다.

그들이 대통령을 마치 동네북처럼 두들겨 패고 욕을 해대는 이유는 무엇일까. 답은 간단하다. 그를 대통령으로 인정하기가 싫은 것이다. 아부와 숭배의 대상으로 삼았던 억압과 권위주의적 통치자와는 너무나도 거리가 멀기 때문이다. 어느 것 하나 성에 차지 않고 사사건건 물고 늘어질 거리만 눈에 띄게 되는 것이다.

그러나 선거 때 노무현 후보를 찍었건 아니건, 인간 노무현을 좋아하건 말건 정치인 노무현은 엄연한 대한민국 대통령이다. 민주시민의 자질은 그만두고라도 최소한 국가의 일원으로서 국익 차원에서라도 정부와 대통령은 존중되어야 한다. 그토록 권위주의에 지긋지긋해 했고, 이를 타파하기 위해 피를 뿌리며 투쟁했으며, 권위주의가 얼마나 사회를 멍들게 하는가를 뼈저리게 보고 배웠던 우리가 지금은 탈권위의 소중함을 잊은 채 이를 헌신짝 차버리듯 홀대하고 있으니 실로 혹심한 아이러니다.

밑도 끝도 없이 대통령을 욕해도 되는 세상, 대통령을 X친 막대기만큼도 취급 안 해도 되는 세상. 아무튼 세상 참 많이 좋아졌다. 아니 실은 세상 참 나빠졌다. 나빠져도 싸가지 없게 나빠졌다.

왜 훈수를 기다리는가

장기나 바둑판에는 으레 훈수꾼이 나타나게 마련이다. 혀를 차거나 핀잔을 해대는 정도는 약과다. 답답증을 참다못해 드러내놓고 나서기도 한다. 이쯤 되면 정작 두는 사람은 곁다리가 되고, 판은 이내 동네 장기, 아니면 동네 바둑이 되고 만다. 훈수꾼으로서야 객관적인 입장에서 상황을 바라보고 판단하는 이점이 있다. 이해득실에 직접 관련된 당사자가 미처 보지 못하는 수를 읽어낼 수 있기 때문이다. 남이 깨닫지 못한 '꾀꼬리 같은' 수를 일깨워주는 득의만만의 쾌감도 빼놓을 수 없을 터이다. 귀뺨을 맞아가면서도 훈수를 한다는 말이 나올 법 하다. 훈수를 두는 것은 제 장기, 또는 제 바둑이 아니기 때문이다. 져도 그만이요, 훈수꾼으로선 밑질 게 하나도 없는 장사인 것이다. 이런 무책임성이 아무렇게나 훈수를 두게 만든다. 비단 기박뿐 아니다. 세상사 모두가 그렇다. 나라 일도 그렇고 특히 정치가 그렇다.

최근 들어 김대중 전 대통령의 행보가 정치권에 '비상한' 파장을 불러일으키고 있다. DJ의 일거수일투족이 세인의 관심을 끄는 것은 그만큼 그의 영향력이 크다는 반증이다. 언론은 그의 발언 하나하나를 대서특필하며 의미를 부여한다. 이를테면 손학규 전 경기지사가 DJ를 찾아 자신의 방북 결과를 설명하고 대북문제에 대한 조언을 듣자 여기에 냉큼 '훈수정치'란 이름을 붙여줬다. 정동영 전 열린우리당 의장과 이러저러한 정치인들이 잇달아 동교동을 찾았다. 훈수를 자청한 것이다.

범여권 대선주자들이 'DJ 면담에 목을 매다시피 구애'를 하는 이유는 무엇일까. 왜 그의 발언이 여야를 막론하고 촉각을 곤두세우게끔 무게를 가지는 것일까. 하기야 전직 대통령을 찾는 것은 비단 범여권 정치인들만은 아니다. 정초만 되면 정도의 차이야 있지만 무슨 동洞, 무슨 동 하는 전 대통령의 사저가 문전성시門前成市라는 보도가 나온다. 그뿐 아니다. 정치적으로 어떤 결단이나 변신을 할라치면 으레 국립묘지나 현충사를 참배한 뒤 전 대통령을 방문하는 게 상례常例처럼 돼 있다. 한나라당의 어떤 정치인이 대선 경선 의사를 밝힌 뒤 연희동의 전두환 전 대통령에게 넙죽 큰절을 올린 게 대표적인 사례다. 눈총(?)을 받건 말건 정치적인 이득이 있다고 판단했음 직하다. 대통령에 나오겠다는 홍준표 의원도 얼마 전 상도동의 김영삼 전 대통령을 찾았다. 이 자리에서 YS는 DJ를 겨냥해 "발악을 하고 있어." 라고 특유의 독설을 날렸다. 그는 또 "정권이 바뀌면 죽는 줄 알고 있다. 그런다고 되나, 이미 정해져 있는데? 불쌍한 사람이야."라고 말했다고도 전한다.

은퇴를 했다고는 하지만 한때 우리 정치를 요리했던 인사들의 행보는 알게 모르게 영향력을 행사한다. 지난 3월 있었던 이명박 전 서울시장의 출판기념회를 보자. 외교사절 등 각계 인사와 지지자 등 2만여 명이 참석해 대선출정식을 방불케 했다고 한다. 이 자리에 참석해 나란히 입장한 YS의 제스처는 어찌 해석해야 할까. 이회창 전 한나라당 대통령 후보도 잊을 만하면 언론에 나와 "좌파정권 종식" 등 이런저런 의견을 개진한다. 언젠가는 강재섭 한나라당 대표가 김종필 전 자민련 총재와 만나 썩 비싼 술까지 마셔가며 얘기를 나눴다. 이 자리에서 JP는 한나라당에 대한 지지 의사를 표명하기도 했다. 그렇다고 어느 언론에서도 문제 삼지를 않았다.

범여권의 여러 입지자立志者들이 모두 그럴듯하게 외쳐대지만 그저 고만고만한 도토리 키 재기일 뿐이다. 그러다 보니 현장에서 떨어져 있는 DJ의 목소리가 크게 들릴 수밖에 없다. 어찌해야 할까. 누군가의 말마따나 공업용 미싱으로 둘둘 박아서 그의 입을 봉해야 할까. 아니면 전두환 식으로 가택연금을 시키거나 아예 집어넣어서 원천봉쇄를 할까. 묘수妙手가 백출百出이겠지만 어느 것도 정답은 아니다. 대권을 넘보려거든 모름지기 자기 나름의 엄청난 독공篤工과 독공獨功이 쌓여야 한다. 훈수나 기다리다가는 아무 일도 못한다.

정치인과 정상배, 누굴 찍을까

바야흐로 선거의 계절이다. 대형 건물마다 벽을 온통 뒤덮은 후보자들의 대형사진이 활짝 웃으며 우리 곁에 다가온다. 와이셔츠 차림으로 주먹을 불끈 쥐며 자신만이 해낼 수 있다고 외쳐댄다. 신문이며 방송에는 출사표가 넘쳐난다. 풀뿌리민주주의라더니 자치가 과연 좋기는 하구나 실감하는 때가 바로 지금이다. 학력이며 경력이며 신언서판이며, 평소라면 쳐다보기만도 황송할 '나리'들이 '상머슴'을 하겠다고 나서니 절로 살맛이 난다. 만날 '찬밥' 신세다가 모처럼 '상전' 노릇 한 번 해볼까 에헴! 하고 목에 힘을 주며 누굴 찍을까 살피는 재미도 솔찬하다.

그건 그렇고, 웬 공약은 그리 많고도 거창한가. 이것도 해주고 저것도 이루어내겠단다. 손오공의 여의봉을 가졌거나 만병통치약의 제조

법이라도 익혔단 말인가. 자유당 시절에는 '다리 군수'도 있었다. 하기야 길 내주고 다리 놓아주는 일만큼 두고두고 생색나고 이름 남길 공약사업도 없으렷다. 더러는 떡고물도 떨어질 터이다. 헛공약 중 단골 메뉴는 단연 선심성 공약이다. 중앙에 올라가 '누구누구'를 만나 "반드시 성사시키고야 말겠다."고 장담을 한다. 알고 보니 정부가 이미 확정한 정책사업인데도 자신의 공약으로 포장한 것이다. 경제적 타당성도 고려하지 않은 채 내세우는 각종 민간자본 유치, 기업 유치와 일자리를 창출, 지역이기주의를 조장하는 공약들, 각종 대회 유치 약속들도 빼놓을 수 없는 공약空約들이다. 모두가 안 먹어도 배가 부르고, 가슴 설레는 장밋빛 일색이다.

한나라당 경기지사 후보 희망자인 김문수 의원은 경부고속도로 위에 '2층 도로'를 만들겠다는 공약을 내세웠다가 보류했다. 소요 기간, 공사로 인한 교통 체증 등의 문제를 간과했다는 지적 때문이었다. 그야말로 기상천외하고 믿거나 말거나 식이다. 강원도의 어느 당이 내놓은 공약은 재롱스럽다 못해 오죽 다급했으면 싶어 애처롭기조차 하다. "관용차는 노인과 장애우에게 주고 시장·군수는 택시를 타겠다." "자치단체장 관사를 어린이 집으로, 의회 건물은 주민복지센터로 활용하겠다."

정치인에도 품격이 있다. 이익과 상관없이 자신의 소신을 관철해가는 정치가(statesman)가 있는가 하면, 이익에 따라 소신을 바꾸는 정상배(politician)도 있다. "정치가는 다음 시대를 생각하고 정상배는 다음 선거를 생각한다."고 말한 사람은 JF 클라크이다. 정치인이 하는 일은 백성을 편안하고 잘살게 하는 일이고, 정상배가 하는 일은 권력을 이용하여 사사로운 이권을 챙기는 일이란 점을 생각게 하는 명언이다.

정상배를 정치꾼이라고도 부른다. 정치꾼은 허명虛名을 탐하고 사술에 집착하는 데 비해, 정치가는 대의와 명분을 중시하고 원칙과 상식에 충실한다. 역대선거에서 보았듯 우리 투표참여율은 부끄러울 정도로 낮은 수준이다. 특히 젊은이들의 기권이 심하다. 정치에 대한 무관심과 냉소, 불신 때문이다. 이러한 분위기에 기대어 정상배나 정치꾼들이 당선된다면 아마추어 정치, 부패와 비리의 심화로 이어질 수밖에 없다. 더욱이 유급제가 도입되면서 당선에 눈이 멀어 지키지 못할 선심성 공약을 남발하는 정치꾼들이 기승을 부릴 게 불을 보듯 뻔하다. 선거에서 당선되는 능력과 정책수행 능력은 전혀 별개의 문제다. 수단 방법 가리지 않고 당선만 되고 보자는 '불량 후보'가 발붙이지 못하도록 막아야 하는 까닭이다.

정치인들 모두 도둑놈이라고, 찍을 놈 하나도 없다고 대놓고 떠들며 투표 안 하는 것이 무슨 자랑이나 되는 듯 여기는 지식인들. 그들의 유치하고 못난 처신이 정치꾼들의 발호와 준동을 불러온다는 사실을 깨달아야 한다. 누굴 찍을 것인가. 아차, 잘못 찍은 손목대기 뒤늦게 탓해봐야 떠나버린 버스요, '죽은 자식 XX 만지기'다.

(2006. 04. 09)

주사위는 던져졌다

주사위가 세인의 입에 오르내리게 된 것은 아무래도 율리우스 카이사르가 B.C. 49년 루비콘 강을 건너면서 남긴 '명대사' 때문일 것이다. "주사위는 던져졌다."

갈리아 사령관의 임기를 끝내고 로마로 귀환하는 카이사르의 심경은 착잡 바로 그것이었을 것이다. 그는 정적 폼페이우스가 귀족원과 손을 잡고 타도 계획을 세우고 있다는 것을 꿰뚫고 있었다. 갈리아와 로마의 경계를 이루는 강, 루비콘을 건너는 로마의 장군은 모두 무기를 버리도록 되어 있었다. 이를 어기는 것은 로마에 대한 반역을 의미했다. 그렇다고 무장해제의 상태로 호구虎口에 들어갈 수도 없는 일 아닌가. 이때의 상황을 소설가 '시오노 나나미'는 그의 명저 ≪로마인 이야기≫에서 다음과 같이 묘사한다.

'루비콘 강가에 이른 카이사르는 잠시 말없이 강가에 서 있었다. 그를 따르는 제13군단 병사들도 말없이 총사령관의 등을 바라보았다. 드디어 뒤를 돌아본 카이사르는 가까이 있는 참모들에게 말했다. '이미 엎질러진 물이다. 이 강을 건너면 인간세계가 비참해지고, 건너지 않으면 내가 파멸한다.' 그리고 나서 곧 자신을 쳐다보는 병사들을 향해 망설임을 떨치려는 듯, '나아가자, 신들이 기다리는 곳으로, 우리의 명예를 더럽힌 적敵이 기다리는 곳으로. 주사위는 던져졌다!' 여기에 병사들은 우렁찬 함성으로 답했다. 그리고 앞장서서 말을 달리는 카이사르를 따라, 한덩어리가 되어 루비콘 강을 건넜다. 그리고 그는 로마의 통치자가 되었다. 기원전 49년 1월 12일 카이사르가 50세 6개월 되던 날 아침이었다.'

이와는 다른 시각도 있다. 카이사르는 그런 말은 한 적도 없거니와, 그런 말을 했다 하더라도 이미 결정은 내려졌다는 뜻으로 말하지는 않았다는 것이다. 역사가이자 영웅전 작가인 플루타르코스는 이렇게 적고 있다.

'카이사르가 루비콘 강에 다다르자, 의심이 그를 엄습했다. 그는 대열을 정지시키고 오랫동안 깊은 생각에 잠겼으며, 자신의 결정에 대해 침묵한 채 좋은 면과 나쁜 면을 신중히 여러 번 검토하였다. 그는 부하들 중의 친구들과 오랜 시간 논의를 하였으며, 이 강을 건넘으로써 인류에게 어떤 불행이 초래될 것인지, 그리고 그들이 후세에 어떤 평가를 받게될지 고민하였다. 다침내 그는 다가올 것에 대한 끓어오르는 열정으로 의심을 떨쳐버리고 불확실한 운명에 몸을 내맡긴 대담한 계획을 감행하기 위해 부하들에게 그리스어로 말했다. 이는 그리스 시인 메난드로스에 의해 지어진 시의 한 구절이었다. 그것이 훗날 '결정이 내려지다.'라는 의미의 '주사위는 던져졌다.'로 오역

된 것이다. 결정이 내려진 만큼 같은 말을 다시 한 번 강조한다는 것은 아마도 카이사르에게 불필요한 것으로 여겨졌을지 모른다. 따라서 이 말은 '이제부터 이 일은 내 손에서 떠났다. 모든 것은 운명에 맡긴다.'는 표현으로 이해해야 옳을 것이다.'

루비콘을 눈앞에 둔 카이사르의 심경이 어땠을지는 이처럼 보는 이에 따라 시각이 다를 수 있다. 다만 한 가지 분명한 것은 그가 결심에 앞서 장고를 거듭했으며, 그의 결단은 역사를 뒤바꿨다는 점이다. 선거가 막판에 이르자 여야를 막론하고 정책이나 공약은 안중에 없다. 자극적이고 감성적인 이벤트나 읍소작전이 판을 친다. 어떻게든 심금을 울려 유권자들의 눈과 귀를 현혹시켜 보겠다는 안간힘이겠지만, 유권자들 눈에는 그게 모두 시답지 않고 차라리 측은해보이기까지 하니 문제다. 부동층이 급증하고 있다는 보도가 이를 반증하고 있지 않은가. 그럴수록 되새겨보자. 5월 31일의 선택에 의해 앞으로 4년 동안 우리의 삶이 결정된다.

5월과 6월을 가르는 경계에 서서 이제는 '결단'을 내려야 한다. 그동안 우리는 심사에 숙고를 거듭해왔다. 그래도 결심이 서지 않았다면 다시 한 번 후보들의 공약과 사람 됨됨이를 꼼꼼히 챙기고 따져볼 일이다. 그리고는 도시락 싸들고 산으로 들로 내빼기 전에 투표소로 먼저 '진군'할 일이다. "주사위는 던져졌다."를 외치며….

初心을 지키시오

17대 총선에서 국민들은 참으로 절묘한 선택을 했습니다. 여당인 열린우리당에 과반수 이상의 의석을 주어 책임정치를 구현하도록 했고 야당인 한나라당에는 개헌저지선이 넘는 의석으로 여당의 독주를 견제하도록 했습니다. 진보 정당인 민주노동당의 약진과 정치 신인 및 여성의 대거 진출도 괄목할 만합니다.

이제 승자도 패자도 없습니다. 모두가 모두를 보듬고 다독거리는 정치, 오순도순 더불어 하는 정치가 필요합니다. 작년 여름 뉴질랜드에 갔을 때 무척 부끄러운 얘기를 들었습니다. 한때 이 나라 방송 와이셔츠 광고에 한국 국회의원들이 와이셔츠 바람으로 멱살잡이를 하는 모습을 20초 동안 보여주면서 내보낸 카피가 '잡아당겨도 찢어지지 않는 와이셔츠'였다고 합니다. 얼마나 낯뜨거운 일입니까. 이제

분열과 대립과 갈등을 접고 화합과 타협과 대화의 길로 나아가야 합니다.

이번 총선에서 전북은 11개 선거구에서 모두 열린우리당 후보를 찍어 또다시 싹쓸이 현상을 보였습니다. 전북의 투표현상은 참으로 특이하고도 기이합니다. 13대에서 17대에 이르기까지 무려 5대 20년에 이르도록 정당 이름만 달랐지 문자 그대로 항구여일하게 일편단심으로 특정정당에 몰표를 몰아주었습니다. 지금 그 결과가 어떠합니까. 지역발전은 언제나 전국 최하위권에 머물러 있고 국회부의장까지 되도록 키워준 인물은 이렇다 말도 없이 도망가듯 경기도로 선거구를 옮기지 않았습니까. 전북 사람들은 결국 짝사랑하듯 일방적으로 표를 몰아주고서도 제대로 대접도 받지 못하고 이용만 당한 꼴이 되었다 해도 할 말이 없게 되었습니다. 그래서 전북 출신 17대 국회의원 당선자들에게 거는 기대는 보다 크고 절실합니다.

물론 국회의원은 국가와 국민 전체를 위해서 일해야 한다는 논리에도 동의합니다. 그러나 부모 없는 자식이 없듯이 선거구나 고향 없는 국회의원도 생각할 수 없습니다. 그런 점에서 전북 의원들이 한 달에 한 번씩이라도 현안 해결을 위해 머리를 맞대는 모임을 정례화하도록 주문합니다. 전에도 이런 모임이 없었던 것은 아니지만 처음에 몇 번 만나다가 흐지부지되고 말았던 점에 비추어 이번에야말로 몰표를 던져준 도민들의 기대와 여망이 헛되지 않도록 힘과 뜻을 모아야 할 것입니다. 전북에 현안이 쌓여 있다는 것은 당선자 여러분들이 보다 더 확실하고 상세하게 파악하고 있을 것입니다. 자기 선거구와 직접 관계가 없는 사안이라도 전북의 일이라면 함께 힘을 모으는 것이 당연하고도 옳은 일이겠지요.

뒷간 갈 때 마음 다르고 나올 때 마음 다르다는 말이 있습니다. 급하니까 발을 종종거리며 들어갔다가 일을 마치고 나서는 언제 그랬냐는 듯 돌아서는 게 사람의 마음입니다. 마찬가지로 선거 때면 자기가 머슴 중에 상머슴이요, 진정한 심부름꾼이라고 외쳐대더니 막상 당선되고 나서는 모두 자기가 잘나서라는 듯 고개를 싹 돌리는 사람들을 지난 날 숱하게 보아 왔습니다. 그래서 유권자는 선거 때만 주인이라는 말이 나올 법합니다. 물론 국회의원은 학식이나 인품, 능력이나 자질 등 어느 면에 있어서나 일반 국민들보다는 훌륭하고 어디가 달라도 다를 게 분명합니다. 그래서 국회의원을 선량이라 부르고 국회의원은 하다못해 논두렁 정기라도 타고나야 한다고들 말하는 거겠죠.

여기서 우리는 9표 차로 극적인 승리를 안게 된 충남의 어떤 당선자를 생각해 봅니다. 그는 개표가 진행되는 동안 천당과 지옥을 몇 번씩 오가는 느낌이었다며 한 표의 소중함을 뼈저리게 느꼈다고 말했습니다. 우리는 모든 당선자들이 이 말의 의미를 깊이 되새기고 임기가 끝나는 날까지 변치 않고 간직하라고 권합니다. 과거처럼 국민 위에 군림하려 들거나 부정과 비리를 일삼는 국해의원國害議員은 곤란합니다.

부탁하건대 머슴이나 심부름꾼은 그만두고 변치 않는 친구만이라도 되어 주십시오, 한 표를 위해 재래시장을 돌며 아줌마들 손을 잡고 물가를 걱정하던 때, 경로당에 들러 큰절을 올리며 건강 장수를 축원하던 때, 장애우들과 더불어 활짝 웃던 때, 그때의 초심初心을 잊어서는 안 됩니다.

포퓰리즘(populism)

포퓰리즘은 민중주의라고 번역되기도 하지만 대중영합주의, 또는 인기영합주의라는 뜻으로 흔히 쓰인다. 포퓰리즘 하면 1950년대 세계경제 7위였던 아르헨티나가 귀중하고 훌륭한 반면교사다. 포퓰리즘의 본질은 정치적 편의주의와 기회주의이다. 그 배경에는 포퓰리즘에 열광하는 일반대중이 있다. 아르헨티나 국민들은 합리적인 개혁보다는 즉각적인 실리를 원했다. 페론을 비롯한 정치 지도자들은 이에 편승하여 개혁이라는 명분으로 선심성 물량공세를 퍼부었다. 저소득계층의 임금을 올려주고 복지혜택을 늘리는 각종 정책이 봇물처럼 쏟아져 나왔다. 중산층의 요구도 외면할 수 없었다. 정치인들로부터 기업인, 노동자들에 이르기까지 눈앞의 이익에만 급급했을 뿐 나라살림은 안중에도 없었다. 무책임하고 기회주의적이며, 누구 입맛에나 맞는 정책의 결과 잠깐은 인기가 하늘 높이 치솟았다. 그러나 지나친 분배위주의 정책은 막대한 재정적자를 초래하고 실질임금의 저하를 가져왔다. 뒤이어 찾아온 것은 엄청난 인플레이션과 저성장의 악순환이었다.

누이 좋고 매부 좋은 가장 손쉬운 정책이야 나라 곳간을 퍼내는 것 아닌가. 포퓰리즘은 당장 달콤한 곶감을 빼먹고 보자는 조급한 마음속에 자리를 잡는다. 그럴 듯한 사탕발림으로 유권자들의 의식을 잠시 마비시키고 그 틈을 타 정치적 야망을 달성하려는 것이다.

정치인들은 포퓰리즘 정책을 선택해서라도 선거에서 이기고픈 유혹에 빠질 수밖에 없다. 당장 효과가 나타나기 때문이다. 부작용이야 한참 뒤에 나타날 것이니까, 다음 사람의 몫으로 미루고 나 몰라라 하면 된다.

포퓰리즘이 정치인의 탓만은 아니다. 기업들이 소비자가 원하는 상품을 공급하듯이 정치인들이 포퓰리즘적 정책을 내세우는 것도 유권자들이 선호하기 때문이다. 그러다 보니 장기적으로 국민들에게 이로운 정책은 선거 과정에서 외면 당하기 마련이다.

선택은 전적으로 유권자들의 몫이다. 대부분의 선거에서 유권자들은 무지하고도 몽매한 선택을 되풀이하곤 한다. 뒤늦게 잘못 판단이었다며 가슴을 치지만 이미 때는 늦다. 그런데도 정치인들은 잠시 눈가림이나 그럴싸한 빈말로 유권자들을 쉽게 속일 수 있으리라 굳게 믿는다. 유권자들이 분별없고 어리석다고 여기기 때문이다.

드라마 없이는 못살아

영어의 기승, 한글의 비명
한맹漢盲을 어찌할까
'자연산' 얼굴이 참 얼굴
너나없이 발가벗으면
드라마 없이는 못살아
맹목적 국수주의의 덫
사투리의 '표준화'
새해 복 많이 지으세요
새봄, 꽃처럼 활짝 웃읍시다

영어의 기승, 한글의 비명

한국인에게 있어 영어는 출세와 영달의 통로였고, 신분상승의 지름길이었다. 일생을 바쳐 풀어야 할 영원한 숙제라 해도 지나치지 않았다. 실제로 영어는 대학입시에서부터 취직, 승진에 이르기까지 인생의 고비마다 따라다니며 우열을 가르고, 성패의 잣대가 된다. 그래서일까. 영어정복에 목숨을 걸다시피 한 여러 일화들이 회자된다. 영어사전을 한 장씩 외운 뒤 씹어 삼켰다는 '괴담'에서부터, 영어학습서를 몇 번씩 떼어 달달 외울 정도였다는 무용담(?)에 이르기까지 끝도 없다.

최근 들어서는 이처럼 '고전적'인 학습법은 명함도 내밀 수가 없게 됐다. 엄마 뱃속에 있을 때부터 영어 동요 테이프로 태교를 받는다. 걸음마를 시작하면서 영어 비디오테이프로 기초를 다지는 것은 그야말로 '기본'이다. 재력이 되는 층에서는 원정출산이니 조기유학에 열을 올린다. 미국·캐나다 등으로 유학 보낼 형편이 못 되면 말레이시아·인도·필리핀 연수라도 시켜야 만족한다. 이런 분위기 속에서 "해외에 가지 않고도 어학연수 효과를 내준다."며 각 지방자치단체가 '영어체험마을'을 만들고 나섰다. 특히 지난 5·31 지방선거 과정에서 표를 의식해 너나없이 공약을 내걸었기에 외국어마을 조성 붐은 앞으로도 더욱 확산될 것 같다. 충분한 검토도 없이 경쟁적으로 뛰어들고 있으니, 효과는 그만두고라도 중복투자에 따른 예산낭비 등 부작용이 따를 것은 보나마나다.

서울에 생긴다는 어떤 영어마을을 보도한 신문의 제목은 자못 충격적이다. "영어로 생활하고, 영어로 꿈꾸고."이다. 꿈까지 영어로 꾼다? 이러한 환경 속에서 배우고 자란 아이는 어느 나라 사람이 될까. 그래도 이건 약과다. 발음을 원어민처럼 유창하게 하기 위해 멀쩡한 아이의 혀 수술까지 시킨다지 않는가! 이쯤 되면 영어 열기나 극성이 아니라 광기狂氣라 할 만하다.

한국에서 근무하는 어떤 일본 직장인의 지적은 의미심장하다. 그는 대학생들이 취직을 위해 휴학 후 영어연수를 하거나, 직장인이 새벽에 영어학원 가는 걸 의아해 한다. 일본에선 영어가 꼭 필요한 기업이나 부서가 아니면 영어성적을 요구하지 않는다는 것이다. 그런데도 일본의 세계적 경쟁력은 막강하다.

교육부는 10년 전 초등학교 3학년부터 실시하던 영어교육을 앞으로는 1, 2학년에도 확대한다는 계획 아래 시범 실시학교 50곳을 발표했다. 그러나 이에 대해서는 계층 간 격차를 심화할 것이라는 반론이 만만치 않다. 효과 없는 주 한 시간 영어교육은 사교육 의존도를 높일 뿐이라는 것이다. 더 이상 온 국민을 영어에 주눅들게 하지 말고, 필요에 따라 집중교육을 해야 한다는 주장이 설득력을 얻는 이유다. 그렇지 않아도 2004년 자료에 따르면 우리 국민의 국어 실력은 100점 만점에 30점도 안 되었다.

한글의 우수성과 편리성은 이미 세계적으로 인정을 받고 있다. 유네스코가 세계문화유산으로 지정한 유일한 글자라는 점만 봐도 알 수 있다. 우리만 그 진가를 깨닫지 못하고 있을 뿐이다. 컴퓨터 시대를 맞아 한글의 미래지향성은 더욱 두드러지고 있다. 그런데도 인터넷에 들어가 보면 한글이 얼마나 상처받고 망가져 있는지 참으로 민망하고 참담하다. 비명과 절규가 그대로 들리는 듯하다.

한글 반포 560돌을 맞는 올해부터는 한글날이 다시 국경일로 승격되었다. 공휴일에서 빠져 기념일로 격하된 지 16년 만이다. 이는 그동안 우리말과 글을 얼마나 푸대접하고 천대했는가를 단적으로 말해주는 반증이다. 뒤늦게나마 다시금 한글의 좌표와 위상을 재점검하여 가꾸고 빛내는 데 힘과 뜻을 모으자는 다짐이기도 하다. 세계화와 국제화도 중요하지만, 자기 것도 제대로 지키고 이어가지 못한다면 종속화 예속화를 거쳐 마침내는 소멸로 이어질 수밖에 없다. 이는 역사의 분명하고 엄중한 가르침이다.

한맹漢盲을 어찌할까

요즘 컴맹이란 말을 자주 듣는다. 컴퓨터의 '컴'에다 '눈멀 맹盲'이 합성된 조어造語이다. 지금은 거의 사라졌지만 예전에는 우리 주변에도 문맹文盲이 적지 않았다. 글을 읽지 못하는 까막눈을 일컫는 말이었다. 이처럼 눈目이 망亡해서 눈이 멀거나 어둡다는 뜻을 지닌 맹盲에다 밤 야夜를 알고 있다면 밤 눈이 어둡다는 뜻의 야맹夜盲은 저절로 익혀진다. 마찬가지로 '주견이나 원칙이 없이 맹목적盲目的으로, 옳고 그름을 가림없이 덮어놓고 맹신盲信하거나 또 그러한 주장을 맹종盲從한다면 그야말로 맹점盲點이 아닐 수 없다.' 이처럼 맹盲자 하나를 알면 여러 단어를 자연스레 깨우칠 수 있게 된다.

요즘 30~40대 젊은이나 대학생을 비롯한 학생들은 과연 얼마만큼 한자漢字를 깨우쳐 읽고 쓸 수 있을까. 유감스럽게도 한맹漢盲 수준이라고 해야 할 것 같다. 대학까지 나온 젊은이가 기본적이고도 상식적인 한자어를 쓰기는커녕 읽지도 못하고, 자기가 사는 고장은 물론 부모의 이름조차 제대로 쓰지 못하는 중·고등학교생들도 꽤 있다고 한다.

어느 젊은 컴퓨터 전공 교수가 결혼을 하고나서 보낸 인사장에 공사다망公私多忙이 공사다망工事多忘으로, 행복한 가정家庭이 가정家政으로 적혀 있더라는 웃지 못할 사례도 들린다. 또 어떤 젊은이가 웃어른의 회갑잔치 집에 가서 "명복을 빕니다."라고 인사를 올렸다는 얘기는 우리 국어교육의 현실을 있는 그대로 보여준다. 이야말로 맹목적인 한글 전용시책이 주범이라고 하면 지나친 비약일까.

얼마전 민관식閔寬植 씨 등 전직 교육부장관 13명이 초등학교에서 한자교육을 실시할 것을 촉구했다. 이에 대해 한글학회는 시대에 역행하는 움직임이라며 반대하고 나섰다. 한글 전용이 정착돼 일상 생활에 큰 불편이 없는데도 굳이 초등학교부터 한자교육을 실시하자는 주장은 시대흐름에 역행하는 것이라는 지적이었다.

그러나 다시 생각해 보자. 한글전용이 시작된 지 50년 남짓된 지금 아직도 한자음을 한글로 쓰는 상황을 크게 벗어나지 못하고 있는데, 한자어를 음音만 한글로 쓴다고 한글전용인가. 우리가 접하는 많은 학문서적들, 예를 들어 철학 예술 과학 의학 법학 등의 책은 한자어가 대부분이며 한자를 같이 써주지 않으면 해득解得이 어렵게 되어 있다. 따라서 한자교육은 일정 기간 유지되어야 하며 시기도 이를수록 좋다고 본다.

사대주의라 비판하지만 한자사용에 비하여 영어사용이 차라리 사대주의일 수 있다. 한자는 어려우니까 배우면 안 된다지만 영어는 어디 쉬워서 배우는가? 한국말을 사용하는 사람이라면 기본적인 한자는 깨우쳐야 한다. 그리고 기본적인 한자 능력은 영어단어를 밤새워 외우는 노력의 10분의 1만 있으면 충분히 얻을 수 있다.

한자병용이 정부의 말처럼 한글의 올바른 이해를 위한 보조수단으로 사용된다면 그렇게 쌍심지를 켜고 반대할 필요는 없다. 중요한 것은 올바른 우리말 사용이며, 정확한 의사소통이다. 우리 낱말의 70% 이상이 한자어라는 현실도 외면할 수 없다. 한자어는 외국어가 아니고 국어이다. 초등학교에서부터 고등학교에 이르는 모든 교과서에서 한자를 없애고 모든 한자어의 발음만을 한글로 표기토록 한 결과가 오늘날 '한맹'의 양산量産으로 이어진 것은 아닐까.

나라의 백년지계百年之計, 아니 천년지계千年之計인 국어정책을 잘못 운용하다 자칫 한맹漢盲뿐 아니라 한맹韓盲까지 대량 배출해내는 결과를 초래하지 않을지 적이 우려된다.

'자연산' 얼굴이 참 얼굴

외모가 강력한 경쟁력이라는 의식이 보편화되고 있다. 그러다 보니 얼굴보다는 실력과 마음 가꾸기에 더욱 관심을 갖고 힘쓰라는 충고는 이제 '흘러간 옛 노래'일 뿐이다. 요즘 젊은이들에겐 능력도 중요하지만 남에게 호감을 주는 외모도 필수라는 인식이 깔려 있다. 취직시험에 낙방하지 않기 위해 얼굴과 몸을 뜯어고친다. 못 생긴 아이들은 친구들로부터 '왕따'를 당하지 않기 위해 기꺼이 얼굴을 고칠 수 있고 가능하면 고쳐야 한다고 말한다.

'성형중독증'이라는 말이 있다. 외모가 멀쩡한데도 사소한 결함에 집착해서 자꾸만 얼굴을 뜯어고치지 않으면 견디지 못하는 증상이다. 일종의 정신질환에 속한다. 정신과 전문의들은 한국 사람들이 키나 몸매, 성기 크기 등에 지나치게 집착하는 경향이 있다고 지적한다.

본질보다 외형을 중시하는 사회 분위기 탓이다. 성형을 마치 쇼핑하듯이 이번에는 이것 해볼까, 다음에는 저것 해볼까 하는 사람은 역시 금방 싫증을 내고 불만을 느끼기 마련이라는 것이다. 의사들은 그런 환자에게는 성형보다 정신과 치료를 권한다.

세계적인 가수 마이클 잭슨은 코 수술을 7차례나 받은 것으로 알려졌다. 그는 심각한 성형수술의 부작용에 시달리고 있다. 잭슨의 예에서 드러났듯 코를 무리하게 높이면 코끝의 피부가 얇아지고 심하면 피부가 괴사한다고 의사들은 경고한다.

성형을 하는 부위도 다양하게 늘어났다. 요즘엔 얼굴 윤곽과 체형관리 등 총체적인 '디자인'을 하는 경우도 있다고 한다. 돈도 무척 많이 드는 모양이다. 수술의 부작용은 더욱 큰 문제이다. 무자격자가 병원을 운영하거나 간호사가 수술을 하는 범죄행위들이 적발되고 수술 부작용으로 자살을 한 사례들이 가끔씩 보도돼 충격을 준다.

우리 사회에 만연한 '루키즘'(외모지상주의)은 여성들의 신데렐라 콤플렉스를 부추기는 요인으로 지적된다. 결혼할 때 남자들이 가장 먼저 챙기는 덕목은 집안과 재산이며 다음으로 외모에 큰 점수를 주고 있다는 것이다. 여성의 몸무게와 신체 사이즈 등을 따지며 성격 나쁜 건 참아도 못생긴 것은 절대 용서 못하겠다니, 요즘 젊은 남성들의 신부감에 대한 선호 감각을 알 수 있다.

부모들에게도 책임이 많다. 딸의 행복을 위해 얼굴에 '칼'을 대게 하고, 아파트며 자동차 등 열쇠를 몇 개씩 챙겨 보내는 부모가 많다고 들린다. 여성 스스로도 남자의 후광後光에 의지한 채 미모를 팔아 부와 지위를 사려는 허영은 벗어던져야 한다. 그리고 스스로 자신을 세울 수 있는 자아自我를 가꿔나가야 한다. 예쁜 얼굴을 자산으로 여기고 남편 기대어 살아가는 것보다는 자신의 힘으로 일구어 가는 삶이 훨씬 보람되고 알차지 않을까.

남자의 경우도 마찬가지이다. 작고作故한 이주일 씨가 "못생겨서 죄송합니다."라는 유행어를 만들어 인기를 얻었었다. 과연 누가 그를 미남이라고 여겨 좋아했겠는가. 오히려 못생긴 얼굴에 어리숙한 말씨가 더욱 서민들의 박수를 받지 않았던가. 조영남을 보자. 그의 빈대코에 칼을 대 코가 높아진다고 인기가 더욱 솟을 것인가. 아니다. 이주일은 이주일대로, 조영남은 조영남대로, 다 생긴 그대로 살아갔고 살아간다. 바로 트레이드마크다. 그래서 그들은 우리들의 스타가 된다. 4각 턱 박경림이 인기를 누리는 비결이 뭘까. 그가 만일 4각 턱을 깎고 여느 연예인들처럼 예뻐 보이려고 처신했었다면 오늘날의 그는 없었을 것이다.

우리는 옛부터 신체발부身體髮膚는 부모로부터 받은 것이니 이를 훼손치 않음이 효도의 근본이라고 배워왔다. '자연산 얼굴' 이 '참 얼굴' 이다. 뜯어고친 얼굴은 제 얼굴이 아니다. 그 얼굴에서는 참된 아름다움이 우러나지 않는다. 맑고 따뜻한 마음씨도 읽어지지 않는다.

너나없이 발가벗으면

TV에 나오는 연예인들은 어떻게 하면 조금이라도 더 노출을 할까 궁리하는 듯하다. 방송 윤리규정에 걸리지만 않는다면 무엇이라도 벗어던지겠다는 자세다. 소매 없이 겨드랑이를 드러내는 옷은 예사가 되었고 허리를 굽히면 가슴이 그대로 나타난다. 배꼽을 드러내고 시청자들 앞에서 까불까불댄다. 클래식 음악을 한다는 여성 연주자들은 등과 가슴까지 다 드러내고 무대에 나선다. 얼마 전에는 국악 프로그램에 나온 여자조차 소매 없는 블라우스 차림으로 가야금 연주를 하는 모습을 보았다. 앞으로는 국악인들도 핫팬츠에 염색한 노랑머리를 하고 나와 판소리나 민요 가락을 불러대지 않을까 두렵다. 이에 질세라, 요즘 젊은 여성들은 너나없이 배꼽티를 입고 길거리에 나서고, 나이든 아줌마들도 거침없이 소매 없는 옷을 입는다. 이른바 민소매

(일본말로 소데나시)이다. 자기들은 멋지다고 생각할지 모르지만 버스나 지하철에서 손잡이를 잡고 서 있는 여인네의 겨드랑털은 민망하고도 역겹다.

TV에 등장하는 아가씨들의 치마도 올라갈 대로 올라갔다. 뒤에서 춤추는 아가씨들의 수위水位는 위험스럽다. 프로듀서들을 비롯한 방송 관계자들은 시청률 때문에 어쩔 수 없다고 말할지 모른다. 벗겨야 본다는 것이다. 그러나 그건 자기조작自己造作일 수 있다. 시청자들을 그렇게 길들여 놓고 그들이 좋아하니까 그들 취향에 따라 할 수밖에 없다는 핑계에 불과하다.

캉캉이나 발레가 무엇인가. 여성을 벗겨놓고 흘깃거리자는 저들 나름의 저급低級문화 아닌가. 캉캉을 보자. 다리를 번쩍번쩍 들어 올리면서 팬티를 보여준다. 한두 명도 아니다. 여럿이 어깨동무를 한 채 신이 난 척 웃어댄다. 로씨니의 '천국과 지옥' 서곡序曲중 마지막 대목이 이를 부추긴다. 발레도 그렇다. 여자를 벗기려니 별별 궁리를 다했다. 백조에 빗대 날씬한 다리와 잘록한 허리, 왕관을 쓴 발레리나를 창조해냈다. 그네들도 화려한 조명 속에 내의內衣 깊숙한 곳까지 보여주며 예술이라는 이름으로 호사가好事家들에게 봉사한다.

인간에게는 보여줄 것이 있는가 하면 보여줄 수 없고 보여주어서는 안 되는 곳이 있다. 바로 치부恥部이다. 여기에는 신체적 부위도 있지만 정신적으로 남에게 감추고 싶은 부분도 있을 것이다. 일본에는 '헤아누드'라는 독특한 사진 장르가 있다. 대개 10대 후반이나 20대 초반의 젊은 여자아이들을 발가벗겨 찍은 사진을 일컫는 말이다. 머리카락과 음모陰毛를 뜻하는 영어 헤어(hair)에서 나왔음 직하다. 모델들은 국부局部만 가리고 별의별 포즈를 취한다. 포르노와 헤어누드의 다른 점이 있다면 바로 국부를 가린다는 점이다.

어떤 스포츠 신문에서 '노 공사'라는 용어를 보고 한참 갸우뚱거렸다. '공사'가 발가벗은 채 에로틱한 영화를 찍을 때 성기만을 가리는 용어라는 것을 알고 깜짝 놀랐다. 아무래도 일본에서 흘러들어온 말이 아닌가 싶다. 더욱 놀라운 것은 어떤 여자 배우가 공사工事를 하지 않은 채 촬영을 하겠다고 나서 화제가 되었다는 것이다. 우리가 왜 여기까지 왔나. 인기도 좋고 돈도 좋지만 가릴 곳은 가려야 한다. 그래야 사람다운 사람이다. 흔히 젊은 사람들이 넘어서는 안 될 선을 넘었다고 한다. 가장 소중하게 지켜야 할 순결의 벽을 스스로 무너뜨렸다는 뜻이겠다. 누구 말마따나 막 가서는 안 된다.

정치판도 그렇다. 국민들로서는 팬티를 벗으라고 채근하는 야당도 답답하지만 들여다볼 것 다 들여다 본 마당에 팬티까지 벗을 수는 없다고 버티는 여당이나 청와대 쪽도 갑갑하기는 마찬가지이다. 여도 야도 발가벗어야 한다. 이른바 투명성이다. 하지만 가릴 곳은 가려야 한다. 너만 벗으라 하지 말고 나 먼저 벗어야 한다.

이제 산으로 바다로 나가 더위를 쫓을 피서의 계절이다. 짜증과 무더위를 몰아내야 한다. 그렇다고 아무데서나 마구 벗어던져서는 안 된다.

드라마 없이는 못살아

한국은 '드라마공화국'이라고 해도 지나치지 않다. 아침부터 저녁까지 이른바 황금시간대에 TV를 켜면 기다렸다는 듯 드라마가 튀어나온다. 현재 정규방송에만 20개가 넘는 드라마들이 편성돼 있다. 그뿐인가. 재방송이다, 앙코르 방송이다, 위성방송까지 합하면 가히 드라마 홍수시대라 할 만하다. 이들 드라마의 주요 시청자는 한두 프로그램을 제외하고는 모두 여성이라는 것이 주요 리서치 기관들의 발표다. 여성들의 드라마 시청 패턴도 흥미롭다. 하루에 2시간~5시간씩이나 TV에 매달리는 여성이 무려 70%나 된다는 얘기다. 드라마 없이는 못산다는 어느 주부의 고백을 들어보자.

"새벽 3시까지 드라마보고 자도 꼭 아침 7시 50분에 알람을 맞춰놔요. 아침드라마 놓치면 안 되니까."

이쯤 되면 중독이다. 중독까지는 아니더라도 정도의 차이는 있지만 많은 여성들이 드라마에 빠져 있는 건 분명하다. 인기 드라마의 경우, 두셋만 모여도 극의 흐름을 모르면 '왕따' 신세이고, 극의 전개에 대해 일가견을 펴야만 행세하는 모양이다.

드라마에도 유행이 있는 것 같다. 경제적 격차나 출신의 한계가 심한 청춘남녀의 지고지순한 사랑이나 고부 간의 갈등, 3대가 사는 대가족 내의 애환 등은 고전에 속한다. 재벌 아들과 신데렐라 얘기도 신물이 날 만큼 우려먹었다. 출생의 비밀을 둘러싼 드라마가 인기를 끌다보니 엄마가 아이를 버리는 게 유행인 적도 있었다. 엄마들은 천륜을 어겼는데도 큰돈을 벌거나 부잣집 마나님, 또는 상류층 부인이 돼 나타난다. 아무리 현실이 아닌 드라마이지만 황당하다. 애정행각은 한술 더 뜬다. 있어서는 안 될 불륜과 심지어는 패륜까지 등장한다.

세상의 모든 갈등을 다 모아다, 갖은 방법으로 비틀고 꼬아 어찌하면 보다 선정적이고 자극적일까 두뇌를 쥐어짜는 형국이다. 온갖 억측과 우연이 이어지다보니 갈 데까지 갔다는 느낌이 들기도 한다. 유부녀가 애인을 두는 정도의 불륜은 비난대상도 아니고, 시트콤에선 며느리가 시어머니 뺨을 때리는 데까지 '진화'했다.

TV 드라마는 주부들만 보는 게 아닌 모양이다. 얼마 전엔 국회 대정부질문에서 한명숙 총리에게 "TV드라마 '주몽'에 나오는 아무개 아느냐?"고 질의한 한나라당 이한구 의원이 한 논객으로부터 원색적인 비난을 받기도 했다. 총리가 TV 드라마 볼 틈이 어디 있느냐는 비판이었다. 역시 한나라당의 김용갑 의원도 '주몽'의 팬인가 보다. 그는 국회 상임위에서 통일원장관을 드라마에 등장하는 첩자 세작細作에 비유하여 눈길을 끌었다.

〈주몽〉뿐 아니다. 각 지상파 방송사들마다 고구려를 소재로 한 드라마를 방영하며 인기몰이에 나서고 있다. SBS 〈연개소문〉, KBS 〈대조영〉이 그것이다. 중국의 동북공정 추진으로 역사 왜곡이 우려되는 데 대한 반사작용일 수도 있겠다. 그러나 학자나 이 관계 전문가들은 요즘 방영되고 있는 드라마들이 역사고증 측면에서 심각한 문제점을 가지고 있다고 지적한다. 고증이 불투명한 TV드라마의 내용을 마치 역사의 진실인 양 그대로 믿어버릴 수 있기 때문이다.

또 하나 한국 드라마의 잘못된 관행으로 '고무줄 편성'을 들 수 있다. 최근 최고의 시청률을 기록하고 있다는 MBC 드라마 〈주몽〉이 대표적인 사례다. 방송사 고위층까지 직접 나서 연장방송을 강행하려는 MBC의 행태는 한국드라마 시장의 후진성을 여지없이 보여준다. 한마디로 시청자들의 인기를 볼모로 삼는 상업주의의 발로이다.

말초적이고 선정적인 TV의 끝이 어딘지 알 수 없다. 다만 TV 때문에 건강한 가족문화가 크게 병들 수 있다는 점만은 분명하다. 패륜적인 내용을 자주 대하다보면 현실과 드라마를 구별하기 힘들어진다. TV 횡포를 이대로 둘 수만은 없다는 위기감이자 절박감이 고조되는 까닭이다. 그런데도 자체 정화 시스템은 작동이 안 된 지 오래다. KBS와 MBC 같은 공영방송이 돈벌이에만 혈안이 된 지는 이미 오래다. 솜방망이 식 땜질 처벌이나 일삼는 방송위원회는 더욱 대안이 못된다. 결국시청자가 나설 수밖에 없다. 그래서 외쳐본다. 우리 모두 TV를 끄자! 정 안 된다면 패륜적인 드라마만이라도 멀리하자!

하지만 얼마나 무력하고 공허한 자위自衛 선언인가.

맹목적 국수주의의 덫

연초록으로 덮여가는 산자락 속에 핀 산벚은 마치 연두색 치마를 입은 미인처럼 곱고 화사했다. 이제 산벚은 지고 그 자리를 신록이 차지하고 있다. 벚꽃하면 떠오르는 것이 사꾸라요, 일본이다. 지금도 벚나무 원산지가 일본이라고 우기는 사람들이 적지 않고, 막연한 거부감을 갖는 사람들도 많다. 벚꽃이 일본의 국화이자 일제강점기 때 군국주의 예찬에 악용되었기 때문이다. 그러나 원산지는 엄연히 한국이다. 몇 해 전 한라산에서 3백년 된 왕벚나무 세 그루가 발견되어 한국이 원조임을 재확인시켜 주기도 했다. '독도는 우리 땅'에 이어 '벚꽃은 우리 꽃'이라고 외쳐야 할 판이다. 그런데도 진해시는 광복 후 한동안 일본인들이 심은 '벚나무 청산작업'을 벌이기도 했다. 충무공을 기리는 군항제가 열리는 곳에 '쪽바리' 잔재가 웬말이냐며 베어

버리거나 아예 뽑아내는 일이 벌어졌던 것이다.

쇼비니즘의 또 다른 행태라 할 만하다. 쇼비니즘은 흔히 맹목적·광신적·호전적·배타적 애국주의를 뜻한다. 나폴레옹 시절 황제를 신과 같이 숭배하여 열광적이고도 극단적인 애국심을 발휘했던 프랑스의 N.쇼뱅이라는 병사의 이름에서 유래한 말이다. 뭐니 뭐니 해도 일본 극우세력의 광신적 애국주의가 대표적이다. '황국신민'임을 자처하는 그들은 제국주의시대의 침략행위는 미화나 동경의 대상일 뿐 이웃나라가 억압과 수탈로 입은 고통쯤 무시해도 된다는 오만에 사로잡혀 있다.

우리 주변에도 쇼비니즘의 징후는 없는지 되살펴 볼 일이다. 30년 넘게 전북대학교 박물관 앞에 서 있던 히말라야시다(개잎갈나무)가 베어졌다는 보도가 문득 그러한 자성을 불러일으킨다. 지난 3월 말 이곳을 방문했던 유홍준 문화재청장이 "박정희 정권 시절인 1970년대에 심어진 대표적인 친일잔재이니 베는 게 좋겠다."고 권유했기 때문이라 한다. 히말라야시다는 이름 그대로 히말라야 북서부가 원산지이며 나무 모양이 아름다워 세계 여러 나라에서 조경수나 가로수로 사랑받고 있다. 나무까지 친일잔재로 몰아붙인 강박증도 문제려니와, 옮겨 심어도 되련만 굳이 베어버린 야만성이 어이없다 못해 분노를 자아낸다.

사실 우리는 많은 억지를 애국심이라는 이름으로 묵인해온 측면이 없지 않다. 그런 면에서 우리 국사 교과서의 일제 수탈이 과장됐다는 서울대 이영훈 교수의 주장은 눈길을 끈다. 이 교수는 수량경제사적 연구를 근거로 국사의 일제시대 서술이 부분적으로 왜곡돼 있고, 강제징용이나 군위안부의 숫자가 검증없이 부풀려 있다고 지적한다. 현행 국사 교과서의 일제시대 서술이 모두 정확하다고도 할 수 없을 것이다. 따라서 이 교수의 주장을 곧바로 친일로 매도하기보다는 학문적, 실증적으로 따져볼 필요가 있다.

한승조 교수의 일본 잡지 기고문과 가수 조영남 씨의 일본 신문 인터뷰 내용이 문제가 되어 '친일 매국노'라는 몰매를 맞고 사회적으로 매장이 되다시피 했다. 독도 문제에다 교과서 파동까지 겹쳐 국민감정이 극도로 격앙되어 있는 마당에 드러난 그들의 언행은 지탄을 받아 마땅했다. 그렇지만 "별 것도 아닌데 너무 과잉반응 하는 것 아니냐."는 논지만 펴도 "당신, 대한민국 국민 맞어?"식 신경질적 공격을 받거나, 일단 친일파로 낙인찍히면 그냥 '끝장'이 나고 마는 풍토는 경계해야 한다.

일본 극우파들의 준동에는 단호하고 엄중히 대응하되 소아병적 감상주의나 맹목적 배타주의는 금물이다. 일장기를 태우거나 혈서를 쓰는 따위 열혈 우국충정이나 비분강개만으로는 오히려 그들의 잔꾀에 놀아나는 꼴이 될 뿐이다. 그들은 원래 약자에게는 잔인하고 강자에게는 비굴한 '섬나라 근성'을 지녔다. 그들의 망언과 만행을 잠재울 수 있는 것은 오직 힘, 다시 말해 국력뿐이다.

사투리의 '표준화'

"전주는 음식문화가 겁나게(아주) 발달한 고장이다. 점드락(하루 종일, 저물도록) 일하다가 후딱(빨리) 먹을 수 있는 음식으로 비빔밥이 제격이었을 것임은 얼룽(쉽게) 짐작이 간다."

우리 고장 사투리에는 정감과 재치, 홍과 멋, 풍류와 여유가 넘쳐난다. 특히 부사에서 진가가 제대로 드러난다. 포도시(겨우) 뜬금없이(갑자기) 솔찬히(상당히) 죄다(모두) 매급시 매럽시(그냥 괜히) 육장(계속) 대번에 (바로) 내동(내내) 엘라(오히려) 팜나((밤낮, 매일) 싸게싸게 후딱후딱 보지람보지람 싸드락싸드락 싸목싸목 시나브로 피런허고 역부러 등등 우리 고장이야말로 '허벌나게' '걸판진' 우리말의 보물창고 아닌가.

그런데도 사투리는 천덕꾸러기 신세를 면치 못하고 있는 게 현실이다. 드라마에서 주인공이나 지체 높은 역할들은 또박또박 표준어를 쓴다. 반면, 하인이나 몸종 등 조연이나 조폭 건달은 으레 전라도 출신이다. 결국 방송이 사투리는 무식한 하층민이나 '푼수' 끼가 있는 사람들이나 쓰는 '웃기는 말' 정도의 인식을 심어주고 있다. 언어의 계층화에 일조하고 있는 셈이다.

그래도 지금은 사정이 훨씬 나아졌다. 전라도에서 태어났다는 이유만으로 사투리는 집에서 식구들끼리나 쓰고, 학교나 직장에선 표준어를 사용하는 '이중언어 생활'을 감수해야 했던 때가 있었다. 그 시절의 표준어는 경상도 사투리였다. 종합청사가 들어선 관가는 물론이요, 정치 경제 사회 문화 군부 모든 분야를 '글마'와 '절마'들이 '확실'하게 장악하여 쥐고 흔들었다.

그 잔재는 지금도 곳곳에서 지역감정이라는 이름으로 위세를 과시한다. 언젠가는 영남과 호남 지역의 여야 국회의원들이 서로 사투리를 바꿔 말하는 행사를 열어 눈길을 끌었다. 국회 지방자치발전연구회가 개최한 '영·호남 사투리 경연대회'가 그것이었는데, 그저 반짝 이벤트로 끝나고 말았다. 언어 문제야말로 즉흥적이고 인위적인 접근만으로는 해결할 수 없다는 단순 소박한 교훈을 남겼을 뿐이다.

어문정책도 마찬가지다. 1960~70년대 이후 정부는 국가개발이라는 명목 아래 방송과 학교 등에서 사투리(지역어·방언) 사용을 엄격하게 제한해왔다. 자연히 사투리의 설 자리는 줄어들 수밖에 없었다. 이 같은 세태를 반영하듯 요즘 이른바 신세대들은 토박이들조차 사투리 쓰기를 꺼린다. 이러다간 몇 세대 후엔 사투리가 사라질지 모른다는 우려까지 나온다. 때문에 제대로 된 사투리를 구사하는 사람은 사투리 경연대회에나 가야 찾을 수 있다는 우스갯소리도 들린다. 아닌 게 아니라 미국 사람 할리와 일본 사람 미즈노가 경상도와 전라도 사투리를 본토박이들 뺨치게끔 구수하고 능란하게 잘도 한다.

표준어를 '서울말'로 한정한 것은 지역을 차별하고 지역문화를 억누르는 것으로 평등정신에 위배된다는 주장이야 새삼스러울 게 없다. 표준어를 '교양 있는 사람들이 사용하는 말'이라고 규정한 것은 지역어를 사용하는 국민을 '교양 없는 사람'으로 분류하는 것이어서 헌법상의 차별금지 정신에 위배된다는 지적도 오래 전부터 제기돼 왔다.

주변에 제대로 된 사투리는 어디 가고 비속어가 사투리인 양 잘못 쓰이고 있다. 근본 없는 엉터리 발음과 억양에다 무턱대고 말끝에 …랑께… 해뿌러 등을 붙여 전라도 말이라 우겨댄다. 상스럽고 역겨운 말씨들이 판을 치니 정작 속내 깊고 정감있는 본토박이 사투리는 설 땅을 잃게 됐다. 지금부터라도 서둘러 기품 있고 체계적인 '표준사투리'를 되찾고 가꿔나가야 한다.

새해 복 많이 지으세요

'설날'의 어원은 '새해에 들어서는 날' '시작하는 날'이라고 한다. '서다立'가 뿌리라는 것이다. 어떤 이들은 '설다' '낯설다'의 '설'에서 유래를 찾기도 하지만 아무래도 묵은 해를 보내고 새해에 들어서는 날, 새해 보람찬 삶의 설계를 세우는 날, 시작하는 날 쪽이 맞을 성싶다. 과거형으로 '선날'이라고 하지 않고 '설날' 이라고 미래형을 취한 것은 설날이 앞으로의 1년을 설계하여 세우고 다짐하는 날이기 때문일 것이다.

설을 맞아 올해도 어김없이 귀성 인파들이 고향을 찾는다. 몇 년 전만 해도 명절 때 고향 한 번 내려오는 일이 여간 힘들지 않았다. 오죽하면 '귀성전쟁'이란 말이 생겨났겠는가. 그래도 열 몇 시간씩 예사로 걸리던 시절이 아련히 그리워지는 걸 보면 귀성은 역시 고통이 따라야 제격인가 보다. 민족대이동이라고까지 불렸던 이 '사서 하는 고생'이 전혀 고되거나 힘들지 않았고, 오히려 만남을 향한 기대와 흥분으로 신바람에 넘쳤으니까.

고향은 어머니의 품속처럼 따스하고 넉넉하다. 우리의 모든 것을 감싸안고 어루만져 준다. 그러기에 명절이 되면 우리는 각박하고 살벌한 세상살이의 질곡을 잠시 벗어나 고향을 찾는다. 그곳에서 잠시나마 여유와 나눔을 되찾고 삶의 너그러움을 재충전한다. 그러나 고향도 이젠 많이 달라졌다. 옛 고향이 아니다. 시인 정지용이 읊었던 것처럼 '고향에 고향에 돌아와도 / 그리던 고향은 아니려뇨'처럼 된 지 오래다. 시골엔 노인들만 남았고, 다들 살기가 팍팍하고 힘들다고 입을 모은다.

새해의 화두는 뭐라 해도 모두가 등 따습고 배부른 세상이 되는 것이다. 사회양극화 해소니 뭐니 거창하게 떠들 것도 없다. 새해에는 정말이지 모두 다 부자가 되었으면 좋겠다. 흔히들 '새해 복 많이 받으세요.'라고 덕담을 하는데, 올해부터는 '새해 복 많이 거두세요.' 또는 '새해 복 많이 지으세요.'로 바꾸면 어떨까 생각해 본다. 따지고 보면 복은 주거나 받거나 하는 '물건'이 아니다. 다른 누구로부터 받는다기보다는 자신이 적극적으로 나서서 챙기는 것이요, 더 나아가 쟁취해야 한다는 점에서 '짓는다'는 표현이 보다 진취적이고 능동적이라고 여겨지지 않는가. 농사를 '짓'듯 복도 부지런히 많이 지어야 풍성하게 잘 거둔다는 뜻이다. 뿌린 만큼 거두고, 지은 만큼 거두는 법이다.

새해엔 모두들 복 많이 지으세요.

새봄, 꽃처럼 활짝 웃읍시다

바야흐로 봄이 만개滿開다. 개나리 진달래는 이미 지천이고, 산수유며 매화도 흐드러졌다. 목련이 망울을 터뜨리더니, 벚꽃도 이번 주면 한창일 게다. 말 그대로 '이 꽃 저 꽃 온갖 꽃'들이 저마다 자태를 뽐내며 날 좀 보라고 활짝 웃고 있다.

저들 꽃처럼 티 없이 웃어본 게 언제던가. 정녕 이 삶이 참을 수 없도록 기쁘고 즐거워서, 모든 게 너무도 아름답고 고마워서, 찬미와 환희의 웃음을 터뜨렸던 적이 있는가. 이제라도 웃음과 친해 보자. 삶이 비록 그대를 속일지라도 웃음을 잃지 말 일이다. 웃음이 스트레스에 대한 최고의 해소책이자 스트레스 자체를 막아주는 예방 주사라 하지 않던가.

몇 년 전 영국에서 발표된 한 통계 자료에 따르면 어린이들은 하루에 대강 4백 번을 웃는다고 한다. 어른이 되면서 이 숫자는 하루 6번 정도로 줄어든다. 하루 6번은커녕 하루 한 번도, 아니 지난 겨울 내내 단 한 번도 웃지 않은 사람도 있을 것이다. 웃음의 가치를 돈으로 환산할 수는 없지만, 분명한 것은 웃는 데는 돈이 안 든다는 사실이다. 그런데도 우리는 잘 웃는 사람을 '실없다.', '허파에 바람 들어 갔다.', '헤프다.'며 부당하고 억울(?)하게 취급해왔다. 오래도록 웃음을 잃어버리고, 또 '웃기'를 잊은 채 살아온 탓이다.

우리처럼 웃음과 관련된 말이 발달된 나라도 드물 것이다. 종류도 다양하거니와 웃음과 관련한 의성어擬聲語 의태어擬態語만 해도 헤아릴 수 없이 많다. 대충 한자로 된 것만 살펴보자. 소리 없이 빙그레 웃으면 미소微笑이고, 한바탕 떠들썩하게 웃으면 홍소哄笑다. 크게 웃으면 대소大笑이고, 갑작스럽게 터뜨리면 폭소爆笑다. 기뻐서 웃는 희소喜笑, 귀염성 있는 교소巧笑, 때로는 바보처럼 웃는 치소痴笑도 있다. 온 얼굴로 활짝 웃는 파안대소破顔大笑가 있는가 하면 손뼉을 치며 깔깔 웃는 박장대소拍掌大笑가 있다. 배를 움켜쥐고 쓰러지도록 크게 웃는 포복절도抱腹絶倒, 허리가 끊어지고 배가 당길 정도로 웃는 요절복통腰折腹痛은 어떠한가. 남에게 상처를 주는 사나운 웃음도 있다, '조소嘲笑, 비소誹笑, 냉소冷笑' 등이다.

웃음을 예찬하는 글귀도 동서고금을 헤아릴 수 없을 만큼 많다. '웃음은 자신을 변화시키고 타인에게도 그대로 전염되는 행복의 바이러스'라거나, '웃음은 마음의 치료제일 뿐만 아니라 몸의 미용제'라는 찬사도 보인다. 생리적 의학적 효험을 강조한 금언金言은 또 얼마나 많은가. ≪동의보감≫에서 허준은 "웃음은 보약보다 좋다."고 가르치고 있고, 의성醫聖 히포크라테스는 "웃음은 몸과 마음을 함께 치료하는 최고의 치료수단이다."고 갈파했다. 서양 속담에는 '하루에 한 번 실컷 웃으면 의사를 멀리할 수 있다.'고 강조한다. 우리 속담에도 보인다. '웃는 낯에 침 뱉으랴', '웃는 집에 복이 온다.[笑門萬福來]', '일소일소 일노일노 一笑一少 一怒一老' 등이다.

실제로 웃음이 인체의 면역력을 높여 감기와 같은 질환은 물론, 성인병을 예방해 준다는 것은 이미 상식이 돼 있다. 암을 일으키는 종양 세포를 공격하는 킬러 세포(killer cell)를 생성케 한다거나, 심장병을 예방한다는 학설도 의학계에 공인돼 있다.

웃음은 신이 인간에게만 내린 축복이다. 짐승은 웃을 줄을 모른다. 오직 분노하거나 슬퍼할 뿐이다. 그러니 잘 웃는 사람은 '인간적'이고, 버럭버럭 화를 내는 사람은 '짐승적'이다. 꽃조차도 봄이 찾아왔다고 온갖 '태'를 내고 표정을 꾸미는 웃음의 잔치마당이 펼쳐진다. 명색이 만물의 영장들이 허구한날 지난 겨울의 '우거지상'을 뒤집어쓰고 있다면, 미물微物인 개구리며 지렁이조차 가가대소呵呵大笑 웃을 일 아니겠는가.

잡동사니

가요무대

KBS－1TV의 〈가요무대〉가 지난 6일로 방송 1000회를 맞았다. 1985년 11월 4일 첫 전파를 탔으니 햇수로는 21년이다. 강산이 두 번 하고도 더 변한 셈이다.

가요무대의 장수 배경에는 이 프로를 사랑하고 아껴온 '흰머리 부대'가 있다. 흰머리 부대란 가요무대 녹화현장을 찾는 장년층 열성팬을 이르는 별칭이다. 이들에게 가요무대는 언제나 활력과 회춘의 무대다. 81세의 나이에도 매주 월요일 6년째 개근하는 할머니가 있는가 하면, 매주 전화통을 붙잡고 방청권 신청을 해서 어렵게나마 자리를 잡는 게 주요 일과인 60대 노부부도 있다 한다. 이시간만 되면 안방극장에서도 출연자들과 함께 웃고, 춤추고, 손뼉치는 시청자들이 헤일 수도 없이 많다. 아예 술상을 차려놓고 이 시간을 기다리는 극성팬도 있다고 들린다.

1,000회를 방송하는 동안 가요무대는 여러 기록을 세웠다. 57만 명의 방청객이 찾았고, 연인원 만6천여 명의 가수들이 출연했다. 600만 해외동포를 위해 7번의 해외 위문 공연을 한 것도 꼽을 만하다. 외국 공연뿐 아니라 국내 오지도 찾아다녔다.

지금까지 가장 많이 불린 노래는 백난아의 '찔레꽃'으로 1,000회 동안 119회나 불려졌다. 〈꿈에 본 내 고향〉 〈비 내리는 고모령〉 〈울고 넘는 박달재〉 〈번지 없는 주막〉 순으로 이어진다. 최다 출연 가수는 주현미. 84년에 가요무대로 데뷔했으니 가요무대와 함께 연예계 나이를 먹은 셈이다.

엊그제 1,000회 기념 방송에는 여든이 넘은 왕년의 인기가수 송민도 여사가 교통사고를 당해 몸이 불편한데도 멀리 미국에서 날아왔다. 고국을 찾는 게 11년 만이란다. 고복수며 남인수 등 기라성들이 사라지고, 김정구 현인 등 원로들도 우리 곁을 떠난 지금 송 여사의 귀에 익은 옛 노래를 육성으로 듣는 노년층의 감회는 남달랐을 것이다. 박재란 여사의 말 그대로 꾀꼬리 같은 목소리도 예나 조금도 다름이 없었다. 장내를 가득 메운 방청객들은 이들의 히트곡 〈나 하나의 사랑〉이며 〈산넘어 남촌에는〉을 따라 부르며 옛 정취에 흠뻑 빠져들었다.

무엇이건 전통이 쌓여가는 건 값지고 소중하다.

건배 구호

건배乾杯는 말 그대로 잔杯을 깨끗이 비운다乾는 뜻이다. 건배의 유래에 대해서는 여러 얘기가 있다. 그 중 같은 병에 있는 술을 나눠서 따르고 마심으로써 상대방을 안심시키기 위한 방편으로 삼았다는 설이 유력하다. 기원전 3세기 로마와 전쟁을 하던 카르타고 군이 로마군의 포도주에 마취제를 넣어 로마병사를 모두 잠들게 한데서 비롯됐다는 설이 그것이다. 술잔을 부딪쳐 소리를 내는 데에도 유래가 있다. 와인을 마실 때 잔을 부딪쳐 소리를 내면 악마가 놀라서 달아난다 해서 이 같은 행동을 했다 한다.

잔을 주고받는 대작對酌을 즐겼던 우리나라는 건배 문화의 역사가 그리 길지 못하다. 그러나 요즘 어지간한 모임은 으레 건배와 함께 시작된다. 건배와 함께 빼놓을 수 없는 게 건배사 또는 건배 구호다.

대표적인 것이 군부 독재시절 그들만의 영광과 결속을 구가하던 '위하여'였다.

요즘엔 이 구호들도 세태를 반영하듯 다양화했다. 기발한 것도 많지만, 더러는 상스러운 것들도 보인다. '개나발 : 개인과 나라의 발전을 위하여'. '시발조통 : 시국의 발전과 조국의 통일을 위하여' 등이다. 술꾼들의 모임에서나 통용됨 직한 '곤드레 만드레'도 있다. 나이든 사람들은 이렇게 외치는 모양이다. '구구'하고 선창하면 '팔팔'하고 받는다. 99세까지 88하게 살자는 뜻이란다. '나이야!'하고 외치면 '가라!'하고 받는 구호는 더욱 실감이 난다. 미국과 영국에서 흔히 쓰는 '치어스', 일본의 '간빠이', 중국의 '칸페이'는 우리 귀에도 익다. 그보다는 우리 전통음악의 추임새에서 비롯된 '얼씨구' 또는 '지화자'에 '조오타!' 하고 받아넘기는 쪽이 훨씬 분위기도 살리고 신명도 돋우는 것 같다.

연말연시가 되면 이래저래 술자리가 많아진다. 모쪼록 즐겁고 차분하면서도, 서로를 아끼고 감사하는 자리가 되어야겠다.

'놀토' 증후군

우리는 유난히 말 줄이기를 좋아한다. '노찾사'(노래를 찾는 사람들)는 고전에 속하고 오래 전에 '고사모'(고건을 사랑하는 모임)도 등장했다. '도촬'이 뭔가 했더니 '몰카'에 해당하는 '도둑촬영'의 준말이란다. 별로 줄일 필요가 없을 것 같은 '여자 친구'를 '여친'이라 부르고 '왕의 남자'는 굳이 '왕남'이 된다. 이렇게 줄여 말하면 애칭이 되는 느낌과 함께 쓰는 사람끼리는 어떤 동류의식과 친근감까지 공유하게 된다. 학생들이 매달 둘째 넷째 토요일엔 학교에 가지 않게 되면서 누군가가 잽싸게 '놀토'라 이름 붙였다. '노는 토요일'이란 뜻을 살려 절묘(?)하게 잘도 지었다 싶다.

주5일제가 시행이 되면서 직장인들 사이에 토요일엔 뭘 해야 할지 금요일 오후부터 걱정이 앞서는 증후군이 생겼다. 휴일만 다가오면

왠지 가슴이 답답하고 불안해지는 '놀토증후군'이 그것이다. 허구한 날 나들이를 가자니 비용부담이 만만찮고, 나가봤자 고생만 하기 십상인 경우도 있다.

어느 직장인의 익살맞은 사연에는 서민들의 애환이 그대로 스며 있다. "전국의 모든 도로가 '놀토' 차량들로 뒤덮인 것 같았다. 그날 차 안에서 하릴없이 보낸 시간만 얼마인지 모른다. 의자에 배긴 엉덩이뼈가 다음 날까지 욱신거렸다. '놀토'가 '골토'(골병든 토요일)가 돼버렸다."

때문에 아예 일을 핑계로 예전처럼 휴일에 출근하는 직장인도 적잖다. 초과 근무수당을 챙길 수 있을 뿐 아니라 집에서 빈둥대다 자칫 가족들과 마찰을 빚을 수도 있어 토요 근무가 오히려 마음 편하다는 것이다. 이처럼 놀려줘도 제대로 놀지 못하는 게 현실이다. 그러면서도 '놀아야겠다는 강박증'에 시달리고 있으니 답답하다.

이제 놀면서 배우고, 즐기면서 무언가 얻는 쪽으로 발상의 전환을 해봄 직하다. 예컨대 놀토에 도시락 싸들고 자녀들과 함께 가까운 박물관이나 미술관·유적지·수목원 등 자연학습장을 찾는 건 어떨까. 농촌 일손 돕기나 혼자 사는 노인 찾기 등 자원봉사 일거리도 찾아보면 얼마든지 있다.

알차고 보람 있게 잘 노는 일, 아무나 쉽게 할 것 같지만 썩 힘들고 머리를 써야 한다. 평소에 준비하고 연습을 해두는 수밖에 없을 듯하다.

도박 중독

정신과 전문의들은 도박도 술이나 마약처럼 한 번 중독되면 빠져 나오기 힘든 정신질환이라고 규정한다. 인간의 뇌에는 쾌락을 담당하는 회로가 있다. 이 회로가 선천적으로 부실하거나 어릴 때부터 잘못 형성된 경우 쉽게 중독에 빠진다는 설명이다. 도박의 쾌감에 빠지면 뇌에서 다량의 쾌락물질, 즉 도파민이라는 신경전달물질이 분비된다. 이 물질이 떨어지면 뇌는 다시 신호를 보낸다. 내성과 금단 증상이 나타나는 것은 이 때문이다.

도박중독자에 얽힌 일화들은 수도 없이 많다. 손가락을 끊고도 다시 화투장을 잡은 사람, 아들의 수술비를 들고 노름판으로 달려간 아버지, 전답과 가재도구는 물론 처자식까지 노름빚으로 팔아먹은 건달 등 상식으로는 도저히 납득이 되지 않지만 이게 바로 도박의 생리이자 폐해다. 국가적·사회적 손실도 막대하다. 한마디로 망국병亡國病이다. 절도죄의 35%, 비폭력범죄의 40%가 도박과 관련이 있을 정도다.

그런데도 도박은 자취를 감추지 않는다. 2002년 국정조사 자료는 우리나라 성인 남녀의 7~9%가 도박중독 증세를 보이고 있다고 밝힌다. 미국이 3% 안팎, 도박산업이 성행 중인 호주도 6% 정도인데 비하면 썩 높은 수치다. 이번에 전국을 휩쓸다시피 한 사행성 성인오락실만 해도 그렇다. 어쩌면 앞뒤가 꽉 막혀 암담하기만 한 현실이 일확천금의 유혹을 부르는지도 모른다.

도박을 하는 사람들은 대부분 가난한 사람들이다. 한국게임산업개발원의 2004년 조사가 이를 말해준다. 성인오락실의 이용자 가운데 42.3%가 한 달 수입 200만 원 이하였다는 것이다. 없는 사람들이 그나마 거덜이 나 길에 나앉고, 심지어는 목숨까지 끊었다는 사연들이 줄을 잇는다. 결과적으로 살아가기가 막막한 사람들의 호주머니 돈을 털어 몇몇 모리배들만 배를 불렸다고 보면 된다.

세상사에 공짜란 없다는 철칙을 곱씹게 된다. 앉아서 돈을 벌 수 있는 이권이 그냥 '맨입'으로 오갔겠느냐는 의혹이 생기는 것은 어쩌면 당연하다. 말로만 '한 점 의혹도 없게'를 되뇔 게 아니라 누구나 고개를 끄덕이게끔 진상을 밝혀야 한다.

도시락

도시락이 '음식을 넣어 다니는 간편한 용기 또는 그 내용물'이라는 용어로 자리잡기 시작한 때는 1954년 무렵으로 보인다. ≪여원女苑≫이라는 잡지사가 직장인 남편을 위해 점심 싸는 방법을 소개하면서 '도시락'이라는 단어를 선택하면서부터다. 당시 여원은 생활정보를 일러주면서 일본말의 잔재를 없애고 우리말을 찾자는 뜻에서 고어나 사투리, 혹은 조어를 통해 새로운 우리말을 많이 만들어냈다.

이때 '여원' 편집장을 지내며 도시락이라는 단어를 찾아낸 이가 전주 출신 언론인이자 소설가인 최일남씨로 알려져 있다. 민속생활사전은 '도시락'을 '고리버들 따위로 엮은 작은 점심그릇, 또는 그 밥'이라고 풀이하고 있다. 최씨에 따르면 전주 지역에서는 예부터 이 말이 자주 쓰였다고 한다. 도시락과 비슷하게 쓰일 법한 우리말로는 '오그

랑망태'와 '찬합'도 있다. 오그랑망태 또는 주발망태기는 '끈을 죄면 끝이 오무라지게 된 갈대망태기로 점심 주발을 넣어 들고 다니던 것'을 말한다. 찬합은 '농부들이 허리에 꿰차는 베로 짠 주머니로 주먹밥을 싸가지고 다녔다.'고 되어 있다.

나이든 사람들에겐 도시락에 얽힌 사연들이 무척 많다. 반찬이라야 김치에 무짠지가 대부분이었고, 기껏해야 콩조림에 멸치볶음이었다. 소고기장조림이나 계란부침은 잘사는 집 아이들에게나 해당되는 별식이었고, 생선이나 불고기는 일 년에 한두 번씩 운동회나 소풍날에야 맛볼 수 있었다. 반찬은 어차피 부식의 개념이 아니라 간을 맞춰 밥을 넘기는 '건건이'가 제 구실이었던 만큼 소태같이 짠 새우젓이나 조개젓을 싸오기도 했다. 책과 학용품, 도시락이 함께 든 책보를 허리에 차고 십릿길을 예사로 걸어서 학교엘 다니다보니 보리밥에 김칫국물이나 젓국이 뒤범벅이 되어 노랗게 삭아있기 일쑤였다.

그나마 도시락을 싸오지 못하던 애들도 꽤 많았다. 점심시간이 되면 슬그머니 나가 수돗물로 주린 배를 채우는 아이들을 위해 도시락 가져온 아이들이 조금씩 모아 나눠 먹던 게 50~60년대 우리의 풍속도였다.

초등학교 때부터 아이들에게 학교 급식만을 먹여온 '신세대 엄마'들에겐 도시락 싸는 일이 고역이자 고통일 수 있겠다.

돼지꿈

우리에게 돼지는 상서로운 존재이다. 지금도 각종 굿거리나 고사상에 빠지지 않고 웃음을 머금은 돼지 머리가 등장한다. 우리가 얼마나 돼지와 친근하고, 또 돼지를 귀물貴物로 여겨왔는지 알 수 있다. 어미 돼지의 젖을 빠느라 정신이 없는 새끼 돼지들의 모습을 담은 그림도 흔히 볼 수 있다.

꿈속의 돼지는 더욱 반갑고 기다려지는 존재다. 돼지꿈은 재물이나 벼슬을 안겨주는 부와 복의 상징이다. 한국인은 지금도 용꿈과 더불어 돼지꿈을 최고의 길몽吉夢으로 대접(?)한다. 실제로 돼지꿈을 꾼 후 복권에 당첨됐다는 사례도 적지 않다.

그런가하면 게으르고 더럽다며 경멸하거나, 무식과 저돌猪突의 이미지로 비하하는 시각도 있다. 탐욕의 상징으로 비치기도 한다. 꿀꿀대며 게걸스럽게 음식을 삼키는 돼지를 경계했기 때문일 것이다. 속담에도 욕심 많고 아둔한 동물로 그려지는 등 대개는 부정적이다. 노래 따위를 못하거나 듣기 싫은 소리를 '돼지 멱따는 소리'라 하고, 분수에 어울리지 않는 상황을 '돼지 목에 진주 목걸이'라 비유한다. '일에는 굼벵이, 먹는 데는 돼지'라며 게으른 성격을 탓하기도 한다.

정해丁亥년 올해를 600년 만에 오는 '황금돼지' 해라고 해서 말 좋아하는 사람들은 돼지해가 오기도 전인 지난해부터 법석을 떨었다. 쌍춘년까지 겹쳐 예식장이 북새통 같은 호황을 누리는가 하면, 혼수품·유아용품 시장이 즐거운 비명을 질렀다. 황금색 돼지 저금통은 없어서 못 팔 정도로 동이 났다. 그러나 민속학자들은 황금돼지 민속은 우리뿐 아니라 중국 어디에도 없다고 설명한다. '정丁'은 오행五行 중에서 불火을 상징하므로 굳이 따지자면 '붉은 돼지'가 옳다는 것이다. 결국 장사꾼들이 만들어낸 국적불명의 상술에 호들갑을 떤 셈이다.

황금돼지건 붉은 돼지건 관계없다. 가뜩이나 서민들의 세상살이가 팍팍하고 고단한데, 느닷없는 재복이 굴러들어온다면 어느 돼지라도 대환영이다. 더불어 돼지의 다산多産을 본받아 올 한 해 '베이비 붐'이라도 일었으면 더없이 반갑겠다. 또 아는가. 돼지꿈 잘 꾸어 로또 복권 대박이라도 터질지….

룸펜과 놈팡이

1910~30년대 일제치하의 문학작품에는 시대에 적응하지 못하는 무능한 지식인이 자주 등장한다. 이른바 신지식을 배우긴 했으나 써먹지를 못 하고, 시대를 바꿀 힘도 없어 실업자로 울분과 비분강개의 나날을 지내는 부류들이다. 비슷한 맥락에서 1970~80년대 독재와 민주화 사이의 갈등이 첨예화되었을 때에도 젊은이들이 고등교육을 받고도 갈 곳을 찾지 못하고 방황하거나 실업자가 되어서 전전했다. 이렇듯 머리에 '먹물'은 잔뜩 들었는데 사회에 실망하거나 좌절하여 그 사회 속에 편입되지 못하는 부류, 한마디로 '고급 백수'를 룸펜이라 불렀다. 우리 주변에서 흔히 듣는 '놈팡이'란 단어는 독일어로 실업자, 부랑자라는 뜻의 룸펜(Lumpen)에서 연유했다. 국어사전에는 '별로 하는 일 없이 빈둥빈둥 노는 사내를 얕잡아 이르는 말'로 되어 있다.

2천 년대에 들어서면서 실업자를 빗대 회자됐던 여러 유행어들도 경기침체와 높은 실업률 등 시대상을 그대로 반영했다. 이태백(20대는 태반이 백수)이니 삼팔선(38세 퇴직), 사오정(45세 정년), 오륙도(56세까지 일하면 도둑), 육이오(62세까지 일하면 오적) 등 우스개로 포장되어 있지만 그 속에는 실업의 고통과 울화, 미래에 대한 불안과 두려움이 절절하게 배어 있다.

무보수 명예직이던 광역·기초의회 의원이 유급직으로 바뀌면서 지역정치권이 들썩이고 있다. 부단체장 또는 국장급이 거론되는 것으로 미루어 광역의원은 2~3급, 기초의원은 4~5급 공무원에 준하는 대우가 이뤄질 것으로 보인다. 당선만 되면 지역유지로 대접받을 뿐만 아니라 급여도 연봉 수천만 원에 이를 게 확실하니 너도나도 군침을 삼킬 만하다. 오죽하면 '선거 고시'란 말까지 생겨나겠는가.

지방의원 유급화는 젊고 역량 있는 정치신인의 수혈, 다양하고 전문화된 인물 선출 등을 통해 지방자치 수준을 한 단계 끌어올리는 긍정적 효과도 크다. 그러나 의정활동비에 눈독을 들이고 너나없이 덤벼들다 보면 과열경쟁으로 인한 부작용일수도 있고, 자칫 동네 정치꾼이 양산될 수도 있다. 풀뿌리민주주의의 산실이라는 지방의회가 행여 놈팡이나 건달들의 밥벌이 장소로 전락한다면 돈 대주고 골탕먹고, 그 덤터기는 고스란히 유권자들이 뒤집어써야 한다.

바둑도 스포츠

바둑이 마침내 스포츠로 인정을 받았다. 대한바둑협회가 경기단체로 대한체육회에 가맹한 것이다. 아직은 준가맹이지만 체육회 이사회가 바둑을 스포츠의 한 종목으로 받아들인 것은 어느 프로 기사의 표현처럼 수천 년 바둑사에 있어 의미심장한 하나의 '사건'이다.

스포츠의 개념은 '신체적 활동이 본질이 되고 놀이의 특성을 지니면서, 경쟁적이고 일정한 규칙에 의해 지배되는 활동'이라 요약된다. 바둑이 스포츠냐, 아니냐는 논란은 바로 이 스포츠의 제1요소인 '신체활동'을 어떻게 보느냐에 있었다. 바둑은 근육활동 없이 두뇌만을 사용한다는 것이 스포츠가 아니라는 주장의 근거였다. 바둑이 스포츠면 고스톱도 스포츠냐 하는 비아냥도 없지 않았다.

반대론자들의 주장은 다르다. 가만히 앉아서 즐기는 '두뇌스포츠'가 아니라 사실은 체력을 바탕으로 하는 치열한 승부라는 것이다. 조훈현 9단 같은 최고수가 최근 들어 자주 지는 것이 실력 때문이라기보다는 나이가 들어 체력이 떨어졌기 때문이라는 지적도 있었다. '사격'이나 '양궁'에 이러한 논리를 적용하기도 한다. 사격의 경우 팔의 운동으로 친다면 100차례도 넘게 바둑돌을 들어서 바둑판에 놓는 바둑보다 모자라다는 것이다.

세계적으로 체스나 브리지 바둑 등 두뇌경기를 스포츠로 인정하고 있는 판에 우리만 바둑을 애매한 상태로 두는 것은 국제적인 추세를 거스르는 일이라는 지적도 한몫 했음 직하다. 당연히 바둑계는 물론 비애호가들도 대체로 환영하는 분위기다. 이번 체육회 가맹을 계기로 우선 바둑 꿈나무들이 체육 특기자로 중·고교에 진학할 수 있는 폭이 넓어졌고, 국제스포츠 무대에서의 입지 강화에도 도움이 될 것으로 보인다.

전북이 세계적인 바둑 황제 이창호와 현대바둑의 전도사인 조남철 선생의 고향이라는 사실은 언제나 우리 가슴을 뿌듯하게 한다. 마침 도내 바둑 인구의 저변확대와 바둑 인재 양성을 위해 도내에 바둑 특성화학교 설립 방안이 무르익어가고 있기도 하다. 이래저래 바둑과 함께 전북의 성가도 높아졌으면 싶다.

보양식

땀을 많이 흘리는 여름철에는 몸이 쉬 지치고 나른해진다. 입맛을 잃어버리기 쉬운데다 체력 소모도 많아 자칫 건강을 해치기 쉽다. 너도 나도 특별한 보양식을 찾아다니는 것도 이 때문이다. 인삼을 비롯한 여러 약재를 넣고 푹 고아낸 삼계탕은 누구에게나 환영받는 여름철 보양식이다. 양념장 발라 잘 구운 장어구이나, 여러 종류의 오리요리를 찾는 사람들도 많다.

여러 보양식 가운데서도 으뜸은 역시 효능(?)이나 맛에 있어 '신봉자'를 다수 거느린 보신탕이라 할 수 있다. 보신탕 예찬론자는 개고기가 소화가 잘 되며, 어떤 육류보다도 영양이 우수하다고 주장한다. 복중에 특히 보신탕을 꼽는 이유로 음양오행설을 내세우기도 한다. 개고기는 화火요, 복伏은 금金이니, 화의 기운으로 금의 기운을

억눌러火克金 더위를 이긴다는 것이다.

보양식의 종류는 나라마다 다양하고 무궁무진하다. 불로장생이야말로 동서고금을 막론하고 인류 공통의 꿈이자 바람일 것이기 때문이다. 일본 사람들은 민물 장어를 유난히 즐긴다. 복날에는 뱀장어 음식점 앞에 길게 줄을 서기도 하는데, 검은색 음식이 정력에 좋다는 속설 때문이라 한다.

아무리 몸에 좋아도 입에 맞지 않으면 말짱 헛것이다. 비싼 돈 들이고서 속이 편치 않다거나 설사를 해버린다면 그런 바보짓이 어디 있겠는가. 그러니 무엇보다도 즐거운 마음으로 먹어야 한다. 이런저런 보양식을 찾아다니면서 보신補身을 위해 기울이는 정성이 있다면, 어려운 처지에 있는 이웃을 돌아보는 지혜도 필요하다.

지금 한반도 곳곳은 수마水魔가 할퀴고 간 상처로 신음하고 있다. 인명피해는 말할 것도 없고, 순식간에 집과 농토 등 삶의 터전을 빼앗긴 이웃들이 넋을 잃은 채 내팽개쳐 있다. 그 와중에서도 골프에 미친 족속들이 있었다니 믿기지 않는다. 폐허로 변한 수해 현장의 이재민들을 떠올린다면, 삼복더위 탓하며 보양식 운운하는 것이야말로 아무래도 송구하고 사치스런 투정이다.

뽕짝

대중가요의 한 장르인 트롯을 흔히 '뽕짝'이라 부른다. 트롯(trot)은 영어로 '빠르게 걷다.', '바쁜 걸음으로 뛰다.' 등을 뜻한다. 음악용어로 쓰인 건 1910년대 이후 미국과 영국 등에서 유행하던 폭스트롯(fox-trot) 이 그 유래다. 우리나라에 도입된 것은 일제강점기인 1920년대 말부터다. 흔히 '도로또'라고도 하는 것은 넥타이를 '네꼬따이'로 소리낼 수밖에 없는 일본인들의 열등한 발음구조를 그대로 흉내낸 때문이다. '뽕짝'이라는 이름은 트롯이 '왜색 가요'로 폄하되던 시절 '쿵짜작 쿵짝~' 하는 반주음에 빗대 지어진 것이다. 여기에는 어딘지 낮추고 깔보는 비하卑下의 느낌이 담겨 있다. 그래선지 정작 대중가요에 종사하는 음악인들은 뽕짝이라는 용어를 꺼린다. 독특한 꺾기 창법을 구사하여 국민가수로 대접받고 있는 나훈아는 "트로트라는 영어

대신 '아리랑'이라고 부르자."고 제안한다. 어찌 보면 그럴 듯하다. 하지만 뽕짝이라는 좋은 우리말을 두고 왜 얼토당토않은 아리랑이라고 불러야 하는지 답답하다.

트롯에는 서민의 희로애락과 애환이 고스란히 깃들어 있다. 그래선지 이별과 사랑, 한숨과 눈물, 고향과 부모 형제가 자주 등장한다. 일제하에서 시작되어 해방과 민족상잔, 분단 등 역사적 격변을 수도 없이 겪어 온 탓일 게다. 결혼식 주례 양반이 피로연 자리에서 얼큰해지자 한 곡조 뽑는다는 것이 그만 "모옥이 메인 이이벼열가아를 부울러야 오올으냐."였다는 우스개도 전한다. 대중가요 보급의 일등공신은 뭐니 뭐니 해도 노래방이다. '3천만의 가수화'에 기여했다고 해도 절대 틀리지 않는다. 방방곡곡 노래방 없는 곳이 없고, 일본말 투로 고정 레퍼토리라 할 '십팔번' 하나씩은 누구나 가지고 있다.

〈새전북신문〉 문화면에 월요일마다 실리는 '뽕짝이 내게로 온날'은 방송인이자 수필가인 김사은 씨가 쓰는 인기 연재물이다. 아내이자 아이 엄마이기도 한 듯싶은 그는 살아가다 맞닥뜨리는 신변잡사雜事들을 눈여겨 두었다가 뽕짝 가사를 거섭으로 하여 질편하고 감칠맛 나는 수다로 비벼낸다.

싸가지

"될 성 부른 나무는 떡잎부터 알아본다."라는 속담이 있다. 장차 크게 될 나무는 싹터 나오는 잎부터 그 징조가 보인다는 뜻이다. 그래서일까. 어떤 이는 단풍 구경을 신록이 돋아나는 5월초에 떠난다고 한다. 이때의 잎이 색색으로 물든 단풍잎보다 더욱 예쁘고, 가을에 어떻게 물들어 있을까 상상해보는 것만으로도 즐겁다는 것이다. 가을이 되어 다시 찾았을 때 초봄에 눈에 띄던 잎은 단풍도 역시 아름답더라 한다.

'떡잎' 말고 '싹수'도 이런 의미로 흔히 쓰인다. '싹수가 있다.' '싹수가 없다.'거나 '싹수가 노랗다.' '싹수가 보인다.' 식이다. '싹수'가 표준어라면 전라도 지방에서는 '싸가지'를 더 자주 쓴다. '싸가지'는 본디 의미야 '싹수'와 같지만, 뉘앙스가 다르고 용법에도 약간 차이가 있다.

원래는 어떤 사람의 말이나 행동으로 미루어 앞날 역시 형편없으리라는 뜻이 담겼을 터이다. 그러나 요즘에는 장래에 대한 부정적 짐작보다는 단순히 눈앞에 벌어지는 행태를 꾸짖고 욕하는 의미가 짙어졌다. 예컨대 "말 한 번 싸가지 없게 하네." 또는 "저런 싸가지 없는 년" 식으로 흔히 쓰인다. 그러면 듣는 사람은 대뜸 아, '저녀오기'를 말하는 구나하고 알아차리는 것이다.

지난해 노인학대 예방센터에 접수된 신고를 분석해보니 아들이 가해자인 경우가 50%로 가장 많았다고 한다. 다음이 며느리, 딸, 배우자, 사위 순이다. 사례 중에는 별장 같은 저택에 사는 아들이 부양을 거부해 노모가 비닐하우스에 기거하며 구걸로 연명하는 경우마저 있었다고 들린다. 아들은 "나는 호적상 아들이 아니다."고 잡아떼며 부양을 거부하면서도 어머니에게 지급되는 경로연금과 교통비는 꼬박꼬박 자신의 통장으로 수령해 쓰고 있었다. 어떤 대통령 말마따나 "우째 이런 일이…." 싶어 기가 차고 말문이 막힌다.

하기야 부모를 유기하거나 아예 이민을 떠나버리는 막된 세상이다. 욕지거리는 예사요, 용돈 안 준다고 두들겨 패는 패륜아들이 어디 한두 놈인가, 이런 '싸가지'들이야말로 '떡잎' 때 어찌했어야 하는데….

* '저녀오기' : 전여옥 의원을 야유적으로 이르는 말.

은행원

아직도 많은 국민들이 온 나라가 IMF 한파로 구조조정의 된서리를 맞았을 때의 눈물겹던 상황을 기억하고 있다. 그로부터 불과 10년이 지난 지금 우리는 당시의 고통과 좌절을 벌써 잊었는가. 이러한 의문은 금융노조의 최근 행적을 보면서 더욱 절실해진다. 마감시간을 현재의 4시 30분에서 3시 30분으로 1시간 줄이자고 나서는 주장이 이를 뒷받침한다.

예나 지금이나 은행원은 화이트칼라 직종의 대명사라 해도 지나치지 않다. 보수도 월등하거니와 후생 복지 여건 또한 어느 직장보다 빼어나다. 근무 조건도 남부럽지 않다. 국책은행 같은 경우 '신이 내린 직장'을 넘어서 '신이 가고 싶어 하는 직장'이란 말까지 나오지 않는가.

금융노조 측이 내세우는 근무시간 단축 주장을 들어보자. 우선 창구의 업무비중이 갈수록 낮아지고 있고, 많은 부분 인터넷뱅킹이나, 자동화기기 등에서 이루어지므로 영업시간을 단축해도 별 문제가 없다는 것이다. 하지만 우리 주변에는 낮에 짬을 내기 어려운 직장인이나 학생, 자영업자가 적지 않다. 창구에 직접 찾아가 처리해야 하는 업종도 있다.

'살인적인 노동강도'도 내세우는 이유 중 하나다. "시중은행의 경우 영업시간 이후에도 창구 마감업무와 함께 고객관리, 마케팅 활동 등 시간외 연장 근로가 이뤄지고 있다는 주장이다. "오후 4시 30분에 영업 창구 문을 닫아도 잔업 처리 등을 하다 보면 퇴근 시간이 오후 8시를 훌쩍 넘기기 일쑤라는 설명도 곁들인다. 그러나 이를 받아들이는 대다수 국민들의 입장은 착잡하다. 지금처럼 모두가 살기 힘들다고 소리치는 마당에 국민에 대한 서비스를 본령으로 삼아야 할 금융업이 본인들의 편익만 생각한대서야 극단적인 집단 이기주의와 다를 게 무언가? 척박하고 열악한 여건의 일터에서 고되고 힘겹게 땀 흘리는 일반 직장인에게 배신감과 위화감을 안겨줄 뿐이라고는 여겨지지 않는가.

외국은행들이 들어오면 은행들이 이렇게 고객을 봉으로 여기고 철없는 주장은 안 할 것이다. 이런저런 구실을 내세우지만 배부른 투정으로밖에는 받아들여지지 않을 것 같다.

CEO 충무공

“영국의 넬슨은 군신軍神이라고 할 정도의 인물이 되지 못한다. 해군 역사상 군신이라고 할 수 있는 제독이 있다면 이순신 한 사람뿐이다. 이순신과 비교하면 나는 하사관도 못 된다.”

러-일 전쟁 때 러시아 발틱 함대를 격파한 일본의 도고 헤이하치로[東郷平八郎]제독이 승전 뒤 자신을 넬슨 제독에 버금가는 군신으로 치켜세우는 말을 듣고 한 말이다. 이에서 보듯 이순신 장군의 위대성은 일본에서 더욱 평가받고 있다. 일본은 일제시대에도 통영 충렬사에서 진해 해군사령부의 주도로 이순신 장군에 대한 진혼제를 지냈다고 한다. 과거 일본의 적장이었던 이순신을 사실상 그들의 군신처럼 떠받든 것이다.

충무공의 진면목은 명량해전(울돌목 싸움)에서 나타난다. 이 싸움은 이순신의 해전 가운데 가장 눈물겹고 감동적인 전투였다. 조선 수군이 사실상 궤멸된 뒤 약해질 대로 약해진 수군을 이끌고 일본의 대함대에 맞서 기적 같은 승리를 쟁취했기 때문이다. 그는 자신의 전 생애와 전 지식, 전 역량을 던져 조선의 운명을 바꿔냈다.

매년 4월 28일은 충무공 탄신기념일이다. 충무공의 충의를 기리는 행사는 조선 정조正祖 때부터 시작되어 1960년대 초 박정희가 대통령이 되면서부터 본격화했다. 올해 기념일을 즈음해 충무공의 리더십과 전략으로 무장한다면 어떤 경제전쟁에서도 반드시 승리할 수 있다는 주장이 나와 눈길을 끈다. 이순신 전문가인 지용희 서강대 경영학과 교수가 '경제전쟁과 이순신의 리더십'이라는 특강을 통해 제기한 재평가 작업에서다. 지 교수는 "이순신 장군은 모함과 핍박 속에서도 스스로 무기와 식량을 조달하고 거북선을 개발하는가 하면 새로운 전법과 탁월한 전략을 구사해 23전 23승을 이끌어낸 위대한 리더"라고 밝힌다.

우리는 지금 여러 면에서 어려움을 겪고 있다. 백의종군을 거쳐 '아직도 12척의 전선이 있다.'며 누란의 위기에서 나라를 구한 최고경영자(CEO)로서 장군의 리더십이 지금처럼 간절한 때도 없을 것이다. 무에서 유를 창조한 '기업가 정신'은 왜란 때보다 지금이 더욱 절실하다.

재벌

해외에 나가 보면 코리아는 모르더라도 삼성이나 LG, 현대자동차 등은 알고 있는 경우가 흔하다. 이른바 재벌로 알려진 대기업들은 이처럼 우리 경제를 이끄는 견인차이자 한국을 빛내는 자랑거리다. 한국의 '재벌(Chaebol)'은 국제적으로도 통하는 용어가 돼 있다.

재벌에 대해서는 긍정적인 평가만 있는 게 아니다. 재벌 총수는 극히 작은 지분만으로도 소유와 경영의 분리는 고사하고 '오너'로서 경영을 독점한다. 과거 봉건 영주들조차 부러워할 만한 막강한 힘을 지니기도 한다. 그래서일까. 재벌하면 비자금·로비·편법상속·도피성 출국 등 온갖 음습한 용어들이 떠오른다.

재벌 개혁에 대해서는 그 동안 끊임없이 논의가 있었다. 재벌가문의 부도덕성, 재벌경영의 전근대성이 문제된 적이 어디 한두 번인가.

그러나 모두 다 반짝 쇼에 그치기 일쑤였다. 검찰이 여론에 떠밀려 겨우 기소해도 경제에 악영향을 끼친다면서 판사가 집행유예로 풀어줬다. 판사가 해결하지 못하면 대통령이 사면시켜줬다. 그야말로 무소불위無所不爲다. 그 때마다 무기는 돈이었다. 서민으로선 꿈도 꾸기 힘든 액수를 사회에 헌납하겠다며 국민들의 분통이 누그러들기만 기다리는 것이다. 이 수법의 대표적인 사례가 삼성 그룹 이건희 회장과 현대 자동차 정몽구 회장이다.

이번엔 총수가 친히 납시어 '재벌의 법'을 집행하기에 이르렀다. 사형私刑이다. 여기에는 오직 돈의 논리만이 살아있다. 돈의 힘으로 못할 것이라고는 아무데도 없고, 돈이 없는 인간들의 권리는 인권도 아니다. 법보다 주먹이 가깝다 했던가. 아니다. 아무래도 주먹보다는 권력이 앞선다. 그런데 이상한 일이다. 권력보다 돈이 앞서는 세상이 되었다. 법보다는 돈이 훨씬 가깝고, 힘도 세다. 김승연 한화그룹 회장의 보복 폭행 사건은 우리 사회에 만연한 천민자본주의의 실상을 있는 그대로 보여준다. 사건 후 폭행당한 종업원이 분통해하자 그의 친구가 위로했다고 한다. "재벌 회장한테 빰맞기가 쉬운 일이냐? 영광으로 여겨라. 로또 맞았다고 여겨!"

'재벌 앞에만 서면 한없이 작아지는' 한국사회의 단면을 보는 듯하다.

점 권하는 사회

첨단과학 시대, 인터넷 정보화 시대라지만 '점占'은 우리 주변에서 사라지지 않고 있다. 오히려 '운명산업'이라는 이름으로 더욱 진화하고 있다. 젊은이들 구미에 맞춰 재미를 강조한 각종 형태의 점이 유행하고 있고, 재테크·입시·이혼 등 전문영역으로 세분화하는 양상마저 보인다. 신문마다 오늘의 운세는 기본이고, 인터넷의 '운세' 콘텐츠는 '게임' 다음으로 불티나게 팔린다. 국내 역술·무속인이 45만 명에 이르고, 이들이 관련된 전체 운명산업의 규모는 2조 원(역술인협회 추산)이 넘는다고 한다. 2004년 영화 산업 규모가 2조3,000억 원이었으니 이와 맞먹을 만한 거대 비즈니스라 할 만하다.

사람들은 불확실한 현실과 예측 불가능한 미래 때문에 점술가나 역술인을 찾는다. 결국 점을 보는 사람은 자신의 앞날에 대해 확신이나 자신이 없는 상태라고 볼 수 있다. 한국인이 점을 좋아하는 이유는 불안하기 때문이다. 전문가의 도움이 필요한 고민이나 정신적인 문제가 있을 때 외국에서는 정신과의사나 카운셀러를 찾아 상담한다. 하지만 우리들은 역술인을 찾는다. 아직도 우리에게는 '정신과를 드나든다.'는 말에 부정적인 의미가 강하다. 이같은 시각에 신경이 쓰여 정신과를 찾기보다는 점집을 택하는 것이다. 점을 보러 가는 사람도 점이 미신이라는 사실을 인정한다. 그러면서도 고민을 털어놓고 함께 해결 방법을 모색하는 과정에서 생각을 정리하고, 나아갈 방향을 결정하며 스트레스를 풀려 한다. 유용한 카운슬링의 방식으로 사용하는 것이다.

인기 있는 역술인 가운데는 반말을 하는 사람이 많다. 그들은 누구에게나 해당되는 '빤한 말'조차 확신에 찬 어조로 말한다. 위압적인 말투로 상대의 기를 제압한 후에 부드러운 말투로 달래듯 조언을 하면 듣는 사람은 더 설득력 있게 받아들이게 마련이다. 일종의 최면효과다. 유능한 역술인을 분별하는 기준은 역시 '족집게'냐, 아니냐다. 과거사를 잘 집어내는 것은 기본이고, 앞일을 잘 맞혀야 진짜 "용하다."는 소리를 듣는다.

역술인이나 무당은 자신의 목소리가 아닌 하늘의 소리를 전달한다고 주장한다. 철학관 앞에 걸린 신장대(점집을 표시하는 긴 막대)는 하늘과 교신하는 안테나이자 신탁을 전달한다는 상징인 셈이다. 혹세무민惑世誣民의 상태가 되면 사회문제가 되고 피해가 속출하게 된다. 군산의 무속인 사기사건이 좋은 본보기다.

짝퉁

중국의 모조품 제조 능력은 일반의 상상을 넘어선다. 신제품이 나오면 4~5일 만에 '짝퉁'이 나온다고 한다. 특히 상해의 샹양襄陽 시장은 세계적(?)으로 이름난 짝퉁시장이다, "사람 빼고는 다 가짜!"라는 말이 나돌 정도다. 이곳에선 세계의 내로라하는 명품은 말할 것도 없고, 한국제품을 베낀 짝퉁들이 범람한다. 삼성전자의 애니콜을 모방한 'SAMSUMG'의 '애미콜(Amycal)' '참眞이슬露'을 베낀 '한韓이슬露', '롯디리아 햄버거' 등 없는 게 없다.

'짝퉁 천국'으로서 중국의 진면목을 보여주는 예가 있다. 비아그라를 개발한 화이자의 CEO가 "중국의 비아그라 위조공장이 화이자 본사 공장보다 크다."고 한숨 쉴 정도다. 스위스 시계산업협회는 '스위스 시계 짝퉁의 90% 이상이 중국산'이라고 지목한다.

'짜가'인 줄 뻔히 알면서도 사람들은 '짝퉁'을 찾는다. 왜일까. 제대로라면 만져도 보지 못할 명품의 기분을 헐값으로 누릴 수 있기 때문이다. "샹양시장에 가면 부르는 값의 10분의 1 가격에도 살 수 있다."는 소문이니, '깎는 재미'로라도 한 번쯤 찾아볼 만하지 않겠는가.

산업자원부는 외국산 모조품이 우리 수출에 끼치는 손실이 작년에만 171억 달러였다고 밝혔다. 작년 수출액 2,850억 달러의 6%나 되니 실로 엄청나다. 중국산이 대부분이다. 심지어 일부 짝퉁은 대량 생산돼 남미·동유럽 등에서 '메이드 인 코리아' 제품으로 버젓이 팔리고 있다. 국내로 역수입되는 사례도 늘고 있다니, 짝퉁 식 우리말로 하자면 '놀랄 노'자다.

그러니 '짝퉁'은 누구보다 중국이 나서서 풀어야 할 숙제다. 상하이 정부는 7월 11일부터 짝퉁과의 전쟁을 선포하고, 샹양시장을 폐쇄한다고 발표했다. 그들로서는 진정으로 '짝퉁 원조국元祖國'이라는 오명을 벗어나고 싶을 것이다.

짝퉁에 관한 한 한국인도 중국 못지않다. 제작에 있어서는 어떨지 몰라도 애용愛用에 있어서만은 둘째가라면 서러워할 만하다. "여기도 짜가, 저기도 짜가, 짜가가 판친다…." 유행가 가사도 있지 않은가.

한턱 쏘세요

좋은 일이 있을 때 남에게 음식을 대접하는 것을 '턱'이라고 한다. '한턱'은 여기에 '크다, 많다.'는 뜻인 '한'이 붙어 된 것이다. 한바탕 걸게 잘 차린 음식을 대접하는 일쯤 되겠다.

이처럼 한턱내던 것이 '한턱 쓰다.'로 바뀌었다. 요즈음에는 한 걸음 더 나아가 '한턱 쏜다.'는 말이 유행이다. 식당의 계산대 앞에서 돈을 먼저 내겠다고 몸싸움(?)을 벌이는 데에서 유래했다는 설이 그럴싸하다. 하기야 앞다퉈 뒷주머니에서 지갑을 꺼내려는 상황이 마치 서부영화의 결투장면을 연상시키기도 한다. 본디는 좋은 뜻을 지녔던 말이 이처럼 공격적이고 살풍경스럽게 바뀐 책임의 일부는 정치권에서 져야 할지도 모른다. 정치꾼들은 언제부턴가 선거자금을 '총알'로 비유하기 시작했고, 선거가 막바지에 이르면 무분별 무차별 사격(쏘기)

도 서슴지 않았다. 물론 유권자도 큰 몫을 했다. “저 좀 찍어주세요.” 하면 진담 반 농담 반으로 따라붙는 대꾸가 으레 “맨 입으로?” 아니었던가.

어찌됐건 우리는 ‘한턱’을 무척 즐긴다. 아들이 명문대에 입학했다고, 아파트에 당첨됐다고, 승진했다고, 심지어는 새 옷을 샀다고, “한턱 쏘라.”며 옆구리를 찌른다. 좋게 보면 나눔의 미덕이자 인정의 문화지만 달리 보면 ‘공짜 밝히기’일 수도 있다. 어떤 이는 “남 잘나가는 게 얄미워 주머니라도 털겠다는 심사 아니냐.”고 악담을 퍼붓기도 한다. 더욱이 ‘쏜다.’는 표현에는 한 방에 팍 쓰러지도록 돈을 쓰라는 뜻이 함축되어 있다. 속된 말로 ‘왕창, 빽쩍지근하게’ 한턱을 내서 군말이 없게끔 하라는 뜻이다. 이리 되면 한턱이 아니라 ‘벗겨 먹기’ 아니면 ‘봉 잡기’가 되고 만다.

선거가 끝났다. 그 동안 선거법에 묶여 엄격히 금지되었던 접대 및 향응의 고삐가 풀리지 않을까 걱정된다. 행여 “당선축하주 없느냐.” “경사 났는데 그냥 마느냐.” 식의 구태가 재연된다면 깨끗한 선거풍토 정착은 도로아미타불이 되고 만다.

효자식품 라면

일본 홋카이도의 삿포로를 찾는 여행객들은 대개 이곳의 명물로 알려진 삿포로 라면 골목을 찾는다. 관광 안내책자에도 큼지막하게 소개돼 있는 '라멘 요코쵸오橫丁'는 양 옆에 열대여섯 개의 라면 가게들이 늘어서 있는 그저 그렇고 그런 골목이다. 큰 기대를 갖고 물어물어 찾아간 관광객들로서는 실망하기 딱 알맞다. 맛도 '별로'다. 돼지 뼈를 우려낸 국물을 쓰는데, 담백한 맛에 길들여진 우리 입맛에는 썩 당기지 않는다. 돼지고기 수육 두어 점에 숙주나물을 듬뿍 넣었지만, 느끼한 맛은 어찌할 수 없다. 값도 만만치 않다. 그나마 '다꾸앙'(단무지)마저 돈 주고 사먹어야 한다.

라면의 탄생에 대해서는 여러 가지의 설이 있다. 그 중 일본인 사업가 안도 시로후쿠라가 중국에서 즐겨 먹던 '건면乾麵'과 밀가루 튀김

제조법에서 힌트를 얻어 개발하게 됐다는 설이 가장 유력하다. 이것을 니신日清식품에서 생산하면서 일반 대중들의 인기를 얻게 되었고, 스프를 첨가한 제품은 1961년 묘조明星식품에서 개발한 것이 최초라고 한다. 한국에서 라면이 '탄생'한 것은 1963년 9월 15일로 기록된다. 삼양식품(주)의 전중윤 회장이 일본에서 기술을 들여와 '치킨라면'의 시판을 시작한 날이다. 그는 당시 서울 남대문시장을 지나가다 배고픈 사람들이 한 그릇에 5원 하는 꿀꿀이죽을 사먹기 위해 길게 줄을 선 모습을 보고서 사업 착상을 했다고 전한다. 한국 최초의 라면 가격은 10원. 김치찌개·된장찌개가 30원, 커피 한 잔이 35원이던 시절이었다.

이처럼 라면은 어렵던 시절 배곯던 얘기와 역사를 함께 한다. 라면 탄생 후 꼭 43년이 흐른 지금, 라면은 이제 주린 배를 채우던 가슴 아픈 음식이 아니다. 지난해 기준으로 우리 국민들은 1인당 75개, 연간 36억 개의 라면을 소비했다. 호사가들은 이를 모두 세워서 쌓으면 에베레스트산 8만여 개를 합한 높이에 이른다며 대견해한다. 라면은 화려한 포장 못지않게 가짓수나 맛에 있어서도 진화를 거듭해왔다. 비행기 1등석의 특별 간식이 라면이라거나, 세계적 관광지인 융프라우 정상에서 맛본 컵라면의 맛을 잊을 수 없다거나 하는 찬사들이 이젠 전혀 새삼스럽지 않다.

꾹돈

'촌지寸志'란 마디 촌寸과 뜻 지志로 된 일본식 한자어다. 직역하면 '손가락 한 마디만한 뜻'이 되겠는데, '아주 작은 정성' 혹은 '마음의 표시'로 흔히 쓰인다. 이처럼 좋은 뜻을 지닌 '촌지'가 어느 사이 뇌물성 돈 봉투를 가리키는 말로 변질되고 말았다. 오늘날 촌지라는 독버섯이 기승을 부리는 온상으로는 아무래도 교육계와 언론계가 꼽힌다. 이곳은 학부모가 교사에게 자기 자식을 잘 봐달라는 뜻으로, 또는 약점을 잡힌 취재원이 기자에게 눈감아 달라는 뜻으로 돈 봉투를 건네는 '관행'이 아직 완고하고도 뿌리깊게 자리잡고 있는 사각지대다.

우리 토박이말 중에 '꾹돈'이라는 재미난 말이 있다. 은밀한 목적을 위하여 남몰래 꾹 찔러주는 돈을 말한다. 청탁 등을 위해 주는 뇌물이나 떡값이니 요즘의 변질된 촌지인 셈이다. 북한에서는 이 말이 전혀 생소하지 않은 모양이다. 조선말대사전은 "낡은 사회에서 꾹 찔러주는 돈이라는 뜻으로, 남에게 뇌물로 주는 돈을 형상적으로 이르는 말"이라고 풀이하고 있다. 낡은 사회에서나 있는 일이라고 밝히고 있지만 북한에서도 뇌물을 몰래주는 '꾹돈'의 사례가 있음을 말해준다.

스승의 날인 어제 대부분의 학교가 휴교를 했다. 스승의 날만 되면 언론과 학부모단체가 앞다퉈 촌지 수수를 비롯한 교육 부조리를 들춰내기 때문이다. 그러다보니 오히려 교권이 떨어지고 교직사회의 신뢰가 추락하는 현상이 반복될 수밖에 없다. 교육계로서는 실로 고육지책의 결정이었겠지만 어쩌다 우리 사회가 이 지경이 되었나 싶다.

한 걸음 더 나아가 앞으로는 일선 학교에서 '촌지'를 주고받을 경우 법에 의해 처벌될 전망이다. 한나라당 진수희 의원이 촌지를 준 학부모와 받은 교사를 모두 처벌하는 가칭 '학교촌지근절법' 제정안을 국회에 제출하겠다는 것이다. 사제의 정이 얽힌 인륜의 문제까지 법에 따라 처벌받게 되었으니 참으로 살벌하고 험한 세상에 우리는 살고 있다.

학부모가 집에서 농사지은 고구마를 선생님에게 주는 것이야말로 진정한 의미의 촌지일 것이다. 하지만 10만 원권 수표가 건네진다면 그건 검은돈이다. 이 같은 검은 돈을 촌지라고 할 수는 없다. 뭔가 대가를 바라고 꾹 찔러주는 돈이니만큼 이는 분명 뇌물이다.

온누리안

이제는 외국인 며느리나 사위가 전혀 새삼스럽지 않은 세상이다. 지난해 100명 가운데 14명가량이 외국인과 결혼했다는 통계가 이를 말해준다. 특히 농림어업에 종사하는 남자 중 35.9%인 2,885 건이 국제결혼을 한 것으로 나타났다. 농어촌 총각 10명 중 4명이 베트남 필리핀 일본 몽골 등의 외국인 여성과 결혼했다는 얘기다. 앞으로 5-6년이 지나면 농촌 초등학교 학생 4명 중 1명은 국제결혼 가정의 아이들이 차지하게 된다. 농촌사회가 다국적사회 국제공동체로 변화하는 것이다. 이들 중 상당수가 정착하는데 여러 어려움을 겪고 있는 실정이다. 어느 이주 여성의 하소연을 들어보자.

"직업 튼튼하단 남편, 일자리 없이 반은 놀고요, 농사일은 기계가 다 한다더니, 내가 기계네요. 착하다던 남자는 허구한날 날 때려요.

돈 주고 사왔으니 시키는 대로 해야 한다며. 남편은 몸종 취급, 시어머니는 가정부 취급, 툭하면 '너희 나라', 들먹이며 모욕을 주네요. 자기는 우리나라 말 한 마디도 못하면서 한국말 못한다고 돌대가리라네요."

그러나 대부분의 이주 며느리들은 이 같은 고초를 참아내며 굳굳하게 살아간다. 살아온 환경과 풍습이 다르기에 겪어야 하는 어려움 속에서도 시부모 봉양하고 아이들 길러가며 여느 한국 며느리 못지않은 살림꾼 구실을 해낸다. 추석 연휴 동안 TV에 등장한 이들의 여러 시행착오들은 절로 웃음을 자아내게 했다. 옷고름을 제대로 매지 못해 쩔쩔 매거나 큰절을 하다 엉덩방아를 찧는 모습은 애교 그 자체다. 복잡하기 짝이 없는 예법과 호칭, 높임말들은 이들에게 '공포의 대상'이다. 그런데도 굴하지 않고 해보려 덤비는 용기는 더없이 가상하다. 한복이 썩 멋들어지게 어울리는가 하면 어지간한 가수 빰치게 '뽕짝'을 불러대기도 한다.

5년 전 남편과 사별하고서 홀로된 시어머니를 모시고 사는 필리핀댁은 어린 두 딸을 족두리 차림으로 곱게 단장시켜 TV에 출연했다. 시어머니 친정 엄마와 함께 열창 끝에 마침내 고향 가는 항공권을 거머쥐고서 감격해하는 모습이라니…. 세상에 이런 효부 현모가 따로 없지 싶었다.

지금까지 한국인과 아시아인 사이에서 태어난 2세를 일컫는 명칭으로는 '코시안'이 자주 쓰여 왔다. 그러나 '한국(Korea)에 거주하는 아시아인(Asian)'이라는 뜻으로 만들어진 이 말은 '혼혈인'의 뉘앙스가 담겨지면서 경멸·비하의 의미로 변질되었다 마치 백인들이 흑인을 '검둥이'라 부르거나, 일본인들이 한국인을 '죠센진'이라 부를 때 매우 노골적인 모멸의 뜻이 포함되는 것과도 같다. 요즘에는 그 대신 '온누리안'이라는 말이 등장했다. 온 세상을 뜻하는 순우리말 '온누리'에다 영어로 사람을 뜻하는 어미 '-ian'이 붙여진 합성어이다. 아시아뿐만 아니라 세계 각국의 국제결혼 가족을 아우르면서 한글의 아름다움을 느낄 수 있는데다 외국인 누구나 쉽게 발음할 수 있어 호감을 준다.

국어사전에는 '온'을 '온갖'(every), '전부의'(whole)의 뜻으로 풀이하고 있다. 전주 완주의 '全'과 完은 모두 '완전하다'는 뜻을 지닌 '온'의 우리말에서 비롯했다. 그래서 전주 완주를 '온고을'이라 부른다. '누리'는 옛말로 '세상世上'이라는 뜻이다. 그러니 '온누리'는 '온세상'이라는 뜻이다, 〈새전북신문〉의 칼럼 '온누리'도 새롭고 참되고 밝고 기쁜 소식이 온고을 온나라에 이어 온누리에 뻗고 퍼져나가기를 바라는 소망을 담은 것이다.

우리 사회가 '다인종·다문화사회'로 하루가 다르게 변모하고 있는데 아직 '단일민족'이니, '순혈주의'를 내세우고 있으니 시대착오도 이만저만이 아니다. 편협된 마음을 활짝 열어 온누리로 나아가야 할 때다.

박준웅칼럼집

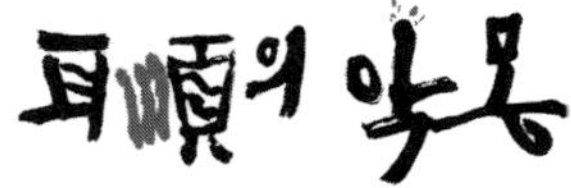

인　　쇄 / 2007년 10월 15일
발　　행 / 2007년 10월 25일

지 은 이 / 박 준 웅
펴 낸 이 / 서 정 환
펴 낸 곳 / 신아출판사

출판등록 / 1984년 8월 17일 제28호
주　　소 / 전주시 완산구 태평동 251-30
전　　화 / (063) 275-4000 · 252-5633
팩　　스 / (063) 274-3131
홈페이지 / http://www.shin-a.co.kr
전자우편 / sina321@hanmail.net
shina321@chol.com

값 9,500원

ISBN 978-89-5925-374-6 03800